A STUDY ON THE
RELATIONSHIP BETWEEN DAOISM AND
CUSTOMS BELIEF IN LINGNAN

广州大学·广府文化系列

道教与岭南俗信关系研究

王丽英◎著

社会科学文献出版社
SOCIAL SCIENCES ACADEMIC PRESS (CHINA)

广州大学资助出版

本书为

2008 年广东省普通高校人文社会科学重点研究基地重大项目（08JDXM75005）的结项成果。

2014 年广东省本科高校教学质量与教学改革工程建设"历史学专业综合改革试点项目"成果

广州大学文学思想研究中心课题成果

广州大学中国语言文学重点学科成果

目　录

绪　论

俗信，是民间宗教信仰的一个重要组成部分，是宗教学，同时也是民俗学研究的一项重要内容。

俗信，顾名思义，包括习俗和信仰两方面，信仰是习俗的指针，习俗是信仰的具体表象，两者都是人们在日常生活中的习惯性行为，是一个群体长久以来的文化积淀。一个国家有一个国家的俗信，一个民族有一个民族的俗信，一个地域有一个地域的俗信，可谓"百里不同风，千里不同俗"①，在中国，由于疆域辽阔、民族众多，开化程度不同，俗信的种类、性质和事象纷繁多姿，长期以来，其传播之广泛和深入人心，无疑是值得我们关注的，它要求我们从历史上和文化上以及国民心态上加以思考和探究。

道教是中国唯一土生土长的宗教，一向为学术界，尤其为中国哲学界研究所重视，取得了不少成果。随着研究的深入和开拓，人们开始将注意力投向道教与地域文化关系的研究上，着力探索两者的相互联系和影响，并已取得了一些引人注目的成绩，出版了一些专著，如张桥贵先生的《道教与中国少数民族关系研究》②、郭武先生的《道教与云南文化——道教在

---

① 应劭：《风俗通义·序》。
② 张桥贵：《道教与中国少数民族关系研究》，四川大学出版社，1998。

云南的传播、演变及影响》①、邓红蕾教授的《道教与土家族文化》②，他们采用历史文献分析和田野调查相结合的方法，阐明道教与西南地区，主要是滇、湘、鄂、黔几处地域文化和少数民族之间的必然联系和相互影响，给人耳目一新的感觉，开创了研究地方道教史的先河。接着，笔者也出版了《道教南传与岭南文化》③一书，对道教传入岭南的时间、途径、路线、人物进行了一番考究，进而揭示道教南传的特征和互化效应。由于道教具有"渗透在中国人的全部生活之中"④的特点，它同各地的民间俗信相互渗透、相互影响，形成你中有我，我中有你的关系。笔者在探究道教南传与岭南文化关系时，已经感觉到两者关系的密切，究竟岭南俗信与道教的渊源如何？两者之间又如何发生作用和产生影响？岭南俗信的前景以及岭南道教将如何发展？这是一个很有学术价值的课题，也是一个颇有现实意义的课题。

岭南地处我国的南疆地区，"广谷大川异制，民生其间者异俗"⑤，素有"化外"之称，其俗信积淀深厚。由于地缘、亲缘和人缘的关系，岭南俗信与南传道教一拍即合，产生"互化"效应，一方面是道教受岭南俗信的影响，出现"南化"现象，如道教观念的俗化和道教义理的淡化，岭南巫祝文化甚至为道教斋醮科仪提供了效法雏形；另一方面岭南俗信也受道教的影响，呈现出"道化"品格，如岭南诸神俗信富有道情、岭南祭祀俗信呈现道彩、岭南节庆俗信饱含道韵、岭南婚丧俗信契合道旨、岭南衣食俗信蕴涵道味、岭南建筑俗信体现道风，岭南俗信具有强化心理、安抚人心、传承文化和娱乐大众等道教功能。总之，透过岭南俗信，可以窥见道教的意味深蕴其中。因此，研究道教与岭南俗信的关系，无论是对道教，还是对岭南俗信而言，都有重大理论研究价值和重要现实意义。

作为一种历史文化现象，道教与岭南俗信互动互化产生的具有浓厚道味的民俗文化对今天社会仍有重大作用和深远影响。一方面，道教通过对岭南俗信的渗透，保存了道教的优秀传统思想，如和谐宽容思想、重生养

① 郭武：《道教与云南文化——道教在云南的传播、演变及影响》，云南大学出版社，2000。
② 邓红蕾：《道教与土家族文化》，民族出版社，2000。
③ 王丽英：《道教南传与岭南文化》，华中师范大学出版社，2006。
④ 宇野精一：《中国思想——道家与道教》，台北，幼狮文化事业公司，1977，第5页。
⑤ 《礼记·王制》。

生思想、尊祖敬宗思想等，这些思想以俗信的形式得以延续下来，发挥着积极作用，在不同的历史时期增强了岭南人的族属认同感与凝聚力，从而促进了岭南社会的稳定与经济的发展；同时也为我们遗留了众多的物质文化遗产，如各种民间艺术文化以及宫观庙宇建筑等道教文化遗产，对传承中国传统文化有所裨益。另一方面，岭南俗信受道教影响，也遗留了道教的一些腐朽思想，如迷信思想盛行，尊仙拜神风气蔓延和浪费社会资源等，长期以实用为标准，追求短期效应的功利思想，造成了岭南人价值观念的功利主义，一定程度上造成了文化发展的落后。而文化思想的落后最终也会影响社会经济的发展。所以，对待这一传统文化遗产，我们应批判地继承，既要科学地挖掘其中的思想精华，发挥其积极作用；又要剔除其中的思想糟粕，消除其消极影响。

本书将岭南俗信与道教关系作为研究对象，主要解决以下几个问题：（1）道教南传的缘由；（2）道教的南传；（3）道教的南化；（4）岭南俗信的道化；（5）岭南俗信与道教互动的作用与影响。本书尝试在前人已有的相关成果基础上，根据史料记载和透过民俗事象，对岭南俗信与道教的亲密关系进行研究分析和科学考证，细析道教南传的三大缘由，考定道教南传的时间，梳理道教南传的几个重要时期及其表现，重点论证岭南俗信与道教的互动效应，揭示二者的相互作用和影响，最后指明岭南俗信今后发展的路径与方法。

需要说明的是，本书研究的范围，以习惯所指五岭以南的广大地区，主要集中在两广和海南地区。历史上，岭南还曾包括越南的北部和中部地区，限于篇幅等原因，本书不拟涉及。研究的对象，主要是岭南地区汉族的民间俗信，岭南地区其他族属如瑶族、畲族、满族、回族、壮族等少数民族的俗信兼有论及，至于与道教没关系或关系不大的岭南俗信则不加涉及。

在研究方法上，以辩证唯物主义和历史唯物主义为指导，根据宗教学、民俗学、历史学和文化传播学等原理，借鉴前人和时贤已有成果，综合运用正史、方志、道典、碑记石刻和出土文物等资料，采用田野考察与文本研究相结合、个案分析与综合举证等研究方法，力求得出科学结论。

田野考察与文本研究相结合，就是通过田野考察和活人口述，对岭南各地与道教有密切关系的民俗事象作深入调研，全面收集和系统整理；同时，对照正史、方志、道典、碑记石刻和出土文物等文本资料，互为补缺和印证，以冀真实而全面地展示岭南俗信的概貌。

个案分析与综合举证，主要列举岭南俗信"道化"和道教"南化"的多个典型例子，剖析它们的渊源关系及其历史演变，细析它们流传的原因和范围，进而揭示它们的历史作用和现实意义。

根据史料记载和透过民俗事象，对道教与岭南俗信的亲密关系进行研究分析和科学考证，再现道教与岭南俗信的互动互化过程，以期真实而全面地展示岭南俗信的概貌，揭示其作用和影响，进而指出岭南俗信今后的发展路径和方法，为推动当今岭南地方文化建设和为促进岭南民俗旅游资源开发提供资政之用，这是本书的总体思路和主旨所在。

第一章
道教南传的缘由

　　道教是中国本土宗教，东汉后期创立于岭北①，这是众所周知的事实。然而，道教与岭南的情缘久远，相传先秦时期，有五仙南下遗穗与州人，这就反映着岭南人与这一民族宗教的深远情结。事实上，自东汉末年以来，不少仙真、道人纷纷南下，在岭南或是炼丹，或是修仙，或是播道，开始了道教南传的历史。两晋之际，鲍靓和葛洪远赴岭南，传播道教，开创岭南道教圣地，从此，道教在岭南得以扎根和衍播，且融入岭南俗信之中，产生互动互化效应。道教缘何传入岭南？这与古代岭南殊异的地理环境和独特的人文环境有着不解之缘。地缘、亲缘和人缘，各种因缘际会，促成道教的迅速南传。

一　地缘

　　自古岭南地理位置殊异，集山川之秀异和物产之瑰奇于一身，与道教

————————

　　① 人们习惯上以五岭为分界线，以南称为岭南，以北称为岭北。

有着一种天然的地缘关系。

（一）岭南地多仙灵窟宅

岭南地理自古以来有其独特之处，它背依逶迤的五岭，面临浩瀚的南海，山川秀异，气象万千，清代学者仇巨川在《羊城古钞》中赞道：

> 五岭峙其北，大海环其东，众水汇于前，群峰拥于后。地总百粤，山连五岭，彝夏奥区，仙灵窟宅，山川绵邈，土野沃饶。①

岭南是众生安居之所，也是仙灵窟宅，它不仅为岭南民众提供生存空间，也为道教长生成仙提供理想乐园。

首先，岭南多灵山。长生成仙是道教的主旨，何谓仙？从语义学的角度说，"仙"的本义是人在山中，许慎《说文解字》云："仙，人在山上貌，从人从山。"② 刘熙《释名》也云： "老而不死曰仙。仙，迁也，迁入山也。"③ 这是说，仙乃是入山不死之人，很显然，成仙的关键在于栖身高山，炼丹修道，如葛洪所说："合丹当于名山之中，无人之地。"④ 当初张道陵就是"乐蜀之溪岭深秀，遂隐其山，苦节学道"⑤，最后得道成仙的。道教崇山，认为高山胜岳乃天地灵气之所钟，采日月之精华，吸山水之神慧，是仙家的居所辖境，为此，道教从仙字的本义出发，附会出"处大地名山之间，是上天遣群仙统治之所"的"十大洞天""三十六小洞天""七十二福地"⑥，"洞天""福地"成为求仙访道、修身养性乃至长生不死的好去处，岭南的罗浮山、句漏山、都峤山、白石山、飞霞山、抱福山和罗丛岩都享有"洞天""福地"之称誉。

广东罗浮山为岭南首选名山。它钟灵神秀，奇峰林立，怪石嶙峋，花

---

① 仇巨川：《羊城古钞》卷首，《舆图·粤会山川形胜说》。
② 许慎：《说文解字·人部》。
③ 刘熙：《释名·释长幼》。
④ 葛洪：《抱朴子内篇·金丹》。
⑤ 赵道一：《历世真仙体道通鉴》卷十八，《道藏》第 5 册，文物出版社、上海书店、天津古籍出版社联合出版，1988，第 200 页。以下《道藏》引文均据此本。
⑥ 张君房：《云笈七签》卷二七，《道藏》第 22 册，第 198～204 页。

木葳蕤，飞瀑幽泉，早在西汉初年就闻名全国。汉文帝前元元年（前179），陆贾奉使南越，回到汉廷后大加赞誉，"罗浮山顶有湖，环以嘉植"①，这是"罗浮名胜著名国中之始"。② 早期《仙经》在胪举可合作神药的天下名山时，就有岭南罗浮山，葛洪说："按《仙经》，可以精思合作仙药者，有华山、泰山、霍山……罗浮山。"③ 罗浮山向来是仙家渴慕之地和隐居之所，《广东新语》载：

> 安期生常与李少君南之罗浮，罗浮之有游者，自安期始。自安期始至罗浮，而后桂父至焉，秦代罗浮之仙，二人而已。安期固罗浮开山之始祖也，其后朱灵芝继至，治朱明耀真洞天，华子期继至，治泉源福地，为汉代罗浮仙之宗，皆师乎安期者也。……考罗浮始游者安期生，始称之者陆贾、司马迁，始居者葛洪，始疏者袁宏，始赋之者谢灵运。④

宋广业《罗浮山图赞》称之为"洞天"：

> 天作高山，神灵之宅；第七洞天，佐命南极。洞天泉源，二山若一；铁桥亘虚，丹梯接迹。远瞩层城，辉煌金璧；俯观沧海，浬濛荡涤。按图索骥，眼观耳食；卧游神往，心空境寂。⑤

洞天之说，出自道书，《稽神枢第一》云："大天之内，有地中之洞天三十六所。"⑥ 罗浮山成为道教第七洞天、第三十一泉源福地。

"南粤名山数两樵"，与东樵罗浮山并称的西樵山（位于今广东南海市），亦有七十二峰、二十一岩、十涧、三十二泉，峰峦环抱，烟波浩渺，

---

① 屈大均：《广东新语》卷三，《山语·罗浮》，引陆贾《南越行纪》。
② （民国）《博罗县志》卷一，《前事一·从唐尧到明末》。
③ 葛洪：《抱朴子内篇·金丹》。
④ 屈大均：《广东新语》卷三，《山语·罗浮》。
⑤ 仇巨川：《羊城古钞》卷八，《罗浮山（附录）·罗浮山图赞》。
⑥ 陶弘景：《真诰》卷十一，《道藏》第20册，第555页。

有"南海之望"① 之称。

广东清远山有"岭南第一山"之美誉。它位于广东清远市内，它山水奇绝，层峦叠巇，幽洞澄潭，白练飞云，嘉木异卉，自古以来即以"驿客吟无尽，良工画想难，奇哉真福地，千古镇人寰"② 而名扬四海，成为道教第十九福地。

广东抱福山有"山水奇胜甲岭南"之美称。它位于广东省清远市连州保安镇，《衡山图经》云：

> 静福山，在县北五十里，有梁廖冲字清虚，为本郡主簿西曹祭酒。湘东王国常侍，大同三年家于此山，先天二年飞升于此山。③

卫金章《重修静福山廖仙观记》也载：

> 湟川山水奇胜甲岭南，而静福山又为湟诸山最。山故有观，清虚廖真君修炼处也……苍松翠柏，罗列阴森，志称七十二福地，此其一，固不诬也。④

静福山，原名抱福山，因宋代理学家张栻的《静福寒林》诗而得名"静福山"⑤。杜光庭在《洞天福地岳渎名山记》中将之称为"抱犊山"⑥，这也许是"福"与"犊"读音相近之故，并将之列为道教第四十九福地，也是道教七十二福地中唯一以"福"字命名的一块福地，它峰峦环抱，松桧葱郁，历来被认为是乾坤秀萃之所、仙灵之宅，成为粤北道教的洞天福地。

广西也多灵山，柳子厚《訾家洲记》称："桂州多灵山，发地峭竖，林立四野。"⑦ 按周去非《岭外代答》所记，称得上洞天的有三个："西融州

---

① 仇巨川：《羊城古钞》卷二，《山川·西樵山》。
② 沈佺期：《沈佺期集》卷四，《峡山寺》。
③ 李昉：《太平御览》卷四十九，《地部十四·西楚南越诸山》引。
④ （乾隆）《连州志》卷十，《艺文二·记》，乾隆三十六年（1771）刻本。
⑤ 张栻：《张栻集》，《连州八景·静福寒林》。
⑥ 杜光庭：《洞天福地岳渎名山记》，《道藏》第11册，第56页。
⑦ 范成大：《桂海虞衡志·志岩洞》引。

之老君洞天、容之句漏洞天、浔之白石洞天。"① 老君洞天在唐末五代杜光庭《洞天福地岳渎名山记》中不在其数，但胡邦用《真仙岩诗叙》则明确指出："耆旧相传，老君南游至于融岭，语人曰：'此洞天之绝胜也。'"② 句漏洞天和白石洞天在《洞天福地》则有明确记载：

> 第二十一白石山洞，周回七十里，名曰秀乐长真天，在郁林州，南海之南也。……第二十二句漏山洞，周回四十里，名曰玉阙宝圭天，在容州。③

此外，岭南还有许多高山峻岭，《岭外代答》载：

> 南方多佳山……（东南）为广东之韶石，云阙参天，钟簴蹀地，望之使人肃然想有虞张乐之盛。绵延至英州，群英玉立，坚润而秀。……（西南）发为道之九嶷，峥嵘峻极，峰岫挺异，萦纡盘礴，惘不可测。④

岭南多崇山峻岭，有山必有洞，"或一峰为一洞，或数峰相连为一洞"⑤。如博罗县罗浮山"有大、小二石楼，仙人尝见其上"⑥，"罗浮多天成楼台"，为"仙人之所常居"⑦，山上的瑶石台、大、小麻姑台和华首台，也是"仙人之大府"⑧；又如阳春县巨石山，"山有二石室，有悬泉飞瀑、金膏、银烛、灵芝、玉髓之异，其石自然成楼台柱栋"⑨。还有英德县碧落洞，唐人周夔《到难篇》称之"势合如屋""宛矣倦躅"⑩，南汉翰林大学士钟

---

① 周去非：《岭外代答》卷一，《地理门·湖广诸山》。
② 徐霞客：《徐霞客游记》卷三，《粤西游日记二》下引。
③ 张君房：《云笈七签》卷二七，《道藏》第22册，第200页。
④ 周去非：《岭外代答》卷一，《地理门·湖广诸山》。
⑤ 屈大均：《广东新语》卷五，《石语·韶石》。
⑥ 屈大均：《广东新语》卷三，《山语·罗浮》。
⑦ 仇巨川：《羊城古钞》卷八，《罗浮山（附录）·罗浮山》。
⑧ 仇巨川：《羊城古钞》卷八，《罗浮山（附录）·罗浮山》。
⑨ 沈怀远：《南越志》，见骆伟等《岭南古代方志辑佚》，广东人民出版社，2002，第160页。
⑩ 阮元：《广东通志·金石略》，梁中民校点，广东人民出版社，1994，第87页。

允章在其《盘龙御室记》中也誉之为"丹台之璇室，真为上帝之居；乳窦芝房，宛是长生之境"①。岭南天然的洞穴，正好满足仙人楼居、道士山居的需要。

其次，岭南多楼居。司马迁《史记》云："公孙卿曰：……仙人好楼居。"②何谓楼居？张华《博物志》曰："南越巢居，北朔穴居，避寒暑也。"③巢居一般认为是以竹木搭成高架建屋于山上，如沈莹《临海水土物志》云："悉依深山，架立屋舍于栈格上，似楼状。"④故巢居又叫楼居，或者又叫山居，如葛洪所说："道士山居，栖岩庇岫。"⑤楼居是仙道们进行炼丹修炼不可缺少的栖身之所。

再次，负阴抱阳有灵气。所谓负阴抱阳，就是背山面水，"山水依附，犹骨与血。山属阴，水属阳"⑥，应验风水师和堪舆家所说的"山环水抱必有大发"。风水术自问世不久，即被道教吸收为道术之一，有风水师祖师之称的郭璞就是晋代有名的道士，他写的《葬书》被后世推为风水理论经典，有关风水的另一部经典《宅经》也被收入《道藏》之中。风水地理把山脉比作龙，《管氏地理指蒙》云："指山为龙兮，象形势之腾伏"⑦，把长江以南山脉划为南龙，都邑所倚靠山脉为来龙山。山峦起伏，行止有致，生动形象，变化丰富者称为生龙。山脉走向谓之龙脉，即今天所说的"来龙去脉"。岭南居我国的正南方，背依逶迤的五岭，面向浩瀚的南海，正是龙生之地，秦始皇当年就认为"南海有五色气"⑧，有偏霸之象，遂派人到粤秀山上开凿马鞍冈，意图断其地脉，挡其气势。屈大均也指出：岭南"背山面海，地势开阳，风云之所蒸变，日月之所摩荡"⑨，"虽天气自北而南，于此而终，然地气自南而北，于此而始。始于南，复始于极南，愈穷而愈发

---

① 阮元：《广东通志·金石略》，梁中民校点，广东人民出版社，1994，第119页。
② 司马迁：《史记·封禅书》。
③ 张华：《博物志》卷一，《五方人民》。
④ 刘纬毅：《汉唐方志辑佚》，北京图书馆出版社，1997，第63页。
⑤ 葛洪：《抱朴子内篇·登涉》。
⑥ 清江子：《宅谱问答指要》卷一。
⑦ 管辂：《管氏地理指蒙》卷一，《象物第十》。
⑧ 沈怀远：《南越志》，见骆伟等《岭南古代方志辑佚》，广东人民出版社，2002，第159页。
⑨ 屈大均：《广东新语》卷一，《天语·云》。

育"①。岭南这块风水宝地，正好符合道士"山环水抱必有气"的意境。仙人道士好游四方，放形山水，岭南尤其是粤北山区多属喀斯特地貌，山川景致异常，屈大均在《广东新语》中描述道：日月"大如车轮，光怪迴翔"②、"山之月光如水，海之月光如火"③；云雾"在水，则澄而为碧海，在天，则光怪而为赤云"④、"岭南之雾，近山州郡为多，自仲春至于秋季，无时无之"⑤；山色"粤之山每夜多有火光"⑥；罗浮瀑布"倾泻如注溜"⑦、西樵瀑布"逶迤而下，冰轰雪吼"⑧。山水之奇异，莫不令仙道们神迷和驻足，岭南特异的自然景观，契合道士仙人"得山川之灵气，受日月之光华"的心境。

最后，《道书》贵逆水。作为五岭之首的大庾岭，其"脉凡二支，其一南行，自南雄至广州，其末干直走潮州，于潮州又分二支，其一西下惠州至罗浮，而水亦因之"⑨。此水为东江水系，东江是珠江的第三大水系，它"发源于龙川之北，经河源、博罗、东莞、合增江，至黄木湾入于海"⑩，也就是说，它是由东往西流，《广东新语》云："或以为无水不流东，此水乃自龙川县夹城十里西流，《道书》最贵逆水，此罗浮所以为仙源。"⑪岭南东江水的逆流，迎合了道教的需要，罗浮山由是成为仙源。

岭南地理环境的秀异，使岭南成为仙道乐至的福地，正如唐代著名道士薛玄真所说：

　　九疑五岭，神仙之墟，山水幽奇，烟霞胜异，如阳朔之峰峦挺拔，博罗之洞府清虚，不可忘也。所以祝融栖神于衡阜，虞舜登仙于苍梧，赫胥耀迹于潜峰，黄帝飞轮于鼎湖，其余高真列仙，人臣辅相，腾鬶

① 屈大均：《广东新语》卷二，《地语·地》。
② 屈大均：《广东新语》卷一，《天语·日》。
③ 屈大均：《广东新语》卷一，《天语·月》。
④ 屈大均：《广东新语》卷一，《天语·云》。
⑤ 屈大均：《广东新语》卷一，《天语·雾》。
⑥ 屈大均：《广东新语》卷三，《山语·山火》。
⑦ 屈大均：《广东新语》卷三，《山语·罗浮》。
⑧ 屈大均：《广东新语》卷三，《山语·西樵》。
⑨ 屈大均：《广东新语》卷三，《山语·罗浮》。
⑩ 郝玉麟：《广东通志》卷十，《山川·南海县》。
⑪ 屈大均：《广东新语》卷三，《山语·罗浮》。

逍遥者，无山无之，其故何哉？山幽而灵，水深而清，松竹交映，云萝杳冥，固非凡骨尘心之所爱也。况邃洞之中，别开天地，琼膏滴乳，灵草秀芝，岂尘目能窥，凡屐所履也？得延年之道，而优游其地，信为乐哉。①

综上所述，岭南这块仙墟乐土，适宜道教的生长和发展，岭南独特的地理环境为道教南传提供了得天独厚的自然条件。

（二）岭南土多珍产奇货

自然环境乃至因不同地域而形成的独特的物产，都是文化形成和发展的物质基础。岭南自古因受自然地理和气候环境的影响，物产明显与岭北不同，陆胤《广州先贤传》称："粤产素多奇瑰之货。"② 范晔《后汉书》也云："旧交阯土多珍产，明玑、翠羽、犀、象、玳瑁、异香、美木之属，莫不自出。"③ 房玄龄《晋书》亦载："广州包带山海，珍异所出，一箧之宝，可资数世。"④ 岭南这些稀有而贵重的矿产和海产品，有着很高的经济价值和美观实用价值，是自然地理环境对岭南先民的赐予，也似乎是为仙人道士特设。

道教以长生不死为教旨，在道教看来，长生的一个重要手段是服食仙药。何谓仙药？集神仙道教之大成的葛洪，继承和总结前代医学和各种仙经的理论，指出：

仙药之上者丹砂，次则黄金，次则白银，次则诸芝，次则五玉，次则云母，次则明珠，次则雄黄，次则太乙禹余粮，次则石中黄子，次则石桂，次则石英，次则石脑，次则石硫黄……⑤

---

① 李昉：《太平广记》卷四十三，《薛玄真》。
② 见骆伟等《岭南古代方志辑佚》，广东人民出版社，2002，第37页。
③ 范晔：《后汉书·贾琮列传》。
④ 房玄龄等：《晋书·吴隐之传》。
⑤ 葛洪：《抱朴子内篇·仙药》。

仙药材料不同，作用也不一，《本草经》也云："凡药上者养命，中者养性，下者养病。"① 葛洪更有详尽论述：

> 上药令人身安命延，升为天神，遨游上下，使役万灵，体生毛羽，行厨立至。五芝及饵丹砂、玉札、曾青、雄黄、雌黄、云母、太乙禹余粮，各可单服之，皆令人飞行长生。中药养性，下药除病，能令毒虫不加，猛兽不犯，恶气不行，众妖并辟。②
>
> 朱砂为金，服之升仙者，上士也；茹芝导引，咽气长生者，中士也；餐食草木，千岁以还者，下士也。③
>
> 上士得道，升为天官；中士得道，栖集昆仑；下士得道，长生世间。④

上药为金砂类，包括丹砂、金银、云母、珠玉等矿物质。

首先，丹砂为仙药之首。《神农本草经》称它"主身体五脏百病，养精神，安魂魄，益气，明目，杀精魅邪恶鬼。久服，通神明不老。"⑤ 葛洪也认为"仙药之上者丹砂"⑥，"服神丹令人寿无穷已"⑦。《黄帝九鼎神丹经诀》不仅指出丹砂有长生之功，而且道出产地本在岭南：

> 长生之道，原始要终，莫不皆以丹铅二物为主也。故真人歌九鼎第一定外丹之华，曰：父在神山母在河，本在南越，亦在巴，出于武陵会长沙，先祖昆弟豫章家，道士将我游五华。⑧

岭南居正南方，《管子·四时》认为，南方谓之"日德"："南方曰日，其时

---

① 欧阳询：《艺文类聚》卷八十一，《药》引。
② 葛洪：《抱朴子内篇·仙药》引《神农四经》。
③ 葛洪：《抱朴子内篇·黄白》。
④ 葛洪：《抱朴子内篇·金丹》引《太清观天经》。
⑤ 吴普：《神农本草经》卷一，《玉石部上品·丹砂》。
⑥ 葛洪：《抱朴子内篇·仙药》。
⑦ 葛洪：《抱朴子内篇·金丹》。
⑧ 《道藏》第18册，第825页。

曰夏，其气曰阳，其德施舍修乐。"这样一个阳盛雄健的地方，正是丹砂盛产之地，如《丹论诀旨心鉴》所云："自然之还丹，生太阳背阴向阳之山，丹砂皆生南方，不生北方之地。"① 岭南很早就出产丹材，《荀子·王制篇》曰："南海则有羽翮、齿革、曾青、丹干焉，然而中国得而财之。"唐人杨倞注云："曾青，铜之精，可绩画及化黄金者"；"丹干，丹砂也，盖一名丹干"，可见，类似曾青、丹干的金丹在《荀子》成书的战国末年已在岭南盛产，并传入中原。

岭南产丹砂的地方很多，容州、邕州、宜州、桂州等地都盛产丹砂，《岭外代答》云："勾漏，今容州，则知广西丹砂，非他地可比。……尝闻邕州右江溪峒归德州大秀墟，有金缠砂，大如箭镞，而上有金线缕文，乃真仙药。"② 岭南所产的勾漏砂，以出产地勾漏（即今广西容州）命名。郁林是古勾漏地，"砂发之年，中夜望之，隐然火光满山"③。岭南还以出产宜砂出名，"丹砂，《本草》以辰砂为上，宜砂次之"④，宜砂为宜州（今广西宜山县一带）所产。岭南出产的丹砂不但量多，质也不错，如《仙经》就认为广州、临漳（今广西合浦县）的丹砂特别好，"越砂，即出广州、临漳者，此二处并好"⑤，为此，不少仙道慕名而来，如汉末衡山二学道之人张礼正和李明期，在"俱受西城王君传虹景丹方"⑥ 后，"患丹砂难得，去广州为道士"⑦。东晋初年，葛洪也因"欲炼丹以祈遐寿。闻交趾出丹，求为勾漏令"⑧，故苏东坡说："大抵道士非金丹不能羽化，而丹材多在南荒。"⑨

其次，金银也是上乘仙药。葛洪说："黄金入火，百炼不消，埋之，毕天不朽，服此二物，炼人身体，故能令人不老不死。"⑩ 又"真人作金，自

---

① 《道藏》第19册，第344页。

② 周去非：《岭外代答》卷七，《金石门·丹砂水银》。

③ 周去非：《岭外代答》卷七，《金石门·丹砂水银》。

④ 范成大：《桂海虞衡志·志金石》。

⑤ 唐慎微：《证类本草》卷三，《丹砂》。

⑥ 赵道一：《历世真仙体道通鉴》卷一二，《道藏》第5册，第173页。

⑦ 李昉：《太平御览》卷六六九，《道部十一·服饵上》引《真诰》。

⑧ 房玄龄等：《晋书·葛洪传》。

⑨ 苏东坡：《苏东坡全集》续集，卷十一，《与王定国书》。

⑩ 葛洪：《抱朴子内篇·金丹》。

欲饵服之致神仙……银亦可饵服，但不及金耳"①；陶弘景也说："汉晋之世，诸学道人各六合服金液升仙。"② 道士们认为服食不易腐朽的金银同样可以成为不朽神仙，而且更加省时省力，直截了当。黄金生于丹砂洞穴为上品，金屑多在黑沙和逆流漩涡的地方，此类上乘之药在别处都不易寻到，但在岭南则不成其问题，《广东新语》说岭南地属"阳明之国"，"天地盛德，寄旺于火，火之英，丹砂之精，黄颎父之，黄土母之，以故往往产金"③，《粤东闻见录》也说："岭南纯火之地，多产金石。"④ 如"五岭内富州、宾州、澄州（三州皆在今广西境内）江溪间，皆产金"⑤；卢容"有采金浦"⑥；"荆南之地，丽水（今广西北部的漓水）之中生金，人多窃采金"⑦；广州有金山，"名金岗山，在四会县北六十五里，《南越志》云：'金沙自是出。'"⑧ 岭南有不少地方还以淘金挖银为业，"大抵晋康以挖铁为生，开建、河源以淘金银为业。一铁炉可养千人，一金潭银濑可活数百室，皆天之所以惠贫民也"⑨。银山主要产于粤中和粤东，如英德、清远、罗浮、电白、始兴、潮州等都有银矿、银砖、银饼、银版，"粤之山旧有银穴银沙，《始兴记》云：'小首山崩，崩处有光耀，悉是银砾，铸之得银。'"⑩ 可见，岭南金银之多。

再次，云母和珠玉等亦为上好仙药。《广东新语》云："昔有罗辩者，服之（云母）得仙。……何仙姑服之（云母）亦得仙。……乃神仙之上饵也。"⑪ "（珠）盖月之精华所注焉……精华一片与天长。"⑫《抱朴子内篇》也称："玉亦仙药。……《玉经》曰：服金者寿如金，服玉者寿如玉也。又

① 葛洪：《抱朴子内篇·黄白》。
② 李昉：《太平御览》卷六七一，《道部十三·服饵下》注引《登真隐诀》。
③ 屈大均：《广东新语》卷十五，《货语·金》。
④ 张渠：《粤东闻见录》卷上，《温泉》。
⑤ 刘恂：《岭表录异》，见骆伟等《岭南古代方志辑佚》，广东人民出版社，2002，第196页。
⑥ 范晔：《后汉书·郡国五》日南郡注引《交州记》。按：卢容为秦之象郡，汉之日南郡所属的象林县治所。
⑦ 《韩非子·内储说上》。
⑧ 乐史：《太平寰宇记》卷一五七，《岭南道一·土产》。
⑨ 屈大均：《广东新语》卷十五，《货语·金》。
⑩ 屈大均：《广东新语》卷十五，《货语·银》。
⑪ 屈大均：《广东新语》卷十四，《食语·云母》。
⑫ 屈大均：《广东新语》卷十五，《货语·珠》。

曰：服玄真者，其命不极。玄真者，玉之别名也。令人身飞轻举，不但地仙而已。"[1] 岭南盛产诸类仙药，如"罗江之上多云母，日照之，宝光烨耀"[2]；"增城有大溪，出云母粉"[3]；"增城云母粉，东莞紫石英，仙人所服饵，往往得长生"[4]。乌浒、合浦产珠，杨孚《南裔异物志》云："乌浒，取翠羽探珠为产。"[5] "合浦民，善游采珠"[6]。葛洪也说："凡探明珠，不于合浦之渊，不得骊龙之夜光也。"[7] 高州有文鮇，据《山海经》解释："文鮇状如覆铫，是生珠玉。"[8] 交州产玉，"白玉美者可照面，出交州"[9]，"外国作水精椀，实是合五种灰以作之。今交、广多有得其法而铸作之者"[10]，这里的水精即是玉石类的东西。

据上，足见岭南盛产丹砂、金银、云母、珠玉之类的上乘仙药。

中药为芝类，包括石芝、木芝、草芝、肉芝、菌芝，合称五芝，芝又叫灵芝，集川岳之灵气，故葛洪说："茹芝导引，咽气长生者中士也。"[11] 屈大均《广东新语》称："仙人持作长生师。"[12]《太上黄庭外景玉经》卷下也云："问于仙道与奇功，服食灵芝与玉英。"[13] 葛洪《抱朴子内篇·遐览》就著录有《木芝图》《菌芝图》《肉芝图》《石芝图》《大魄杂芝图》各一卷，专门论述诸芝的长生功效。诸芝在岭南多有生长，葛洪上罗浮山采药时，采到的灵芝五颜六色，他描绘道："赤者如珊瑚，白者如截肪，黑者如泽漆，青者如翠羽，黄者如紫金。"[14] 屈大均也说："芝生罗浮最多，有二十

① 葛洪：《抱朴子内篇·仙药》。
② 屈大均：《广东新语》卷十四，《食语·云母》。
③ 屈大均：《广东新语》卷十四，《食语·云母》。
④ 张渠：《粤东闻见录》卷下，《紫石英》。
⑤ 见骆伟等《岭南古代方志辑佚》，广东人民出版社，2002，第13页。按：乌浒，为古代岭南越族的一支，主要散居在粤西、海南一带。
⑥ 骆伟等：《岭南古代方志辑佚》，广东人民出版社，2002，第18页。
⑦ 葛洪：《抱朴子内篇·祛惑》。
⑧ 屈大均：《广东新语》卷十五，《货语·玉》引。
⑨ 郭义恭：《广志》，见骆伟等《岭南古代方志辑佚》，广东人民出版社，2002，第111页。
⑩ 葛洪：《抱朴子内篇·论仙》。
⑪ 葛洪：《抱朴子内篇·黄白》。
⑫ 屈大均：《广东新语》卷二十七，《草语·芝》。
⑬ 《道藏》第5册，第914页。
⑭ 葛洪：《抱朴子内篇·仙药》。

四种。"① "南海有灵山，产神草，遣使求之，果于此得金芝数十茎，锵然作金钱声。"② 可知岭南芝类品种之多。

下药为草木药物类，包括卷柏、青精、琥珀、茯苓、菖蒲、桂之类的野生药材。今人陈宪猷释："卷柏，又名长生不死草，……叶细如柏。青精，又名南天烛。道家以之蒸饭，谓之青精饭，谓食之可以延年。"③ 另外，服食琥珀可以宁心魄而利小遗；服食茯苓则可以安神魂而补脾胃，历世真仙无不服食，如田仕文"常饵服白术、茯苓，久而有益"；尹通"服黄精、雄黄、天门冬数十年，体渐清爽，性亦敏慧"；于章"饵黄精、茯苓、山地黄"④，故葛洪说："餐食草木，千岁以还者，下士也。"⑤

此类草药并非处处可寻，然岭南却是盛产之地。岭南由于山峰突兀，草木葳蕤，药物繁盛，"卷柏、茯苓、青精、黄独、宜男、益母，有繁其属"⑥，"（茯苓）故养生者贵之，而岭南所产尤重"⑦；菖蒲，古人以为服食菖蒲，可以延年益寿，《风俗通》云："菖蒲放花，人得食之，长年。"⑧《孝经援神契》也云："菖蒲益聪，巨胜延年。"⑨ 菖蒲以节的多寡定其上下品，"菖蒲生须得石上，一寸九节已上，紫花者尤善也"⑩，据《本草经》说："菖蒲生石上，一寸九节者，久服轻身，明耳目，不忘，不迷惑。"⑪ 菖蒲能延年益聪，自然成为道教徒追寻的对象。岭南盛产菖蒲的地方不少，如"熙安县东北有菖蒲，涧盘石上"⑫；"宣山中，菖蒲，一寸十二节，坚芬之极"⑬；罗浮山出产的菖蒲还与他地不同，"石菖蒲，以小为贵，一寸十二

---

① 屈大均：《广东新语》卷二十七，《草语·芝》。
② 屈大均：《广东新语》卷三，《山语·二禺》。
③ 参阅仇巨川《羊城古钞》，陈宪猷校注，广东人民出版社，1993，第27页。
④ 赵道一：《历世真仙体道通鉴》卷二九和卷三〇，《道藏》第5册，第267、271、275页。
⑤ 葛洪：《抱朴子内篇·黄白》。
⑥ 仇巨川：《羊城古钞》卷首，《舆图·粤会赋》。
⑦ 屈大均：《广东新语》卷二十七，《草语·茯苓》。
⑧ 李昉：《太平御览》卷九九九，《百卉部六·菖蒲》引。
⑨ 葛洪：《抱朴子内篇·仙药》引。
⑩ 葛洪：《抱朴子内篇·仙药》。
⑪ 李昉：《太平御览》卷九九九，《百卉部六·菖蒲》引。
⑫ 斐渊：《广州记》，见骆伟等《岭南古代方志辑佚》，广东人民出版社，2002，第87页。
　　按：熙安县，南朝宋置，后废，治在原广东番禺县东。
⑬ 李昉：《太平御览》卷九九九，《百卉部六·菖蒲》引《罗浮山记》。

节，能益智明目。罗浮东涧有之。质坚，气味清芬，他产则否"①。广州也有菖蒲涧，一名甘溪，"此涧菖蒲，昔安期生所饵，可以忘老"②。桂，也是仙药之一种，《说文解字·木部》称之为"百药之长"，《抱朴子内篇》也称服桂可以长生不死，"桂可以葱涕合蒸作水，可以竹沥合饵之，……长生不死也"③，《广州记》还记桂父服桂得仙，"桂父，常食桂叶。……一旦与乡曲别，飘然入云"④，岭南产桂，《桂海虞衡志》称之为南方奇木："桂，南方奇木，上药也。"⑤ 这种奇木，两广都有出产，晋人郭义恭《广志》云："桂，出合浦，……交阯置桂园。"⑥《罗浮山记》曰："罗浮山顶有桂，《山海经》曰所谓贲隅之桂。"⑦

据上，岭南盛产三类金丹灵药，如葛洪所说："篱陌之间，顾眄皆药。"⑧ 这无疑为道教徒炼服仙药提供了物质基础，仙道们大可因地制宜地尽情采炼和服食，岭南瑰奇的物产，满足了仙道们长生成仙的实践需要。

综言之，岭南集天下山川之秀异和物产之瑰奇于一身，诚如汪森所言："百粤，其山川之萃乎？夫东南其下也，势之极也，天地之尽也，万物之所归也。其山川之瑰丽诡怪，奇伟绝特，固如是之多哉！或曰不钟之人而钟之物，故其产多南金、珠玑、玳瑁、犀象，至于草木，亦秀异而才罕焉。"⑨ 岭南成为仙道心往神驰而乐至的沃土福地。毫无疑问，岭南独特的地理环境，与道教有着一种密切的地缘关系，它为道教南传提供了物质基础和理想乐园。

二 亲缘

由于地缘的影响，古代岭南的民俗风情具有鲜明的地域特色，其崇尚

---

① （民国）《博罗县志》卷三，《经济七·物产》引《南粤笔记》。
② 乐史：《太平寰宇记》卷一五七，《岭南道一·土产》。
③ 葛洪：《抱朴子内篇·仙药》。
④ 骆伟等：《岭南古代方志辑佚》，广东人民出版社，2002，第91页。
⑤ 范成大：《桂海虞衡志·志草木》。按：此处上药指上好之药。
⑥ 骆伟等：《岭南古代方志辑佚》，广东人民出版社，2002，第130页。
⑦ 欧阳询：《艺文类聚》卷八十九，《桂》引。
⑧ 葛洪：《抱朴子内篇·杂应》。
⑨ 汪森：《粤西文载》卷十三，《山川志·广西山川志》。

巫鬼，崇拜图腾，信奉神仙，崇山乐道，与道教的"成仙"教旨和"斋醮"科仪以及"抱朴"精神有着共通之处，有的甚至一致，两者有着一种天然的亲缘关系，可谓"同源互感"，同类相生。

（一）岭南崇尚巫鬼

"巫"在甲骨文中，似人作舞蹈旋转状，表现巫者在祭祀中的歌舞降神特征。许慎《说文解字·巫部》云："巫，祝也，女能事无形，以舞降神者也。"孔颖达在解释《易·巽》"用史巫纷若，吉，无咎"中指出："史谓祝史，巫谓巫觋，并是接事鬼神之人也。"这表明，巫是秉承神灵的指示，从事祝斋活动，肩负沟通人神使命的人。

岭南巫风浓厚，巫术盛行，早在汉代已经出名，甚至传到中原，司马迁《史记·孝武帝本纪》云：

> （汉武帝）是时既灭南越，越人勇之乃言："越人俗信鬼，而其祠皆见鬼，数有效。昔东瓯王敬鬼，寿至百六十岁。后世谩怠，故衰耗。"乃令越巫立越祝祠，安台无坛，亦祠天神上帝百鬼，而以鸡卜。上信之，越祠鸡卜始用焉。……勇之乃曰："越俗：有火灾，复起屋必以大，用胜服之。"于是作建章宫，度为千门万户。前殿度高未央。其东则凤阙，高二十余丈。

从越巫勇之的这番话，可知越俗巫术有四：其一，拜祭鬼神，越人以为拜祭鬼神可得长寿，于是，"信巫鬼，重淫祀"[1]，汉武帝也令立越祝祠，"尤敬鬼神之祀"[2]。其二，鸡卜，越人为沟通人神关系，往往采用一种特殊的贞问方式，用鸡卜以示吉凶，方法是先把鸡杀后煮熟，然后或观其鸡眼，或鸡身，或鸡骨，或鸡卵的裂纹，以判断吉凶。其三，厌胜，越人大凡房子失火，再盖的房子一定超大，用作胜服，汉武帝在"柏梁台"毁于火灾后，就听取越巫建议，采用越人的厌胜术，建造"建章宫"，以胜服火灾。其四，祝咒，越人为祈求平安，多采用禁咒禳鬼，汉武帝也建置越祝祠，

---

① 班固：《汉书·地理志下》。
② 司马迁：《史记·封禅书》。

行祝咒，保平安。

上述的几种巫术，在岭南都颇为流行。

第一，拜祭鬼神。岭南古代有猎头与啖人之习俗，所谓猎头，即砍人头以祭鬼神祈福，万震《南州异物志》云："奉月方田，尤好出索人贪得之，以祭田神也。"① 魏收《魏书·氐僚列传》也云："所杀之人，美鬓髯者必剥其面皮，笼之于竹，及燥，号之曰'鬼'，鼓舞祀之，以求福利。"祭祀的方法是："得人头砍去脑，驳其面肉，留置骨，取犬毛染之。以作鬓眉发编，具齿以作口，自临战斗时用之，如假面状。此是夷王所服。"② 考古工作者在广州地区就发现不少古代铜鼓和铜提筒上刻有杀俘猎头的文饰图案，如广州南越王墓东耳室出土的一件铜提筒，筒上刻有杀俘猎头的文饰图案③，反映南越人杀俘，作猎头献祭的情况。此外，岭南还流行"啖人"，《墨子·鲁问》云："楚之南有啖人之国，（桥）者其国之长子生，则鲜而食之，谓之宜弟。"《后汉书·南蛮西南夷列传》也曰："其西有噉人国，生首子辄解而食之，谓之宜弟。……今乌浒人是也。""乌浒"为"地名，在广州之南，交州之北"④，即在岭南境内。岭南先民这种取人首级，以祭鬼神祈福的做法和杀长子"解而食之"的风俗，与灵魂崇拜和灵魂转生观念有关，是一种"恶意巫术"⑤。

第二，鸡卜。越人信鬼，越巫投其所好，发明专为人消灾除祸的"鸡卜"，范成大说："鸡卜，南人占法。"⑥ 关于鸡卜法，张守节有详细描述：

鸡卜法，用鸡一、狗一，生，祝愿讫，即杀鸡狗煮熟；又祭，独取鸡两眼，骨上自有孔裂，似人物形则吉，不足则凶。今岭南犹行此

---

① 见骆伟等《岭南古代方志辑佚》，广东人民出版社，2002，第50页。
② 沈莹：《临海水土物志》，见刘纬毅《汉唐方志辑佚》，北京图书馆出版社，1997，第64页。
③ 广州市文物管理委员会等：《西汉南越王墓》（上册），文物出版社，1991，第51页。
④ 万震：《南州异物志》，见骆伟等《岭南古代方志辑佚》，广东人民出版社，2002，第50页。
⑤ 按：梁钊韬先生将巫术从功能和作用上分成三大类：一为恶意巫术；二为善意巫术；三为预兆巫术，参见梁钊韬《中国古代巫术》，中山大学出版社，1999，第28~30页。
⑥ 范成大：《桂海虞衡志·佚文拾零》，严沛校注，广西人民出版社，1986，第173页。

法也。①

上文明确鸡卜法有三：一为鸡眼卜，即视鸡眼定吉凶，做法是先用活鸡祭拜鬼神，同时将人的愿望向神灵禀告，之后，将活鸡宰杀烹熟，视鸡眼的形状而决定吉凶。二为鸡身卜，即视鸡相定吉凶，做法是将禀过神的活鸡煮熟，然后，视整只鸡的外貌而定吉凶。三为鸡骨卜，即视鸡骨定吉凶，做法是将禀过神的活鸡煮熟，然后，去掉鸡头鸡皮，视鸡骨的裂纹而定吉凶。此外，还有鸡卵卜，此类记载也不少：

> 亦有鸡卵卜者，焚香祷祝，书墨于卵，记其四维而煮之，熟乃横截，视当墨之处，辨其白之厚薄而定侬人吉凶焉。昔汉武帝奉越祠鸡卜，其法无传，今始记之。②
>
> 邕州之南有善行术者，取鸡卵墨画，祝而煮之，剖为二片，以验其黄，然后决嫌疑，定祸福，言如响答。据此乃古法也。③

有学者指出："自汉代以后，从广西到广东乃至海南岛境中生存的居民，即早期的越人、俚人、僚人，晚期的僮人、俍人、黎人、苗（实瑶）人，莫不都有兴行鸡卜的占卜之俗。"④ 岭南古民为沟通人神所采取的这种特殊的贞问方式"鸡卜"，兼有"预兆巫术"和"善意巫术"的功能和作用。

第三，厌胜。面对鬼神带来的灾祸和苦难，越巫往往施用厌胜术，借助一种强大武器，降服鬼神，以驱散笼罩在人们头上的乌云和心中的恐惧，越巫多用之为人治病，张鷟《朝野佥载》称：

> 岭南风俗，家有人病，先杀鸡鹅等以祀之，将为修福。若不差，即次杀猪狗以祈之。不差，即次杀太牢以祷之。更不差，即是命，不复更祈。⑤

---

① 司马迁：《史记·孝武帝本纪》；张守节：《正义》。
② 周去非：《岭外代答》卷十，《志异门·鸡卜》。
③ 段公路：《北户录》卷二，《鸡卵卜》。
④ 杨豪：《岭南民族源流考》，珠海出版社，1990，第38页。
⑤ 张鷟：《朝野佥载》卷五，《京中士女相贺》。

厌胜治病成为岭南习俗，它兼有"善意巫术"和"预兆巫术"的功能。

第四，禁咒。古代岭南多用禁咒禳鬼，禁咒分禁术和咒语两种，禁术是指具体的禁咒行动，咒语则是一种简单化的巫术形式，主要建立在对语言具有神秘魔力又深信不疑的信仰基础上，由于古人认识自然的能力有限，他们把自然现象的变幻莫测看成是神鬼的旨意，他们天真地认为：鬼神与人一样，也有避忌和弱点，只要对其施用咒语，便能影响和制约鬼神，消除不祥，咒语成为巫术行为的核心，如马林诺夫斯基所指出："咒是巫术的神秘部分，相传于巫士团体，只有施术的才知道；在土人看来，所谓知道巫术，便是知道咒，我们分析一切巫术行为的时候，也永远见得到仪式是集中在咒语的念诵的，咒语永远是巫术行为的核心。"① 生活在水乡的岭南先民，认为造成船翻人亡的原因是水神作怪，于是，他们诅咒水神，祈求平安，"伏剑呵骂水神，风息得济"②。人往往将禁术和咒语结合起来使用，最常见且最灵验的是茅卜法：

> 南人茅卜法：卜人信手摘茅，取占者左手，自肘量至中指尖而断之，以授占者，使祷所求。即中折之，祝曰："奉请茅将军、茅小娘，上知天纲，下知地理"云云。遂祷所卜之事，口且祷，手且掐，自茅之中掐至尾，又自茅中掐至首，乃各以四数之，余一为料，余二为伤，余三为疾，余四为厚。料者雀也，谓如占行人，早占遇料，行人当在路，此时雀已出巢故也；日中占遇料，则行人当晚至，时雀至暮当归尔；晚占遇料，则雀已入巢不归矣。伤者声也，谓之笑面猫，其卦甚吉，百事欢欣和合。疾者黑面猫也，其卦不吉，所在不和合。厚者滞也，凡事迟滞。茅首余二，名曰料贯伤；首余三，名曰料贯疾。余皆仿此。南人卜此最验。③

禁咒术成为南人的法宝，它兼有"善意巫术"和"恶意巫术"的功能。

---

① 马林诺夫斯基：《巫术、科学、宗教与神话》，李安宅译，中国民间文艺出版社，1986，第56页。
② 虞世南：《北堂书钞》卷七十三，《设官部二十五·别驾一百六十一》注。
③ 周去非：《岭外代答》卷十，《志异门·茅卜》。

古代岭南巫术盛行，原因主要有二。

首先，物产瑰奇，景色怪异，刺激巫术兴盛。古代岭南出产许多内地没有的物产，刘恂《岭表录异》载："庞降（为蜩蝉类之一），生于山野，多于橄榄树上。……其鸣自呼为庞降。但闻其声，采得者鲜矣。人以善价求之，以为媚药。"① "红飞鼠，多出交阯及广、管、泷州。背腹有深毛，茸茸然。惟肉翼浅黑色，多双伏红焦花间。采捕者若获一，则其一不去。南中妇人，买而带之，以为媚药。"② 媚药为何药？嵇含《南方草木状》释道："鹤草……出南海。云是媚草，上有虫，老蜕为蝶，赤黄色。女子藏之，谓之媚蝶，能致其夫怜爱。"③ 可知媚药有激发情欲之药性，越巫用之发明"媚术"，通过感应致爱，属感致巫术④。媚药也有相互依恋之特性。刘恂《岭表录异》卷下："蝛蝞（又名青蚨），生南海诸山，雌雄常处未相舍。青金色，人采得以法末之，用涂钱以货易于人，昼用夜归，又能秘精缩小便，亦人间难得之物也。"⑤ 越巫用之发明"还钱术"，其做法是：以青蚨血涂在钱上，白天用钱与人交易，晚上其钱会自动飞回来，钱与青蚨互不分离，属染触巫术。媚药还有禳凶化吉之功效。嵇含《南方草木状》云："五岭之间多枫木，岁久则生瘤瘿；一夕遇暴雷骤雨，其树赘暗长三五尺，谓之枫人。越巫取之作术，有通神之验。"⑥ 刘恂《岭表录异》卷中也说："枫人岭中，诸山多枫树。树老，则有瘤瘿。忽一夜遇暴雷骤雨，其树赘，则暗长三数尺，南中谓之枫人。越巫云：取之雕刻神鬼，则易致灵验。"⑦ 越巫取枫人雕刻神鬼，用作厌胜物，有禳凶化吉之功效，属反抗巫术。

其次，气候多变，瘴气弥漫，致使巫术发达。岭南瘴气流行，医书、史书均有记载：

① 刘恂：《岭表录异》卷下，见骆伟等《岭南古代方志辑佚》，广东人民出版社，2002，第226页。
② 刘恂：《岭表录异》卷中，见骆伟等《岭南古代方志辑佚》，广东人民出版社，2002，第217页。
③ 见梁廷枏《南越五主传及其它七种》，广东人民出版社，1982，第57页。
④ 按：梁钊韬先生将巫术从内容和施行方式上分成三大种类：一为感致巫术；二为染触巫术；三为反抗巫术，参见梁钊韬《中国古代巫术》，中山大学出版社，1999，第12～15页。
⑤ 见骆伟等《岭南古代方志辑佚》，广东人民出版社，2002，第224页。
⑥ 见梁廷枏《南越五主传及其它七种》，广东人民出版社，1982，第62页。
⑦ 见骆伟等《岭南古代方志辑佚》，广东人民出版社，2002，第209页。

此病（瘴）生于岭南，带山瘴之气，其状发寒热，休作有时，皆由山溪源岭瘴湿毒气故也。其病重于伤暑之疟。①

苍梧、南海，岁有旧风瘴气之害……气则雾郁，飞鸟不经。②

南郡极热之地……火烟入鼻鼻疾，入目目痛。③

自岭以南二十余郡，大率土地下湿，皆多瘴疠，人尤夭折。④

飓风鳄鱼，祸患不测；州南近界，涨海连天；毒雾瘴氛，日夕发作。⑤

瘴疠交侵，生民夭横，时人以为是鬼神作祟，于是求助于巫术，"南方凡病，皆谓之瘴……痛哉深广，不知医药，唯知设鬼，而坐致殂殒"⑥，"热极为毒也……故南越之人，祝誓辄效"⑦。

据上可知，岭南由于地缘的影响，巫风浓厚，岭南巫风作为岭南事象的一个重要方面，表现岭南先民的实际生活态度，也反映岭南先民的思维方式和价值取向，岭南巫俗表现出来的种种形式以及内蕴的文化特征，契合道教文化精神，适合道教的生成和发展。

首先，在思维方式上，岭南崇拜五羊，"五"字就有崇巫倾向。广州别称五羊城，岭南有五岭、五指山等多个带"五"字头的古地名，皆因"五"是个神圣数字，它"往往是由手指和足趾的数来确定。……5 这个数是神圣的数，它经常出现在俄勒冈各部族的口头传说、神话和风俗中"⑧。岭南有手掌崇拜习俗，"越与骆越都有崇拜手掌的习尚"⑨，手掌崇拜和五羊崇拜，体现岭南原始信仰中人的五指与图腾动物的五趾的神秘互渗，是古代"五指进位制"计数法和"仙掌（五）崇拜"的巫俗遗绪，带有原始思维特征。

---

① 巢元方：《巢氏诸病源候总论》卷十一，《山瘴疟候》。

② 陈寿：《三国志·吴书·陆凯传》。

③ 王充：《论衡·言毒》。

④ 魏徵：《隋书·地理志下》。

⑤ 刘昫：《旧唐书·韩愈列传》。

⑥ 周去非：《岭外代答》卷四，《风土门·瘴》。

⑦ 王充：《论衡·言毒》。

⑧ 〔法〕列维–布留尔：《原始思维》，丁由译，商务印书馆，1981，第 198～211 页。

⑨ 石钟健：《试论越与骆越出自同源》，载百越民族史研究会《百越民族史论集》，中国社会科学出版社，1982，第 195 页。

道教中加上"五"字节的说法很多，如说人的五脏有神，东西南北中五方也有神，人有五戒，天分五类，在道教的教理中有不少场合用上"五"这个数字，《周易参同契》以卦爻配阴阳五行，借以说明炼丹用药与火候；《黄庭经》以五脏配五行，以阴阳之气益身炼形，在道教的神祀中，也有五帝、五神、五祀和五方道君①，可见，两者的思维方式是一致的。

其次，在信仰上，岭南重淫祀，上自天神，下至百鬼，无不祭祀。道教也是多神崇拜，所祀之神，有包括元始天尊、灵宝天尊和道德天尊三清以及青帝、赤帝、黄帝、白帝、黑帝五老君的尊神系统，也有包括天、地、山、川、日、月、星、辰、风、云、雷、雨的主神系统，还有包括灵官、太岁、功曹、城隍、土地、灶君、财神、祖先、圣贤、忠烈、仙人和行业保护神的杂神系统，诸神庞杂，有学者甚至考证出葛洪晚年在罗浮山撰写的《枕中书》所创造的道教至尊神元始天王开天辟地的形象就是直接源自岭南少数民族的盘古信仰。② 可见，两者在祀神和信仰上有共通之处。

再次，在方法上，岭南有巫舞，道教有踏罡步斗，又称禹步，《洞神八帝元变经》云："禹届南海之滨，见鸟禁咒，能令大石翻动，此鸟禁时，常作是步。禹遂模写其行，令之入术。"③ 又岭南善禁咒，道教也有禁祝法，"天上有常神圣要语，时下授人以言，用使神吏应气而往来也。人民得之，谓为神祝。祝也祝百中百，祝十中十，祝是天上神本文传经辞也。其祝有可使神为除疾，皆聚十十中者，用之所向无不愈者也"④。又"急急如律令"和"如律令"都是道教劾鬼的常用咒语，道教的咒术颇多，如《太上三洞神咒》卷二记"雷霆召役神咒"，就有"三十六雷总辖咒""七十二侯都总咒""开旗咒""卓剑咒""巡坛咒""用剑咒""行净咒""变神咒""步罡咒"等，葛洪名著《抱朴子内篇》也有许多"禁咒之法"，如禁虎、蛇、止

---

① 按：此处五帝指太皞、炎帝、黄帝、少皞、颛顼。五神指句芒、祝融、后土、蓐收、玄冥。五祀指祀户、祀灶、祀中霤、祀门、祀行。五方道君指东方青灵始老、南方丹灵真老、中央混元黄老、西方皓灵玄老、北方五灵玄老。参见葛兆光《道教与中国文化》，上海人民出版社，1987，第38、75页。
② 参见王卡《元始天王与盘古民开天辟地》，载《世界宗教研究》1989年第3期。
③ 《道藏》第28册，第398页。
④ 王明：《太平经合校》，中华书局，1960，第181页。

血续骨，有学者研究后认为：禁咒之法"亦出于'越'，为南方民族之术"①。可见，两者在方法上彼此难分。

上述表明，岭南巫俗与道教文化有着相似或近通之处，有的甚至是道教某些内容的渊源，岭南庞杂的巫仪和巫俗表现出来的狂热，为道教南传发展提供了一些效法雏形。

（二）岭南崇拜图腾

古代岭南气候炎热多雨，野兽出没频繁，自然现象变幻莫测，促成人们对自然物（动物）由敬畏而生崇拜，从而产生图腾崇拜。岭南图腾崇拜有两种：

第一，以羊、狗、龙、蛇、虫、鸟等实物类的图腾崇拜。

以羊为图腾崇拜，源自五羊传说。《羊城古钞》云：

> 周时南海有五仙人，衣五色衣，骑五色羊，来集楚庭。各以谷穗一茎六出留与州人，且祝曰："愿此阛阓永无荒饥。"言毕，腾空而去，羊化为石。②

这是说，早在西周时期，岭南先民就对给他们带来食物和祝福的羊顶礼膜拜。岭南先民以羊为图腾，不仅在传说中得到预示，而且在史书中也得到佐证，更重要的是，"羊化为石"，变为五羊石，也是图腾崇拜的图腾物，成为崇拜的积淀。岭南先人还以羊为姓，"越，芈姓也，与楚同祖"③，芈是羊字的象形文字写法，越人以羊为姓，并溯为始祖，以求得神意和祖先庇护。

以狗为图腾崇拜，在岭南也不少，有学者研究后认为是狗羊错位所致。④

以龙或蛇为图腾崇拜最为普遍。岭南多为水乡，先民主要以捕捞为生

---

① 王家祐：《读蒙文通先师论道教札记》，王家祐著《道教论稿》，巴蜀书社，1987，第188页。

② 仇巨川：《羊城古钞》卷七，《古迹·五羊城》。

③ 司马迁：《史记·赵世家》；张守节：《正义》引《世本》。

④ 参见吴之邨《"五羊"新诠》，载《江西社会科学》1996年第3期。

活来源，然而，水上作业非常危险，为了防止水上生物的侵害，他们期望得到神灵的保护，于是将龙、蛇附会为本族的始祖，从而产生了以龙、蛇为图腾的原始崇拜，最有代表性的是龙母崇拜，传说龙母是秦朝温姓渔民的养女，死后被尊为"龙母"。龙母传说起源甚古，有学者认为：它"反映了百越民族崇拜龙（蛇）图腾，由图腾崇拜转向民族始祖崇拜"[①]。

以虫为图腾崇拜，是因岭南自古有蛮夷之称。蛮为虫种，又称为五彩毛狗"槃瓠"之种，铜头铁额，号为蛮夷。因虫与蛇相类，所以以龙或蛇为图腾，也看作以虫为图腾。

以鸟为图腾崇拜，相当普遍。其中有四种说法：一说古代岭南为蛮夷之地，"夷"字与"鸟"的繁体字"鳥"接近。二说龙和蛇无论是盘旋的样子，或是腾飞的姿势，都如鸟状，故以龙或蛇为图腾，又看作以鸟为图腾。三说它与"讙兜南投"有关，古代岭南有"讙头（兜）国"之称，岭南先民有"讙兜民"之喻，这源于尧子丹朱的南投，《史记·五帝本纪》云："（尧）放讙兜于崇山，以变南蛮。"讙兜乃尧子丹朱，他流落南裔，繁衍子孙，《山海经·海外南经》也曰："其为人人面有翼，鸟喙。"因此，鸟成为岭南先民之祖，"越地深山有鸟如鸠，青色，名曰冶鸟。……此鸟白日见其形，鸟也；夜听其鸣，人也。……越人谓此鸟是越祝之祖"[②]。四说鸟可以耘田助耕，《交州外域记》载：交阯昔时"有雒田，其田从潮水上下，民垦食其田，因名为雒民。"[③]《十三州志》也云："百粤有骆田"[④]，雒和骆是同音异体字，《说文》释雒为"鵒鶸"，意为"小雁"，可见，"'雒田'这个词本身已经包含着一个'鸟田'的传说。……由于得到雒鸟的助耕，所以骆越人民感怀此鸟，于是把它奉为图腾。"[⑤] 考古也发现广西罗泊湾西汉墓出土的铜鼓，无论鼓面或鼓身都刻有鸟纹饰[⑥]，广州华侨新村西汉墓出

---

① 陈泽泓：《广东民间神祇》（下），载《羊城今古》1997 年第 5 期。
② 张华：《博物志》卷三，《异鸟》。
③ 郦道元：《水经注》卷三七，《叶榆河》引。
④ 阚骃：《十三州志》，丛书集成初编本，中华书局，1985。
⑤ 石钟健：《试论越与骆越出自同源》，载百越民族史研究会《百越民族史论集》，中国社会科学出版社，1982，第 194 页。
⑥ 参见广西壮族自治区文物工作队《广西贵县罗泊湾一号墓发掘简报》，载《文物》1978 年第 9 期。

土的陶熏炉上和沙河顶东汉墓出土的铜温酒樽盖顶上都有鸟图案①。有专家指出："刻在铜鼓上的候鸟，正是铜鼓的主人即雒越人的图腾。……他们经常用雒鸟羽毛插在自己的头上和身上，化装为图腾鸟，同时把图腾的徽号挂遍和雕刻在船上的各个角落。所有这些行为其主要目的无非在于祈求图腾的保佑，使他们在海上得到安全。"②于是，人们把鸟视若神灵加以崇拜，鸟成为岭南人的图腾崇拜。

第二，以具体行动来表达抽象观念的崇拜，如岭南先民用断发、文身等行为，表达祈求避邪免灾观念，实际上是从龙、蛇、羊、狗、虫、鸟等实物抽象出来的崇拜。

所谓断发，就是剪断头发；所谓文身，就是在身上刻刺龙蛇花纹，并着色，《淮南子·原道训》载："九嶷之南，陆事寡而水事众，于是，民人被发文身，以象鳞虫，短绻不绔，以便涉游。"其注云："文身，刻画其体，内墨其中，为蛟龙之状，以入水，蛟龙不害也，故曰'以像鳞虫'也。"九嶷，是指湘南零陵县东南古称的九嶷山地境，九嶷之南无疑是指岭南，民人刻刺成或像鳞虫，或似蛟龙，目的是"避蛟龙之害"③。据闻，蛟龙不会伤害文身的人，因为这些人身上带了彩，在水中游动时活像龙子，"龙以为己类，不吞噬"④。于是，断发、文身成为岭南的一种习俗和标志，《史记·赵世家》云：

> 剪发文身，错臂左衽，瓯越之民也。……正义曰：按：属南越，故言瓯越也。《舆地志》云："交阯，周时为骆越，秦时曰西瓯，文身断发避龙。"

有学者考证后指出："西瓯，居今广西东北，以桂林为中心……骆越分布于

---

① 参见麦英豪《广州华侨新村西汉墓》，载《考古学报》1958 年第 2 期；广州市文物委员会：《广州东郊沙河汉墓发掘简报》，载《文物》1961 年第 2 期。
② 〔越〕陶维英：《越南古代史》（上册），刘统文、子钺译，商务印书馆，1976，第 131～135 页。
③ 班固：《汉书·地理志下》。
④ 屈大均：《广东新语》卷二十二，《鳞语·龙》。

广西西南、广东西部、越南北部。"①　均在岭南境内，为岭南古民，他们断发文身，并把刺刻龙蛇的图案暴露出来，符合越人视龙蛇为始祖和保护神的事实。1983 年考古发掘广州瑶台柳园岗 11 号墓中，木椁上面摆放着一个"断发文身"、箕踞而坐的木俑，为护卫墓主而设，有驱恶鬼、辟妖邪之功。②　正如精神分析学家佛洛伊德所说：落后民族"在自己的身体上刻画图腾的形态"，是"强调他们与图腾间的相似性……他们想以此免受图腾的伤害，并希望能够借助图腾身上的神奇力量，保卫自己"③，以求得心理上的满足和人身的安全为目的。

岭南图腾崇拜，还有用作荣耀的目的。《淮南子·泰族训》云："刻肌肤，镂皮革，被创流血，至难也，然越为之，以求荣也。"这种以具体行为表达抽象观念的做法，实际上是一种图腾崇拜，如闻一多所说："图腾既是祖宗，又是神，人那（哪）有比像祖宗、像神更值得骄傲的事呢？"④　也有学者认为："盖太古各图腾社会，其所属民人，于成年时代必举行一种永远矢信于图腾之荣誉仪式，而文身殆其仪式之一。"⑤

总而言之，图腾崇拜作为岭南土著文化的一个重要内容，是岭南早期民俗、生存环境的结合体，也是岭南先民文化心理的反映，岭南的图腾崇拜及其文化底蕴，契合道教的生成和发展。古代岭南的图腾崇拜，把羊、狗、龙、蛇、鳄、虫、鸟等自然物（动物）当作本族保护神或标志物加以崇拜，实际上是自然崇拜或动物崇拜和祖先崇拜（鬼魂崇拜）的结合。道教崇尚自然，主张"人法地，地法天，天法道，道法自然"⑥，早期道经如《太平经》《老子想尔注》等都"以善道教化"为宗旨，劝诫民众尊天奉道，葛洪的《抱朴子》也有"万物有灵"观念，"山川草木，井灶涸池，犹皆有精气，人身之中，亦有魂魄，况天地为物之至大者，于理当有精神，

---

① 参见庄为玑《建国以来百越族的历史研究——关于东越与南越和西越的族源问题》，载百越民族史研究会《百越民族史论集》，中国社会科学出版社，1982，第 212 页。

② 黄淼章：《广州瑶台柳园岗西汉墓群发掘纪要》，载林业强《穗港汉墓出土文物》，香港中文大学文物馆、广州博物馆，1983。

③ 佛洛伊德：《图腾与禁忌》，杨庸一译本，台北，志文出版社，1985，第 135 页。

④ 闻一多：《神话与诗》，载《闻一多全集》，生活·读书·新知三联书店，1982，第 30 页。

⑤ 罗香林：《古代越族文化考》，载罗香林《百越源流与文化》，台北，中华丛书编审委员会，1978，第 129～130 页。

⑥ 《老子》二十五章。

有精神则宜赏善而罚恶"①。道教也崇祖，在道教的神鬼谱系中，就有东王公、西王母和黄帝、尧、舜、禹等华族祖先神。可见，岭南图腾崇拜与以万物有灵论信仰为基础的道教有共同语言，由岭南图腾崇拜直接派生出来的宗教信仰，为道教南传提供了适宜的社会氛围。

（三）岭南信奉仙人

先秦古籍有许多关于仙人、仙境和修仙的记载，描述过一些令人羡慕和向往的仙人仙境图画，如《老子》提到"长生久视之道"②"谷神不死"③，又如《庄子》写道"肌肤若冰雪，绰约若处子，不食五谷，吸风饮露，乘云气，御飞龙，而游乎四海之外"④。古代岭南有"羽民国""不死乡"之称，也是与神仙信仰有关的，如《吕氏春秋》云："南至交阯、孙朴、续樠之国，丹粟、漆树、沸水、漂漂、九阳之山，羽人、裸民之处，不死之乡。"⑤ 丹粟为南国物产，当指丹砂，为仙人不死之药的材料，羽人就是仙人，张华《博物志》云："讙兜国，其民尽似仙人。……人面鸟□。去南国万六千里，尽似仙人也。"⑥ 讙兜源出舜帝于崇山放逐的一支族群，后衍变成南方一支南蛮的族群，范晔《后汉书·孔安国传》称之为"崇山南裔"，孔颖达疏云："禹贡无崇山，不知其处，盖在衡岭之南。"衡岭在湖南的中部，"之南"应是进入岭南了，可见，"讙兜之后民"实际上就是岭南先人，"尽似仙人"，看来他们已经有仙人的观念和长生的信仰。

岭南古民崇拜神仙，衍生出许多瑰丽的神仙传说。主要有三：

其一为五羊仙说。广州别称仙城、羊城、穗城，皆源自五仙南下，《南越志》云："旧说有五仙人，骑五色羊，执六穗秬而至，至今呼五羊城是也。"⑦ 五仙何时南下？传说有多个版本。一说是在周夷王八年（前887），"周夷王时，南海有五仙人，衣各一色，所骑羊亦各一色，来集楚庭"⑧；二说

---

① 葛洪：《抱朴子内篇·微旨》。
② 《老子》五十九章。
③ 《老子》六章。
④ 《庄子·逍遥游》。
⑤ 《吕氏春秋·求人》。
⑥ 张华：《博物志》卷二，《外国》。
⑦ 乐史：《太平寰宇记》卷一五七，《岭南道一·广州》引。
⑧ 屈大均：《广东新语》卷五，《石语·五羊石》。

是在战国周显王时期，即南海人高固为楚威王相之时，有"五羊衔谷萃于楚庭"①；三说是在晋朝吴修为广州刺史前夕，"晋吴修为广州刺史，未至州，有五仙人骑五色羊，负五谷而来……称为五谷之神"②。传说当年还留下仙人拇迹，"广人因其地为祠祀之"③，其祠即后世的五仙观（见图1-1、1-2）。

图1-1　五羊仙说

（笔者摄自广州五仙古观）

图1-2　五仙古观

（笔者摄自广州五仙古观）

---

① 顾微：《广州记》，见梁廷枏《南越五主传及其它七种》，广东人民出版社，1982，第48页。

② 屈大均：《广东新语》卷六，《神语·五谷神》。

③ 张励：《五仙观记》引《南务岭表记》。

我们说，无论何种版本，都是传诵五羊呈瑞，五仙降福。五仙南下，反映岭南人很早就有对美好的追求和对仙人的崇拜，也似乎凸显道教与岭南的情缘深远，如有学者所说："自从有了五仙人服五色衣，乘五色羊，'遗穗与州人'的美好传说以来，岭南便与民族宗教结下了情缘。"①

其二为白云仙说，《广州志》载："白云山有鹤舒台，传为安期生飞升处。"② 安期生为琅玡阜乡人，秦汉时，人称"千岁翁"③，他师从河上丈人，精通黄老道术，他成仙白云山，长期以来广州人便以其升仙之日，即农历七月二十五日作为"郑仙诞"，是日，人们或是登山找寻仙草，或是到蒲涧洗涤，以求长生。

其三为罗浮仙说，俯拾即是，仅举数例：

第一，周穆王在罗浮山度道士说。杜光庭《历代崇道记》：

> 穆王于昆仑山、王屋山、嵩山、华山、泰山、衡山、恒山、终南山、会稽山、青城山、天台山、罗浮山、崆峒山致王母观，前后度道士五千余人。④

周穆王为约公元前10世纪人，比周夷王还早，其时，道教尚未正式形成，于罗浮山度道士，只是道士杜光庭出于对道教的一种信仰，但也反映出当时的岭南已有类似道教的活动。

第二，浮丘公得道罗浮说。《大清一统志》：

> 周灵王时有浮丘公者，南海人，偕王子晋入嵩山，后适罗浮得道。⑤

---

① 李大华：《道教思想》，广东人民出版社，1996，第1页。
② 仇巨川：《羊城古钞》卷六，《人物·安期生》引。
③ 刘向：《列仙传》卷上，《安期先生》。
④ 《道藏》第11册，第1页。
⑤ 穆彰阿等：《大清一统志》卷四百四十一至四百四十三。

按此，则罗浮山在周代时已为贵族人士认识矣。自从浮丘开辟罗浮之路后，罗浮山成为修道圣地，且为世人所认识。然对浮丘公有争议，班固以为是战国时孙卿门人，服虔以为是秦时儒生，直到汉高后吕雉时仍住在长安①。一个活了六百多岁的人，开辟罗浮之路，显然是后人对他的一种神化和景仰。

第三，安期生开罗浮祖庭说。《广东新语》称：

> 常与李少君南之罗浮，罗浮之有游者，自安期始。自安期始至罗浮，而后桂父至焉，秦代罗浮之仙，二人而已，安期固罗浮开山之祖也。其后朱灵芝继至，治朱明耀真洞天，华子期继至，治泉源福地，为汉代罗浮仙之宗，皆师乎安期者也。②

据上，安期生成了岭南道教圣地——罗浮山的开山始祖。

第四，毛公授徒罗浮山说。《罗浮山志汇编》云：

> 太湖中有西洞庭山，山中有毛公坞，毛公道成，移居罗浮山，三百余岁，弟子七十二人。③

毛公为西汉初期人，本名翕，因满身乌毛而得名毛公。他初时在太湖西洞庭山修道，道成移居罗浮山，弟子有七十二人，表明崇仙、学仙的人不少。

岭南的仙话神话，虽说是传说，但传说之渊源甚古，流传极广，其说必有所本，它实际上是将岭南区域内人们的生活经历和企求，以一种美好又神奇的方式，用一种很自然的形式加以表述，是古代某些史实的反映，是文化积淀的产物，正如马林诺夫斯基指出的："神话乃有最重要的功能。神话是陈述荒古的实体而仍活在现代生活者，可因前例而给某种事物以根据，可使人有古来的榜样而有道德价值、社会制度，与巫术信仰。所以神话不只是个叙述，也不是一种科学，也不是一门艺术或历史，也不是解说

---

① 班固：《汉书·楚元王传》。
② 屈大均：《广东新语》卷三，《山语·罗浮》。
③ 宋广业：《罗浮山志汇编》卷四，《仙一》。

的故事；它所尽的殊特使命，乃与传统底性质，文化底延续，老年与幼年底关系，人类对于过去的态度等等密切相联。简单地说，神话底功能，乃在将传统溯到荒古发源事件更高、更美、更超自然的实体而使它更有力量，更有价值，更有声望。所以神话是一切文化底必要成分之一。"① 透过传说，可以看到史影，反映神仙崇拜思潮在岭南社会有广泛传播和强烈反响，也窥见道教南传的思想基础。

岭南还存在着服食成仙的现象。如岭南统治者炼服仙药，西汉南越王墓西耳室出土有雄黄、赭石、紫水晶、硫黄、孔雀石等五色药石和铜杵、铜臼、铁杵等配药用具（见图1-3、1-4），还有一只铜承露盘玉高足杯，被认为是墓主人南越王赵眜生前用来服食药石的特殊用器。②

图1-3　五石散　　　　　　图1-4　捣药铜臼和杵
（笔者摄自南越王墓出土文物展）　（笔者摄自南越王墓出土文物展）

五色药石，又称"五石散"，是长生的灵药，葛洪在《肘后备急方》卷三云："凡服五石，护命延生。"他在《抱朴子内篇·金丹》中甚至说服食五石，"万病去身，长服不死"。同墓又出土了四件带有"长乐宫器"戳印的陶器，三件为陶瓮，一件为陶鼎，原是南越国长乐宫里所用之物，南越王赵眜死后，用一盛放食品的陶鼎随葬，以求继续长生长乐，表明秦汉时期岭南统治者已经有学仙做仙的观念，且已掌握炼制和服食仙药技术，以祈求长生不老。又如土著人士服食丹桂，刘向《列仙传》云：

---

① 马林诺夫斯基：《巫术、科学、宗教与神话》，李安宅译，中国民间文艺出版社，1986，第127页。
② 广州市文物管理委员会等：《西汉南越王墓》（上册），文物出版社，1991，第141页。

桂父者，象林人也，色黑，而时白时黄而时赤。南海人见而尊事
之。常服桂及葵，以龟脑和之，千九十斤桂。累世见之，今荆州之南
尚有桂丸焉。伟哉桂父，挺直避讥。灵葵内润，丹桂外绥，怡怡柔颜，
代代同辉，道播东南，奕世莫违。①

桂父为秦朝象林（今越南广南维川南茶轿）人，因服食桂丸而成仙，且道
播东南，赢得南海人尊重，桂父因之成为岭南本土神仙代表。

上述种种神仙传说和炼食活动，反映秦汉时期岭南已经有了长生成仙
的思想和实践活动，这就与道教的神仙理论有着密切的关系，契合道教的
生长和发展。

神仙传说是道教的思想基础，神仙崇拜是道教的基本教义和信仰核心，
岭南的仙话传说和炼服活动，与道教以超越死亡病痛，炼服仙药，追求长
生成仙的宗旨正好接上轨。道教在其早期经典《太平经》中就强调重命贵
生思想，"要当重生，生为第一"②，把生看作人生首要之事，《太平经》还
以对话形式表露了早期道教徒对不老之方和不死之法特有的关注，经云：
"今天地实当有仙不死之法，不老之方，亦岂可得耶？善哉，真人问事也。
然，可得也。天上积仙不死之药多少，比若太仓之积粟也；仙衣多少，比
若太官之积布白（疑当作帛）也；众仙人之第舍多少，比若县官之室宅也。
常当大道而居，故得入天。大道者，得居神灵之传舍室宅也。若人有道德，
居县官传舍室宅也。"③ 这是说世上确有不死仙药，只要好学，人人都可不
死成仙，"奴婢贤者得为善人，善人好学得成贤人；贤人好学不止，次圣
人；圣人学不止，知天道门户，入道不止，成不死之事，更仙；仙不止入
真，成真不止入神，神不止乃与皇天同形"④。道教的这些信条，成为岭南
古民接受和信仰道教的最初动因，岭南神仙崇拜的悠久和普及，为道教的
南传提供了思想理论基础。两晋之际，葛洪栖隐罗浮山，"在山积年，优游

① 刘向：《列仙传》卷上，《桂父》。
② 王明：《太平经合校》，中华书局，1960，第613页。
③ 王明：《太平经合校》，中华书局，1960，第138~139页。
④ 王明：《太平经合校》，中华书局，1960，第222页。

闲养，著述不辍"①，他著《神仙传》，恐怕也是受到岭南神仙信仰的影响，关于这点，下文有专论。

（四）岭南性朴乐道

岭南自古"俗性率朴"②。《庄子·山木》云："南越有邑焉，名为建德之国。其民愚而朴，少私而寡欲。知作而不知藏，与而不求其报。"《广州图经》也载："其俚人则质直尚信。"③《博罗县志》也称：博罗"俗尚朴素，不事华靡。不乐淫哇，不好嚣讼"④。黄佐《广东通志》更详记岭南各地：乐昌"旧俗淳朴"；仁化"性真率俗近敦"；三水"简朴有余"；东莞"士尚淳厚""民俗素厚"；增城"俗尚朴厚"；龙门"习尚纯朴"；韶州府"习尚简朴"；勒昌"旧俗淳朴，民不好讼"⑤。可知自古以来岭南民风淳朴。

岭南人还乐道好修。《羊城古钞》载："岭海炳灵，英俊挺生；炼金之晶，比玉之贞；乐道好修，睎古振缨。腾其实则为龙光，蜚其声则化鹤鸣。"⑥性朴、乐道成为岭南古民的民族特征和民众心态，岭南古民的这一特征和心态，也吻合道教文化精神，适合道教的生长和发展。

道教主张"见素抱朴，少私寡欲"⑦、"恬淡为上"⑧，认为"我无欲，而民自朴"⑨，提倡"依道而行"，归复"道"所显示的那种清净恬和的最高境界，主张"守清道而抱雌节，因循应变，常后而不先。柔弱以静，舒安以定"⑩。东汉顺帝时（126～144），五斗米道教首张陵率领徒众入蜀的原因就是"闻蜀人多纯厚，易可教化"⑪。道教大师葛洪也秉承老子的"见素

---

① 房玄龄等：《晋书·葛洪传》。
② 李昉：《太平御览》卷四百六，《人事部四七·叙交友》引《风土记》。
③ 见骆伟等《岭南古代方志辑佚》，广东人民出版社，2002，第286页。
④ （民国）《博罗县志》卷五，《文化三·风俗》。
⑤ 黄佐：《广东通志》卷二十，《民物志一·风俗》。
⑥ 仇巨川：《羊城古钞》卷首，《舆图·粤会赋》。
⑦ 《老子》十九章。
⑧ 《老子》三十一章。
⑨ 《老子》五十七章。
⑩ 《淮南子·原道训》。
⑪ 葛洪：《神仙传》卷四，《张道陵》。

抱朴"而自号"抱朴子",认为"履道素而无欲,时虽移而不变者,朴人也"①,提倡"含醇守朴,无欲无忧"②,体现他乐天知命的性格特征和返璞归真的人生态度,进而追求长生成仙,"其事在于少思寡欲,其业在于全身久寿"③。岭南古民俗性率朴的民族性格,为道教南传提供了稳定的民众心理基础。

综上言之,岭南古朴的民俗风情有着丰富的想象力和抽象的思维方式,有着乞求自然力护佑的愿望和"征服"自然的法术,也有着对长生不死的希冀和研制仙药的实践,这与道教长生成仙信仰、斋醮科仪道术和"抱朴"精神是不谋而合的,如有学者所指出的:"道教是中国土生土长的宗教,同时又是具有浓厚的巫觋色彩的宗教,神鬼观念使它建立了道家神祇谱系,原始崇拜和思维观念使它发展了道教理论系统中关于天地人鬼的理念,巫觋文化又使它发展了祈咒与符箓,以及医疗保健炼性等长生之道。在道教的完整体系中,继承和发展了中国民间巫术的巫技、巫法。巫觋的祀神仪式、巫术中的法器,均为道教所发展和运用。特别是驱鬼避邪、捉妖治蛊,呼风唤雨,招魂送亡,更成为道家常见的活动。"④ 道教的有些活动,与岭南民风习俗相近或相通,两者甚至有着相同或相似的基因和质子,实际上是"同源互感",同类相生,由此反映出道教与岭南俗信之间存有一种天然的亲缘关系。岭南俗信与道教的这种亲缘关系,正好为道教南传提供了坚实的社会基础,并最终促成道教的迅速南传。

三　人缘

人缘,是指人文社会之缘。古代岭南政治气候宽松,社会相对安定,与道教颇有人缘。

---

① 葛洪:《抱朴子外篇·行品》。
② 葛洪:《抱朴子内篇·畅玄》。
③ 葛洪:《抱朴子内篇·释滞》。
④ 张紫晨:《中国巫术》,生活·读书·新知三联书店,1990,第269~270页。

（一） 岭南政治气候宽松

岭南位于我国的南端，"五岭之南，涨海之北，三代以前，是为荒服"①。由于地理位置的特殊性，岭南自三皇五帝时代起，就享受"南抚"优待。

三皇五帝②是传说中的远古帝王，先秦史书记载他们或是派人，或是自己亲临交阯，如神农"其地南至交阯，北至幽都"③；颛顼"北至于幽陵，南至于交阯"④；尧"治天下，南抚交阯"⑤，又"命羲叔，宅南交"⑥，甚至亲自到过广东含洭（今英德境内），"含洭县有尧山，尧巡狩至于此，立行台"⑦。舜继尧后也"南抚交阯"⑧，甚至传他亲自南巡，"践帝位三十九年，南巡狩"，因积劳成疾，最后"崩于苍梧之野"⑨。还有禹在治水成功后，也曾"南抚交阯"⑩。上述提到的交阯，实际上是泛指五岭及其以南的广大地区，如《礼记·王制》称："南方曰蛮，雕题交阯。"《后汉书·南蛮列传》也载："其俗男女同川而浴，故曰交阯。"三皇五帝是古代传说中的英雄人物，受当时条件所限，他们不一定到过岭南，但古籍的记载，一方面，"反映了我国南方越族地区与中原的相互往来，以及进行经济和文化交流的史实"⑪；另一方面，也反映了古代帝王对待边远地区岭南是采取"南抚"政策的。抚，就是抚御，从政治上说，既是控制，也是安抚。岭南得到"南抚"的特殊照顾，政治气候较为缓和、宽松，有着相对独立和自由的发展空间。

---

① 杜佑：《通典》卷第一百八十八，《岭南序略》。
② 三皇具体所指有五说，较多的说法是指伏羲、神农、黄帝；五帝具体所指亦有五说，较普遍的说法是指少昊、颛顼、帝喾、尧、舜。
③ 《淮南子·主术训》。
④ 司马迁：《史记·五帝本纪》。
⑤ 《墨子·节用》。
⑥ 《尚书·尧典》。
⑦ 王韶之：《始兴记》，见骆伟等《岭南古代方志辑佚》，广东人民出版社，2002，第183页。
⑧ 《大戴礼记·少闲》。
⑨ 司马迁：《史记·五帝本纪》。
⑩ 司马迁：《史记·五帝本纪》。
⑪ 周宗贤：《百越与华夏族及其民族的关系》，载百越民族史研究会《百越民族史论集》，中国社会科学出版社，1982，第265页。

更为重要的是，"南抚"还有另一番意味。一般说来，尧、舜、禹的"南抚交阯"，都被看成是儒家教化南暨的象征。但自汉代以后的有些史书，尤其是道教典籍却有了不同的诠释，说虞舜在南方"解体升仙"，东汉蔡邕曾撰《汉九嶷山碑》，碑文称虞舜是"解体而升，登此崔嵬，托灵神仙"①。汉末牟子也认为帝舜南至苍梧是"不死而仙"②。道典更有详尽的记载，如《洞真琼文帝章经》云："北戎长胡大王献帝舜以白琅之霜，十转紫华服之，使之长生飞仙，与天地相倾，舜即服之而方死，葬苍梧之野。"③《历世真仙体道通鉴》卷三也记载了汉代苍梧女道士王妙想住黄庭观修炼丹法，得仙人传授《道德》二经及驻景灵丸，修行得道，文中的所谓仙人，就是虞舜。《集仙录》也曰："吾乃帝舜耳。昔劳厌万国，养道此山，每欲诱教后进，使世人知无教授者。"④ 作为儒家圣王虞舜的南抚交阯，被冠以一种不同于北方正统儒学的极具道教色彩的形象，似乎凸显了作为荒服的岭南，与道教具有某种不解之缘。

实际上，秦朝以前，岭南主要处于无君和无礼治状态，虽然夏、商、周时期，岭南与中原有些联系，但如《吕氏春秋·恃君》所说："扬、汉之南，百越之际，敝凯诸、夫风、余靡之地，缚娄、阳禺、骥兜之国，多无君。"直到秦末，赵佗建立南越国，岭南仍是自成一体，不以礼治。《羊城古钞》云：

> 佗之自王，不以礼乐自治以治其民，仍然椎结箕倨为蛮中大长，与西瓯、骆、越之王为伍，使南越人九十余年不得被大汉教化。⑤

"不以礼乐自治"就是不理儒家礼仪而另搞一套；"椎髻"就是"为髻一撮以椎而结之"⑥，即把头发结成独髻，这种发型，与中原的束发戴冠全然不同；"箕倨"就是席地把双腿交叉而坐，这种坐姿，为儒士所不容，为

---

① 欧阳询：《艺文类聚》卷七，《九嶷山》引。
② 释僧佑：《弘明集》卷一，《牟子理惑论》。
③ 《无上秘要》卷八七引，《道藏》第25册，第245页。
④ 陈葆光：《三洞群仙录》卷一引，《道藏》第32册，第239页。
⑤ 仇巨川：《羊城古钞》卷八，《杂事·真粤人》。
⑥ 司马迁：《史记·陆贾列传》；司马贞：《索隐》。

图1-5 赵佗像
（笔者摄自广州先贤纪念馆）

人所不齿，因而，陆贾斥之为"反天性，弃冠带"①，王充也视之为"背畔王制"②。赵佗自己也检讨道："居蛮夷中久，殊失礼义。"③ 可见，南越王赵佗已经放弃中原礼仪，就从越俗。

秦汉以降，岭南虽已被开辟为封建帝国的疆域，但封建王朝的统治长期局限在一些交通要道和郡县治所附近地区，其余大部分地区基本上仍处于无君主的部族状态，如淮南王上书时说："越，方外之地，剪发文身之民也，不可以冠带之国法度理也。"④ 薛综上书时也说："长吏之设，虽有若无。"⑤ 表明古代岭南，远离封建统治权力中心，是一块天高地远，皇帝鞭长莫及的逍遥乐土，正如欧阳修所说：

> 所谓罗浮、天台、衡岳、庐阜、洞庭之广，三峡之险，号为东南奇伟秀绝者，乃皆在乎下州小邑，僻陋之邦。此幽潜之士、穷愁放逐之臣之所乐也。⑥

人们向往这块逍遥乐土，如桓玄为逃避权臣所忌，自求到广州任刺史⑦；又如会稽山阴人杨方，"求补远郡，欲闲居著述"，最后到了岭南任高梁太守⑧。岭南这种疏远儒学，不重礼治的特点，正好符合仙道的逍遥自在性格。

---

① 司马迁：《史记·陆贾列传》。
② 王充：《论衡·率性》。
③ 司马迁：《史记·陆贾列传》。
④ 班固：《汉书·严助传》。
⑤ 陈寿：《三国志·吴书·薛综传》。
⑥ 欧阳修：《欧阳修全集》卷四十，《记八首·有美堂记》。
⑦ 房玄龄等：《晋书·桓玄传》。
⑧ 房玄龄等：《晋书·杨方传》。

与儒学相比，道教无论其思想或其行为都带有异端成分。首先，就其思想而言，道教游离于政治，许倬云先生曾指出："道家（也指道教）是不依附于政权和国家的，所以它反而可以在没有国家的环境下更具创造力。基本上道家从根源来讲就是反国家的。"[1] 国家力量不强，儒家体系就无所依托。李锦全先生也认为："与儒学有别，由老庄创立的道家斥逐现实政治、反对伦理教化，属崇尚自然—本然的、反规范型的文化。"他在比较南北文化后指出："中原文化更具现实国家政治色彩与人文（伦理）倾向，而南方则诚然还笼罩于人与自然不分的神秘的，同时又是浪漫、野性（无规范）的氛围之中。"[2] 岭南地处边陲，远离中原文化中心，是较难接受儒家思想体系的，如秦汉以前，"南国之人，祝发而裸；北国之人，鞨巾而裘；中国之人，冠冕而裳"[3]，在中原行冠冕之礼时，岭南还是断发裸体，处于未开化状态。直到汉代，岭南依然是"不知礼则"[4]，显然，依附于政权和国家的儒学还没有得到有效的推行和发展。处在素朴百越文化圈熏陶之中的岭南，倒是更多地接受了以道家思想为主导的荆楚文化，正如屈大均所说：岭南多有"屈宋流风"[5]。可见，作为南楚余绪的岭南文化，对儒家思想涉足不深，在传承正统思想文化方面显得底力不足，也正因为受正统观念影响不多，岭南思想表现得较为开放和灵活，容易接纳和生成具有创新性和异端性的思想观念。其次，就其人员而言，大多数的道教中人都是疏离正统儒学的异端分子，他们都有奔赴岭南这块"化外之地"和"逍遥乐土"的欲望和行动，如葛洪就是冲着岭南这块乐土而南来的，关于这点，下文有专述。再次，就其修炼方法而言，基本上是个体行为，既简便又灵活，其外炼内服的方式也颇为独特，在儒士看来难免有点怪异和不可接受，而这恰恰是道教所需要，又是岭南所具备的。达尔文说得好：物竞天择，适者生存。岭南这块"化外之地"适合道教的生长，当道教播向岭南时，很快就扎下了根，并开花结果。

---

[1]　许倬云：《中国文化与世界文化》，贵州人民出版社，1991，第233页。

[2]　李锦全等：《岭南思想史》，广东人民出版社，1993，第102页。

[3]　《列子·汤问》。

[4]　范晔：《后汉书·卫飒列传》。

[5]　屈大均：《广东新语》卷十二，《诗语·粤歌》。

综上所述，古代岭南作为蛮荒的边陲之地，远离封建王朝的权力核心，封建宗法道统和封建礼教治术较中原薄弱，政治气候宽松，是为道教得以南传的重要条件。当道教被北方统治者视为妖道的时候，道士纷纷南下就不是偶然的了。

（二）岭南社会环境安定

秦汉以来，岭南社会相对稳定，与中原的政治动荡、战乱频仍形成鲜明对比。

秦末，中原罹难，"群盗"蜂起，"中国扰乱，未知所安，豪杰畔秦相立"①，先是英布、彭越的起事，接踵而来的是陈胜、吴广的暴动以及刘邦和项羽的对垒，战火纷飞，各地"诸侯起兵，独南海晏然"②。秦亡时，南海尉赵佗乘机割岭而王，创立南越国，"称制，与中国侔"③，他执行"和集百越"④政策，使"民夷稍稍安辑"⑤，岭南免受战争的洗劫。

汉承秦制。西汉立国不久，即承认南越国的合法，"立佗为南粤王，与剖符通使，使和辑百粤，毋为南边害"⑥，双方保持友好往来，"汉越无兵争流血之惨，而生灵得免于涂炭，天下阴受其赐多矣"⑦。由于赵佗治国，"甚有文理，中县人以故不耗减，粤人相攻击之俗益止"⑧，社会得以安定。

两汉之际，中原经受王莽之乱，北方大受破坏，"民饥饿相食，死者数十万，长安为虚，城中无人行"⑨。反之，岭南相安无事，人们继续过着男耕女织的平稳生活，"自合浦徐闻南入海，……男子耕农，种禾稻纻麻，女子桑蚕织绩，亡马与虎，民有五畜"⑩。

---

① 司马迁：《史记·南越列传》。
② 仇巨川：《羊城古钞》卷五，《名臣·任嚣》。
③ 司马迁：《史记·南越列传》。
④ 司马迁：《史记·南越列传》。
⑤ 屈大均：《广东新语》卷十九，《坟语·任嚣墓》。
⑥ 班固：《汉书·西南夷两粤朝鲜传》。
⑦ 张其昀：《中华五千年史》第九册，《西汉史》，台北，中国文化大学出版部，1982，第26页。
⑧ 班固：《汉书·高祖本纪》。
⑨ 班固：《汉书·王莽传》。
⑩ 班固：《汉书·地理志下》。

及至魏晋南北朝，北方先后爆发黄巾起义、"八王之乱"和"永嘉之乱"，结果"中野何萧条，千里无人烟"①。岭南依然相对安定，"开土列郡，爰建方州"②，在广州和韶关发现晋代石刻："永嘉世，九州荒，余（吾）广州，平且康。"足见岭南国泰民安，年丰物足。

可见，岭南社会稳定，既为百姓提供了一个安定的生存环境，也为仙道修炼提供了一块净土，如牟子所言："灵帝崩后，天下扰乱，独交州差安。北方异人咸来在焉。多为神仙辟谷长生之术。"③ 能为长生辟谷之术的人，无疑都是修道之人，他们看中岭南的安定，慕名而来，如出身著名天师道世家的许靖，《三国志·蜀书》本传记他"走交州以避其难"，又如葛洪，《抱朴子外篇·自叙》称他"正遇上国大乱，北道不通，而陈敏又反于江东，归途隔塞……遂停广州"。从事炼丹传道活动，并最终创立了岭南道教圣地。

综上所述，古代岭南殊异的地理环境和独特的人文环境，与道教有着不解之缘，地缘、亲缘和人缘，正是各种因缘际会，促成道教的迅速南传和发展。

① 曹植：《曹植集》卷一，《送应氏二首》。
② 常璩：《华阳国志·南中志》。
③ 释僧佑：《弘明集》卷一，《牟子理惑论》。

第二章
道教的南传

道教形成于何时，学术界存在争议。一般认为，道教最早形成于东汉末年的蜀地和河北地区。之后，向全国各地传播和发展。

一 道教的形成与传播方式

道教于东汉末年形成，其标志是"五斗米道"和"太平道"两个有组织实体的道教派别的出现。

（一）道教的形成

"五斗米道"为东汉顺帝年间（126～144）张陵（又名张道陵）在蜀地创立。范晔《后汉书·刘焉列传》云：

> （张）陵，顺帝时客于蜀，学道鹤鸣山中，造作符书，以惑百姓。受其道者辄出五斗米，故谓之"米贼"。

常璩《华阳国志·汉中志》也云：

汉末，沛国张陵学道于蜀鹤鸣山，造作道书，自称"太清玄元"，以惑百姓。陵死，子衡传其业。衡死，子鲁传其业……其供通（"通"一作"道"）限出五斗米，故世谓之"米道"。

蜀地鹤鸣山成为"五斗米道"的创立地。

关于"五斗米道"的创立，史籍和道书还有一些记载，如《魏书·释老志》曰：

张陵受道于鹄鸣，因传《天官章本》千有二百，弟子相授，其事大行。……其书多有禁秘，非其徒也，不得辄观。

《三天内解经》卷上也载：

不得禁固（锢）天民，民不妄淫祀他鬼神，使鬼不饮食，师不受钱，不得淫盗，治病疗疾，不得饮酒食肉，民人唯听五腊吉日祠家亲宗祖父母，二月八日祠祀社灶，自非三天正法诸天真道，皆为故气。疾病者但令从年七岁有识以来首谢所犯罪过，立诸赇仪章符救疗，久病困疾，医所不能治者，归首则差。立二十四治，置男女官祭酒，统领三天正法，化民受户，以五斗米为信。①

上文表明，张道陵创立的五斗米道已有明确的教理、教规及组织：其一是传诵经文；其二是不妄淫祀；其三是师不受钱；其四是有罪首过；其五是符水治病；其六是立二十四治，进行活动；其七是收取信米五斗，故俗称五斗米道，其真正名称据陈国符先生考证应为"正一道"或"天师道"②。可见，张陵所创立的五斗米道已初具宗教规模。

"太平道"为东汉灵帝时期（168～189）张角在河北创立。范晔《后汉书·皇甫嵩列传》云：

---

① 《道藏》第28册，第414页。
② 参见陈国符《道藏源流考》上册，中华书局，1963，第98页。

初，巨鹿张角自称"大贤良师"，奉事黄老道，畜养弟子。……遂置三十六方。

《典略》也云：

光和中，东方有张角。……角为太平道。太平道者，师持九节杖为符祝，教病人叩头思过，因以符水饮之，得病或日浅而愈者，则云此人信道，其或不愈，则为不信道。①

光和中（179~184），张角自称"大贤良师"，源自《太平经》中"众星亿亿，不若一日之明也。柱天群蚑行之言，不若国一贤良也"② 之语；张角教人"叩头思过"，也源自《太平经》中"今欲解此过，常以除日于旷野四达道上四面谢，叩头各五行，先上视天，回下叩头于地"③；太平道"师持九节杖"，有学者指出："九节杖颇类权杖，持杖即职可理九人九气之事，可以节制宇宙万物，可以度人得道。"④ 其意也依据《太平经》"治得天心意，使此九气合和，九人共心，故能致上皇太平也"⑤，表明张角他们信奉《太平经》，"太平道"之名称由此而来。他们还置"三十六方"，将教民分成三十六个教区，开展活动。可见，张角创立的太平道已有一套教义教规和组织形式。

据上，"五斗米道"和"太平道"这两支道派教团的出现，标志着有组织、有经典、有仪轨的中国道教正式形成。

（二）道教的传播方式

道教在形成和发展过程中，以多种渠道和各种方式进行传播活动。

1. 以符水和药物治病传道

东汉末年，各种自然灾害诸如水灾、旱灾、蝗灾、风灾、火灾、震灾、

---

① 陈寿：《三国志·魏书·张鲁传》注引。
② 王明：《太平经合校》，中华书局，1960，第448页。
③ 王明：《太平经合校》，中华书局，1960，第432页。
④ 李养正：《道教概说》，中华书局，1989，第36页。
⑤ 王明：《太平经合校》，中华书局，1960，第89页。

霜灾纷至沓来，更为严重的是，与自然灾害降临的同时，往往伴随着疾病的流行，如《后汉书》就有不少相关记录：《冯衍列传》云："疾疫大兴，灾异蜂起。"《桓帝本纪》也载："民多饥穷，又有水旱疾疫之困。"《申屠刚列传》亦称："百姓困乏，疾疫夭命。"人们生活在死亡的边缘。

道教以超越死亡病痛、长生成仙为目标，以救世度人为己任，面对疾疫横流，及时伸出援救之手，从初创开始，即以符水治病传道。所谓符水治病，是道术符法的一种，其做法是在水中画符或烧符箓灰溶于水中，然后让病人饮服，如此做法，"不但疾愈，兼而度世"①。在早期道派中，无论是"五斗米道"，或是"太平道"都公开施用符水治病传道，如"五斗米道"教首张道陵，葛洪《神仙传》称："（他）使有疾病者皆疏记生身已来所犯之辜，乃手书投水中，与神明共盟约，不得复犯法，当以身死为约。"②《陆先生道门科略》也云："若疾病之人，不胜汤药针灸，惟服符饮水。"③面对疾病流行，死亡枕藉，张道陵教人饮服"符水"，为人治病。

在符水治病的同时，进行传道工作，《魏书·释老志》称："张陵受道于鹄鸣，……化金销玉，行符敕水，奇方妙术，万等千条。上云羽化飞天，次称消灾灭祸。"结果，"百姓翕然，奉事之以为师，弟子户至数万"④。

太平道教首张角也同样采用符水治病方式进行传道，"（张角）符水咒说以疗病，病者颇愈，百姓信向之"⑤，早期道教的这种"符水"治病方式，在科学不发达的东汉后期，颇得民心，它使受尽疾病折磨的民众得到一种虚假的满足和精神上的寄托以及心理上的平衡。

及至魏晋时期流行的几个道派，也是以符水治病的形式进行传道，如流行于吴会地区的于君道⑥，《江表传》记：琅邪人于吉跑到东吴"制作符水，以治病"，故"吴、会人多事之"⑦。又如流行于吴越地区的李家道，葛

---

① 王明：《太平经合校》，中华书局，1985，第 744 页。

② 葛洪：《神仙传》卷四，《张道陵》。

③ 《道藏》第 24 册，第 779～780 页。

④ 葛洪：《神仙传》卷四，《张道陵》。

⑤ 范晔：《后汉书·皇甫嵩列传》。

⑥ 有学者认为它可能是太平道的一派，见卿希泰《中国道教史》第一卷，四川人民出版社，1988，第 257 页。

⑦ 陈寿：《三国志·吴书·孙策传》注引。

洪《抱朴子内篇》称:"有一人姓李名宽,到吴而蜀语,能祝水治病颇愈,于是远近翕然。……弟子转相教授,布满江表,动有千许。"① 可见,符水治病,收到良好的传道播道效果。

道教除采用"符水""咒说"等精神和心理疗法外,还广泛运用各种汤药、针刺和熨烙等民间医术为民治病,葛洪《神仙传》称:"(张)陵语诸人曰:'……或可得服食草木数百岁之方'。"②《太平经》卷五十详细记载了一种叫"灸刺疗法":

> 灸刺者,所以调安三百六十脉,通阴阳之气而除害者也。三百六十脉者,应一岁三百六十日,日一脉持事,应四时五行而动,出外周旋身上,总于头顶,内系于藏。衰盛应四时而动移,有疾则不应,度数往来失常,或结或伤,或顺或逆,故当治之。灸者,太阳之精,公正之明也,所以察奸除恶害也。针者,少阴之精也,太白之光,所以用义斩伐也。治百中百,治十中十,此得天经脉谶书也,实与脉相应,则神为其驱使;治十中九失一,与阴脉相应,精为其驱使;治十中八,人道书也,人意为其使;过此而下,不可以治疾也,反或伤神。③

明确"灸刺"可以调脉通气,是一种行之有效的治病方法。《太平经》卷五十还有使用动、植物药物为人治病的记载:

> 草木有德有道而有官位者,乃能驱使也,名之为草木方,此谓神草木也。治事立愈者,天上神草木也,下居地而生也。立延年者,天上仙草木也,下居地而生也。……过此而下者,不可用也,误人之草也。是乃救死生之术,不可不审详。④
>
> 生物行精,谓飞步禽兽跂行之属,能立治病。禽者,天上神药在

---

① 葛洪:《抱朴子内篇·道意》。
② 葛洪:《神仙传》卷四,《张道陵》。
③ 王明:《太平经合校》,中华书局,1985,第179页。
④ 王明:《太平经合校》,中华书局,1985,第172页。

其身中，天使其圆方而行。十十治愈者，天神方在其身中；十九治愈者，地精方在其身中；十八治愈者，人精中和神药在其身中。此三者，为天地中和阴阳行方，名为治疾使者。①

从《太平经》的记述可知，道教在创建和传道中，已经普遍使用草木和禽兽等植物和动物药物为人治病，实践其救世活人的教旨。

此外，道教还有济医赠药的举措。范晔《后汉书·钟离意列传》云："建武十四年，会稽大疫，死者万数，意独身自隐亲，经给医药，所部多蒙全济。"在灾疫降临之际，道士钟离意为人送医赠药，其医德是何等高尚和感人。

由于道教在创教和传道中，采取符水和药物治病以及送医赠药的方式，最大限度地迎合了广大贫民的生理和心理的需要，也多少解除了他们的疾患和病痛，这对疾病横流，饱受疾病苦痛的人们来说，无疑是输进了一股暖流，注入了一支强心剂，人们自然感激它，崇拜它，信服它，"民夷信向"②，人们纷纷入道，"竞共事之"③。可见，以符水和药物治病，带有明显的救世度人的现实性，成为道教传道播道、罗致徒众的一个重要方式。

2. 以善道教化天下

"以善道教化"是道教的宗旨，早期道典《太平经》指出："教以善道，使知重天爱地，尊上利下，弟子敬事其师，顺勤忠信不欺。"④ 明确以重天爱地，尊老爱幼，敬事师长，诚信不欺等善道教化民众。道教在创建和发展中，自觉将"以善道教化天下"作为己任，表现在以下方面。

首先，广宣要法。道教注重在各个地区、各种族类中进行教化，广泛宣扬其度人救世思想。如《太上玄灵北斗本命延生真经》开篇即云：

尔时太上老君以永寿元年正月七日，在泰清境上太极宫中观见众生，亿劫漂沉，周回生死，或居人道，生在中华，或生夷狄之中，或

---

① 王明：《太平经合校》，中华书局，1985，第173页。
② 范晔：《后汉书·刘焉列传》。
③ 陈寿：《三国志·魏书·张鲁传》注引《典略》。
④ 王明：《太平经合校》，中华书局，1985，第217页。

生蛮戎之内，或富或贵，或贱或贫，暂假因缘，堕于地狱，为无定故，罪业牵缠，魂系阴司，受苦满足，人道将违，生居畜兽之中，或生禽虫之属，转乘人道，难复人身，如此沉沦，不自知觉，为先世迷真之故，受此轮回。乃以哀悯之心，分身教化。化身下降，至于蜀都，地神涌出，扶一玉局而作高座，于是老君升玉局坐，授与天师北斗本命经诀，广宣要法，普济众生。①

表明道教正一派系统的至尊神太上老君下凡创教，不仅是为了救赎华夏先民，而且还将生于"夷狄之中""蛮戎之内"的蛮夷族众亦作为"普济"对象，使他们"心修正道，渐入仙宗"。

道教这一普度众生思想，早在《太平经》中已有反映：

夷狄自伏法万种，其类不同，俱得老寿。天地爱之，其身无咎。所以然者，名为大顺之道。道成毕身，与天地同域。古者为之，万神自得，欲知其效，瑞应自至，凶祸自伏。帝王以治，不用筋力，能知行此，夷狄自伏，行之不已成真人。②

下及奴婢，远及夷狄，皆受其奇辞殊策，合以为一语，以明天道。③

明确不分种族，也不论贵贱，只要倾心信道，都可以达到长生成仙，甚至成为真人。

及至南北朝的道经，也有这一思想。《正一法文天师教戒科经》云："胡人叩头数万，贞镜照天，髡头剔须，愿信真人，于是真道兴焉。非但为胡不为秦，秦人不得真道。"④ "胡人"是指少数民族，"秦人"则是指汉人，表明无论是汉族或是少数民族，都在大道的救度范围内。《无上秘要》卷五〇还记载，道教斋醮科仪的"出宫"仪格，包括"东九夷胡老君，南

---

① 《道藏》第 11 册，第 346 页。
② 王明：《太平经合校》，中华书局，1985，第 725 页。
③ 王明：《太平经合校》，中华书局，1985，第 348 页。
④ 《道藏》第 18 册，第 236 页。

八蛮越老君，西六戎氐老君，北五狄羌老君，中央三秦伧老君"①，明确全国各地，各族民众都是道教所关注的地方和对象。

由于道教广宣要法，普济众生，因而，大受欢迎，"民、夷便乐之"②，纷纷加入道教的行列。

其次，教民思过。道教认为，人之所以生病患疾，多是由于患者犯错引起，治愈的关键在于令患者静心思过，因此，无论是太平道还是五斗米道都以"跪拜首过""叩头思过"等善道施教于民，如太平道，《后汉书·皇甫嵩列传》云："（张角）蓄养弟子，跪拜首过。"《典略》亦载，张角"教病人叩头思过"③。又如五斗米道，葛洪《神仙传》曰："邂逅疾病，辄当首过，一则得愈，二使羞惭，不敢重犯。"④ 张陵还教民内外修治，《陆先生道门科略》载："使民内修慈孝，外行敬让。佐时理化，助国扶命。"⑤ 张陵之子张衡也以善道教民思过，《典略》云：

> 光和中，东方有张角，汉中有张修。……修法略与角同，加施静室，使病者处其中思过。又使人为奸令祭酒。祭酒主以《老子》五千文，使都习，号为"奸令"。为鬼吏，主为病者请祷。请祷之法，书病人姓名，说服罪之意。作三通，其一上之天，著山上，其一埋之地，其一沉之水，谓之三官手书。使病者家出米五斗以为常，故号曰"五斗米师"。⑥

文中的张修实际上是张衡，这在裴氏注中有明确说明："臣松之谓张修应是张衡，非《典略》之失，则传写之误。"张衡教民叩头思过，以设静室、诵经文、敕符水、隐小过、修道路等善道施教于民。张陵之孙张鲁，也秉承先辈做法，《三国志》载："（张鲁）皆教以诚信不欺诈，有病自首其过，大

---

① 《道藏》第 25 册，第 183 页。
② 陈寿：《三国志·魏书·张鲁传》。
③ 陈寿：《三国志·魏书·张鲁传》注引。
④ 葛洪：《神仙传》卷四，《张道陵》。
⑤ 《道藏》第 24 册，第 779 页。
⑥ 陈寿：《三国志·魏书·张鲁传》注引。

都与黄巾相似。"① 《典略》也曰:

> 教使作义舍,以米肉置其中,以止行人,又教使自隐,有小过者,
> 当治道百步,则罪除;又依月令,春夏禁杀,又禁酒。流移寄在其地
> 者,不敢不奉。②

可见,道教在创立之时,就积极从事"以善道教化天下"的宣传鼓动工作,
影响不断扩大。

及至南北朝,道经中均有这一教民"首过""思过"思想,如《老君音
诵诫经》云:"病家昼则向靖叩头,夜则北向,向天地叩头首过。"③《正一
法文天师教戒科经》也载:"观视百姓夷胡秦,不见人种但尸民。从心恣意
劳精神,五藏虚空为尸人,命不可赎属地官,身为鬼伍入黄泉,思而改悔
从吾言,可得升度为仙人。"④ 无论是汉族或是少数民族,只要"思而改
悔",即可升度为仙人。

其时,不少道团也倡行"首过"方式,如流行在江南一带的杜子恭道
团,《道学传》卷四称:

> (杜炅)为人善治病,人间善恶,皆能预见。上虞龙稚,钱塘斯
> 神,并为巫觋,嫉炅道王,常相诱毁。人以告炅。炅曰:非毁正法,
> 寻招冥考。俄而稚妻暴卒,神抱隐疾,并思过归诚,炅为解谢,应时
> 皆愈。神晚更病,炅语曰:汝藏鬼物,故气祟耳。神即首谢曰:实藏
> 好衣一箱。登取于治烧之,翕然都差。⑤

杜炅利用"思过归诚"等首过方式,教人思过,为人治病,从而达到吸纳
信徒、扩大教团的目的。

再次,教民抗争。道教不仅治病救人,还教人起来摆脱现实苦难,反

---

① 陈寿:《三国志·魏书·张鲁传》。
② 陈寿:《三国志·魏书·张鲁传》注引。
③ 《道藏》第 18 册,第 215 页。
④ 《道藏》第 18 册,第 238 页。
⑤ 《三洞珠囊》卷一,《救导品》引,《道藏》第 25 册,第 301 页。

抗朝廷黑暗统治。东汉自和帝始，君道秕僻，宦官外戚交替专权，政治腐败，经济不景，水利不修，而且"灾异蜂起，寇贼纵横"①。在生存受威胁、社会不太平情况下，民众纷纷叛乱，其范围之大，次数之多，人数之众，形式之多，是前所少有的。就其范围而言，东起山东之琅玡，西至甘肃之凉州，南达交阯，北抵幽冀，几及全国；就其次数而言，自和帝永元四年至献帝建安十四年（92～209）的100多年间，多达100多次；就其人数而言，从几百人、几千人发展到几万人甚至几十万人；就其形式而言，抢米、夺粮、扰乱、攻城，无所不有。其中，有不少人自称"将军""真人"，身穿道服，手持印券和符箓，口吐玄言，他们利用民众对现实生活的不满，组织和发动民众暴动，如和帝永元四年（92）冬，"零陵蛮羊孙、陈汤等千余人，著赤帻，称将军，烧官寺"②；顺帝建康元年（144），徐凤、马勉等人"冠黄衣，带玉印，称'黄帝'"，"攻没合肥"③，民众和道徒的暴动，此伏彼起，一波接着一波，一伙强如一伙。

及至太平道创立，更将"以善道教化天下"的理论付诸了实践，明确提出要使用暴力实现天下太平，《太平经》云："太者，大也，乃言其积大行如天。……平者，乃言其治太平均。"④ 为了实现太平理想，张角派人四处活动，以善道教化天下，范晔《后汉书·皇甫嵩列传》云：

> （张）角因遣弟子八人使于四方，以善道教化天下，转相诳惑。十余年间，众徒数十万，连结郡国，自青、徐、幽、冀、荆、扬、兖、豫八州之人，莫不毕应。遂置三十六方。……讹言："苍天将死，黄天当立，岁在甲子，天下大吉"。

《资治通鉴》也云：

> 或弃卖财产，流移奔赴，填塞道路，未至病死者亦以万数。郡县

---

① 范晔：《后汉书·安帝本纪》。
② 范晔：《后汉书·南蛮西南夷列传》。
③ 范晔：《后汉书·藤抚列传》。
④ 王明：《太平经合校》，中华书局，1985，第148页。

　　不解其意，反言角以善道教化，为民所归。①

在善道教化之下，信徒归之如流，其范围遍布青徐幽冀兖豫荆扬八州。道徒们四出散布谶言，把民众的反抗情绪转化为暴力行动，终于灵帝中平元年（184），组织和发动了全国性的黄巾大起义。

　　同样地，五斗米道在巴蜀汉中一带也以善道教化民众，如张鲁占据汉中后，也是用传道发展自己的势力，《晋书》云："汉末，张鲁居汉中，以鬼道教百姓，賨人敬信巫觋，多往奉之。"②《华阳国志》也载：

　　　　鲁既至，行宽惠，以鬼道教。立义舍，置义米、义肉其中；行者取之，量腹而已，不得过。过多，云鬼病之。其市肆贾平，亦然。犯法者，三原而后行刑。……巴、汉夷民多便之。其供道限出五斗米。故世谓之"米道"。③

张鲁乃道教"三师"④之一，他秉承祖、父之业，以鬼道即五斗米教民，实行政教合一，利用五斗米道与封建王朝相抗衡，朝廷不能讨伐，颇得百姓拥护和支持，《正一法文天师教诫科经》云：

　　　　昔汉嗣末世，豪杰纵横，强弱相凌，……是吾顺天奉时，以国师命。武帝行天下，死者填坑，既得吾国之光，赤子不伤。身重金累紫，得寿遐亡。……今吾避世，以汝付魏，清政道治。⑤

陈寿《三国志·魏书·张鲁传》也载："关西民从子午谷奔之者数万家。"可见，张鲁的鬼道在当时大受欢迎，势力迅速扩大。

　　及至魏晋，道教依然以善道教民抗争。如《江表传》载：三国吴琅邪道士

---

① 司马光：《资治通鉴》卷五十八，光和六年。
② 房玄龄等：《晋书·李特载记》。
③ 常璩：《华阳国志》卷二，《汉中志》。
④ 道教三师：指张道陵祖孙三代，"天师"张道陵、"嗣师"张衡、"系师"张鲁。
⑤ 《道藏》第18册，第237页。

于吉"立精舍，烧香读道书，……吴会人多事之"，结果，被孙吴以妖妄"幻惑众心"[①] 之罪处死。又如《晋书·孙恩传》称：东晋时期，琅邪人孙泰奉行五斗米道，他以"道术眩惑士庶"，"见天下兵起，以为晋祚将终，乃煽动百姓，私集徒众，三吴士庶多从之"，后被朝廷以"诳诱百姓"罪流放广州郁林郡，他又利用当地"风俗好杀"，以道术煽动人们闹事，结果"南越亦归之"。其侄子孙恩更利用孙泰"以左道惑众被戮"为由，联合卢循发动和领导了一场大规模的反政府行动，"恩据会稽，自号征东将军，号其党曰'长生人'"[②]，结果，"三吴皆响应"[③]，李弈、李脱等也"引诸俚帅众五六千人，受循节度"[④]，还有"始兴溪子，拳捷善斗"[⑤]，道徒视死如归，从江南打到广州，队伍不断发展壮大。

从以上可知，道教有同情和拯救民众苦难，以及抨击时弊和宣扬变易的言行，它反映了广大民众的愿望和要求，因而，赢得了民心，争取了民众，"以善道教化天下"，成为道教传道播道的一种有效方式。

3. 以教团组织行道

道教主张以教团组织行道布化，《太平经》明确指出：要"得天地人及四夷之心"，就必须"并合为一家，共成一治"[⑥]，治置祭酒以领道民，显然，"治"就是聚集和统领道民的教团组织。

在道教创建中，"治"成为发动和团结徒众的教团组织，如五斗米道在创立时，张陵就明确将教民分成二十四治，《三天内解经》卷上云："立二十四治，置男女官祭酒，统领三天正法，化民受户，以五斗米为信。"[⑦]《陆先生道门科略》也载：

> 授天师正一盟威之道，禁戒律科检，示万民逆顺祸福功过，令知好恶。置二十四治，三十六靖庐，内外道士二千四百人。[⑧]

---

① 陈寿：《三国志·吴书·孙策传》注引。
② 房玄龄等：《晋书·孙恩传》。
③ 李延寿：《南史·沈约传》。
④ 沈约：《宋书·杜慧度传》。
⑤ 司马光：《资治通鉴》卷一百一十五，义熙六年。
⑥ 王明：《太平经合校》，中华书局，1985，第333页。
⑦ 《道藏》第28册，第414页。
⑧ 《道藏》第24册，第779页。

所谓"治",或称庐,又或称靖,是致诚请祷之所,也就是各地的教务活动中心,始无区别,后有不同,据《玄都律》云:"民家曰靖,师家曰治。"①"二十四治"就是在各处分设二十四个行道布化的机构,把二千四百道徒分布于二十四个教区,其位置近在益州,远及长安。后增为二十八治,合二十八宿,《云笈七签》卷二十八称:

> 太上以汉安二年(143)正月七日中时下二十四治。上八治,中八治,下八治,应天二十四气,合二十八宿,付天师张道陵奉行布化。②

及至东晋,师家传教之所仍称"治",如天师道杜子恭一派的传道之所就称"治",《异苑》卷七云:"谢灵运生会稽,其家以子孙难得,送杜治养之。"可见,各"治"实际上成为一个个教团,其主要活动大致如下。

第一,付天仓、设义舍。《太真科》云:

> 年依会,十月一日同集天师治,付天仓,及五十里亭中,以防凶年饥民往来之乏。③

所谓付天仓,就是奉道之人必须在每年的十月一日向天师祭酒交纳信米五斗,以解决信民的饥饿问题。张鲁时,还设立义舍,"置义米肉,县于义舍,行路者量腹取足"④,确保信民的足食。

第二,三会日。《旨要妙经》云:

> 三会日,以正月七日名举迁赏会,七月七日名庆生中会,十月十五日名建功大会。此三会日,三官考核功过,受符箓契令经法者,宜

---

① 朱法满:《要修科仪戒律钞》卷十引,《道藏》第 6 册,第 967 页。
② 《道藏》第 22 册,第 204 页。
③ 朱法满:《要修科仪戒律钞》卷十引,《道藏》第 6 册,第 966 页。
④ 陈寿:《三国志·魏书·张鲁传》。

依日斋戒，呈章赏会，以祈景福。①

《赤松子章历》卷二也曰："三会日，……上章受度法箓，男女行德施功，消灾散祸，悉不禁制。"② 很明显，三会日就是每年有三次朝会天师的聚会，目的是为教民消灾祈福，实际上是道官联系道民，向道民宣讲科戒，传播指令的重要途径和方法，也是加强道官和道民之间统属关系的重要桥梁。

各"治"的活动，解决了教民的生活和疾患问题，起到团结教民、组织教民的作用，有助于道教的传播和发展，因此，早在张陵时，五斗米道已传播于巴郡，正如日本学者福井康顺所说："以治馆为中心，教团以二十四块地域分开，扩充于全蜀。"③

在道教传播中，"方"也是发动和团结徒众的教团组织形式。如太平道就是以"方"为单位进行传教活动的，《后汉书·皇甫嵩列传》载："（张角）遂置三十六方。方犹将军号也。大方万余人，小方六七千，各立渠帅。""方"，袁宏《后汉纪·灵帝纪》作"坊"，王先谦《后汉书集解》引李善云："《声类》曰：'方，别屋也。''方'与'坊'古字通。"又按《国语·吴语》称："万人以为方阵。"可知"方"乃古代的一种军事编制。张角将数十万信徒，分成三十六方，大方万多人，小方六七千人，各有将军首领，可见，"方"实际上是大小不一的军教合一组织。各"方"在黄巾起义中表现得相当出色，《后汉书·皇甫嵩列传》云："诸方一时俱起，皆著黄巾为标帜，时人谓之'黄巾'。……旬日之间，天下响应，京师震动。"能够令天下响应，京师震动，足见"方"这些教团组织在传道活动中的作用和影响之大。

及至南北朝，寇谦之倡导的新天师道，也是以"方"为教团组织进行布道，《魏书·释老志》云：

泰常八年十月戊戌，有牧土上师李谱文来临嵩岳，云："老君之玄

---

① 贾善翔：《犹龙传》卷五引，《道藏》第18册，第25页。
② 《道藏》第11册，第183页。
③ 参见〔日〕福井康顺《道教の基础的研究》，东京，书籍文物流通会，1958，第58页。

孙，昔居代郡桑乾，以汉武之世得道，为牧土宫主，领治三十六土人
鬼之政。地方十八万里有奇，盖历术一章之数也。其中为方万里者有
三百六十万。"遣弟子宣教，云嵩岳所统广汉平土方万里，以授谦之。
作诰曰："吾处天宫，敷演真法，处汝道年二十二岁，除十年为竟蒙。
其余十二年，教化虽无大功，且有百授之劳。今赐汝迁入内宫，太真
太宝九州真师、治鬼师、治民师、继天师四箓。修勤不懈，依劳复迁。
赐汝《天中三真太文录》，劾召百神，以授弟子。"

文中的"方万里者有三百六十方"，表明他们的"宣教"是以"方"为组
织单位，通过寇谦之"百授之劳"的教化，结果，"崇奉天师，显扬新法，
宣布天下，道业大行"①。

据上可见，无论是"治"，或是"方"，都是道教的教团组织，它们在
道教传播中起着组织和发展道徒以及开展活动的作用。

4. 以壮大神威布道

道教还注重壮大神威，行道布道。道教到处收集神灵，扩充其神灵体
系，以壮大神威布道，如道教的护卫神卒就来自周边少数民族的神灵，据
《太上三五正一盟威箓》卷五称：

> 东方夷老君除逆部伏卫兵，南方越老君扁鹊伏卫兵，西方氐老君
> 官死伏卫兵，北方羌老君及甲错鳞兵，中央秦老君将领黄兵。②

又《太上三五正一盟威阅箓醮仪》载：

> 出东方胡老君反甲逆鳞兵九十万人，出南方越老君火营骑吏火烛
> 兵八十万人，出西方氐老君炼杖金精兵六十万人，出北方羌老君乌丸
> 扁鹊兵五十万人，出中央伧老君二十五万。③

---

① 魏收：《魏书·释老志》。
② 《道藏》第28册，第455页。
③ 《道藏》第18册，第283页。

东方夷老君、南方越老君、西方氐老君、北方羌老君和中央秦老君均是各方神灵，统统变成了道教的护卫神卒。

《正一盟威秘录四》还有出动五方神灵前去制服捣乱醮祭仪式和祟人害命之鬼的记载：

> 东方夷老君逆部伏卫神，南方越老君扁鹊伏卫神，西方氐老君捍厄铁轮神，北方羌老君及甲逆鳞神，中央秦老君部领黄云神，……斩五方不正之鬼，血食之精，众妖故炁，见即俱灭。①

此外，像《赤松子章历》《正一法文经章官品》《太上正一解五音咒诅秘箓》《正一法文十箓召仪一卷》等道教经典都有类似的记载。

道教吸收各方各族诸神加入道教神灵行列，这些神灵，有道术威力，能劾鬼制魔，也有地方色彩，容易为各地各族民众所接受，"巴、汉夷民多便之"②，因而信徒不断增多，《正一天师告赵升口诀》称："圣人前救三阳比箅，南至大江，北至北滨，东至东夷，西至濛汜，已逆注十万人，名上太玄紫簿。"③ 其范围遍布大江南北，波及四夷之民。可见，以壮大神威方式布道，成为道教在各地和各族中传道布道的又一方式。

据上可知，道教的种种传播方式和传播活动，解决了民众的疾患痛苦，唤起了民众的宗教热情，也取得了民众的信任，这为各地、各民族接受和信仰道教创造了条件，也便利了道教与各地、各民族的宗教文化接轨。

岭南紧邻道教创始地，自然成为道教传播之重要目标。

二 道教的南传历程

道教何时传入岭南，史无明确记载，但根据有关史料记载和学者考证，道教传入岭南的时间与道教产生于中原的时间"可视为同步"④。

---

① 《藏外道书》第 1 册，巴蜀书社，1992，第 249 页。
② 常璩：《华阳国志》卷二，《汉中志》。
③ 《道藏》第 32 册，第 593 页。
④ 王丽英：《道教南传与岭南文化》，华中师范大学出版社，2006，第 245 页。

（一）初传——东汉末年

汉末以降，有不少道教人士相继南下，他们中有一般的好道之徒，也有崇道的朝廷命官，甚至有信道的"妖贼"，他们的南下布道，成为道教南传的先声。

1. 南下道徒的播道

根据有关史志及道书的记载，此类道徒为数不少，且活动比较频繁。如：

王远，字方平，东海人，汉桓帝（147～167 年在位）时为中散大夫，后弃官而为道士，葛洪《神仙传》云：

> 尤明天文图谶，《河》、《洛》之要，逆知天下盛衰之期，九州吉凶，如观之掌握。后弃官入山修道，道成，汉孝桓帝闻之，连征不出。……远冠远游冠、朱衣虎头，鞶囊五色绶，带剑，黄色少髭，长短中形人也。乘羽车，驾五龙，龙各异色，前后麾节幡旗道从，威仪奕奕，如大将军也。……常在昆仑山，往来罗浮山、括苍山等。……所到，则山海之神皆来奉迎拜谒。①

黄佐《广东通志》：

> 常居昆仑山，往来罗浮山及句曲，惟乘一黄麟，十数侍者，山海神皆奉迎拜谒，为人黄色少髭，长短中人冠，远游，朱衣、虎头鞶囊、五色绶带，剑人多见之。②

他往来于罗浮山、括苍山，以修炼和传授"虹景丹方"著称。后来，王远还在罗浮山炼丹授徒，汉末道士张礼正、李明期二人就得传其"虹景丹方"③。后

---

① 葛洪：《神仙传》卷二，《王远》。
② 黄佐：《广东通志》卷六十四，《外志一·仙释》。
③ 陶弘景：《真诰》卷一四，《道藏》第 20 册，第 574 页。

来，他俩"患丹砂难得，去广州为道士"①，在广州，从事道教修炼活动。

许靖，字文休，汝南平舆（今河南平舆县）人，少与从弟许劭齐名，好品评人物，《三国志》云：

> 孙策东渡江，皆走交州以避其难，靖身坐岸边，先载附从，疏亲悉发，乃从后去，当时见者莫不叹息。既至交阯，交阯（阯）太守士燮厚加敬待。……浮涉沧海，南至交州。经历东瓯、闽、越之国，行经万里。不见汉地，漂泊风波，绝粮茹草，饥殍荐臻，死者大半。……清谈不倦。②

许靖历尽艰辛，来到交阯，深得士燮的赏识和热情接待。他性好清谈，有玄士之风。后来，陶弘景在叙述道教徒世谱时，将之列入道教系统，《真胄世谱》注云：

> 蜀司徒许靖，字文休，是长史六世族祖，汉徵士许劭，字子将，是五世族祖。吴丞相许晏，字孝然，四世族祖，并同承十一世祖。光武时，许交州后交相子，名圣卿。许姓，本出炎帝，时姜氏至周武王封许叔于许，今豫州许昌也。至周敬王十五年，为郑所灭，徙居山阳昌邑，因国为姓，至交州，乃移于汝南平与也。③

长史就是许谧，许氏乃是六朝著名天师道世家，身为六世族祖的许靖，与道教的关系应是很密切的。

甘始，甘陵人，三国时期著名道士，曾为曹操招致为方士，他道术高明，可与左慈并论，《辩道论》云："甘陵有甘始，庐江有左慈，……始能行气导引。……甘始者，老而有少容，自诸术士咸共归之。"④ 曹植《辩道论》记甘始之言，可知他曾随同师傅到过南方炼金，"吾本师姓韩字世雄，

---

① 李昉：《太平御览》卷六六九，《道部一一·服饵上》。
② 陈寿：《三国志·蜀书·许靖传》。
③ 陶弘景：《真诰》卷二〇引，《道藏》第20册，第607页。
④ 陈寿：《三国志·魏书·华佗传》注引。

尝与师于南海作金，前后数四，投数万斤金于海。"① 金即丹，葛洪说："《仙经》云：丹精生金。此是以丹作金之说也。"② 甘始师徒不辞劳苦，前后四次来到岭南，进行大批量的作金与炼丹有关的活动，其次数之多，数量之大，都是十分惊人的。

葛玄，字孝先，世称葛仙翁，是葛洪的从祖，丹阳句容人，祖籍山东琅邪，是道教天师道发源和流布的主要地区，葛氏家族世奉道教，为天师道之流派。③ 他在罗浮山上，"遇苏元明，一云左元放，授以金丹之旨，于罗浮飞云顶炼丹得道"④，"精思念道，常服饵术，能绝谷，连年不饥。……恒周旋括苍、南岳、罗浮。……弟子有五百余人"⑤，足见他在罗浮山上道教活动之频繁和活跃，其影响也大。北宋霍晖说："盖自从祖仙翁葛孝仙，吴时在飞云顶修丹以来，风流相承，岂特咸和初，避地远行而然也。"⑥ 可见葛玄的道术不但影响大，而且持续时间长。

郑思远，即郑隐，字子华，江南人，本是精通五经的儒者，晚而学道，师事葛玄，《历世真仙体道通鉴》卷二三云："郑思远少为书生，善律历候纬，晚师葛孝先，受《正一法文》、《三皇内文》、《五岳真形图》、《太清金液经》。"⑦ 谭嗣先《太极葛仙公传》也云："令入室弟子郑思远具宣口诀。"⑧ 葛玄除传授郑隐经书外，还有具宣口诀，即传授不书于经籍的口诀，明确郑思远是葛玄（仙公）的入室弟子。陈梿《罗浮志》更明确说他是在罗浮山飞云顶上得丹术，"（葛玄）授以金丹之旨，于罗浮飞云顶炼丹得道，后以其术传郑思远"⑨。

据上可知，自汉末以来，陆续有一些北方道士在罗浮、广州、南海和桂林一带，从事修炼和传道活动。

---

① 范晔：《后汉书·甘始列传》注引。
② 葛洪：《抱朴子内篇·黄白》。
③ 参见陈寅恪《天师道与滨海地域之关系》，载《金明馆丛稿初编》，上海古籍出版社，1980，第 32～33 页。
④ 陈梿：《罗浮志》卷四，《葛仙翁》。
⑤ 谭嗣先：《太极葛仙公传》，《道藏》第 6 册，第 846～847 页。
⑥ 陈梿：《罗浮志》卷八，《冲虚观记》。
⑦ 《道藏》第 5 册，第 236 页。
⑧ 《道藏》第 6 册，第 851 页。
⑨ 陈梿：《罗浮志》卷四，《葛仙翁》。

2. 南下仕宦的崇道

在南下的信道人士中，也有高官仕宦，他们身为岭南地方刺史、太守，却积极从事崇道倡道活动，在岭南造成一定影响。较出名的有以下几位。

折像，广汉雒人，汉安帝（107~125）时任郁林太守折国，《后汉书·折像列传》云：

> 折像，字伯式，广汉雒人也。其先张江者，封折侯，曾孙国为郁林太守，徙广汉，因封氏焉。国生像。国有资财二亿，家僮八百人。像幼有仁心，不杀昆虫，不折萌牙（芽）。能通《京氏易》，好黄老言。

《历世真仙体道通鉴》也载："（折像）少好黄老之业，后师东平先生虞叔雅，亦得道者也。笃尚养生，玄默无言。"[①] 安帝年间，正是道教酝酿和形成时期，距离道教正式形成时间顺帝（126~144）时相距不远，折像好黄老，谙道术，颇有道家意味，近乎早期道士，只是他的方术"还没有与道家理论相结合，也没有统一的教主和组织，只有分散的神道活动"[②]，他的南下，自然将其思想和道术带入岭南。

栾巴，字叔元，蜀郡成都人，汉桓帝（147~167）时出任桂阳郡太守，有关他的事迹，《后汉书》和各种道书都有记载，只是《后汉书》本传认为他是魏郡内黄人，不过，李贤作注时，已引《神仙传》"巴，蜀郡人也"之说，可见李贤已认为栾巴为蜀人。《后汉书》云：

> 四迁桂阳太守。以郡处南垂，不闲典训，为吏人定婚姻丧纪之礼，兴立学校，以奖进之。虽干吏卑末，皆课令习读，程试殿最，随能升授。政事明察。视事七年，以病乞骸骨。荆州刺史李固荐巴治迹，征拜议郎，守光禄大夫，与杜乔、周举等八人徇行州郡。……巴素有道术，能役鬼神，乃悉毁坏房祀，翦理奸巫，于是妖异自消。[③]

---

① 《道藏》第5册，第137页。
② 牟钟鉴：《中国道教》，广东人民出版社、华夏出版社，1996，第9页。
③ 范晔：《后汉书·栾巴列传》。

《历世真仙体道通鉴》卷一五也载：

> 事汉桓帝，四迁桂阳太守，甚有政声。……巴素有道术，能役鬼神，乃悉毁坏房祀，剪理奸巫，于是妖异自消，百姓始颇以为惧，终皆安之。……《仙传》云：栾巴蜀成都人也，少好道，不修俗事。……《真诰》云昔巴作兵解去。①

桂阳郡治所在布山（今广西贵县）范围，东起今广东肇庆，西抵今广西田东右江以北，北自今广西兴安县以南，南临南海，所辖主要在今广西境内。栾巴"四迁桂阳太守"，又"视事七年"。其间，"定婚姻丧纪之礼，兴立学校"，似是儒家所为，然他"不闲典训"，又结合他"好道"之性格和"素有道术"之本领以及他"作兵解去"的最后归宿，可知他是一名信奉道教之人。他"悉毁坏房祀"，与《三天内解经》主张"民不妄祀他鬼神"是一致的，据此，著名汉学家柳存仁先生推测，栾巴"在一定程度上和天师道的发展不能没有关系"②；他"徇行州郡"，在道籍中记作"周行八极，按行民间"③，栾巴应是一名早期天师道徒。他在任桂阳太守期间，行道术，役鬼神，禁淫祀，实际上就是传播道教思想和道教法术。

桃俊，字翁仲，钱塘（今杭州市）人，曾到过太学受业，汉末年间出任交趾太守，正史不载其事迹，仅见道书诸篇传记和陈梿《罗浮志》小传，可见他的道教活动比他的政绩更为出色。《历世真仙体道通鉴》卷一七云：

> 桃俊……少为郡干佐，末负笈到大学受业，明经术灾异，晚为交趾太守，汉末弃世，入增城山中学道，遇东郭幼平。幼平，秦时人，久隐增城得道者也，幼平教俊服九精练气，辅星在心之术，俊修之，道成。今在洞中兼北河司命，主水官之考罚。④

---

① 《道藏》第 5 册，第 186～187 页。
② 柳存仁：《道教史探源》，北京大学出版社，2000，第 114 页。
③ 《三天内解经》，《道藏》第 18 册，第 238 页。
④ 《道藏》第 5 册，第 197 页。

《历世真仙体道通鉴》本传在注中还云："今冢在钱塘临平，坟坛历然，苗裔犹存。"① 钱塘即今浙江杭州，看来是真有其人。陈梿《罗浮志》也云：

> 桃俊，……明经术灾异，晚为交趾太守，汉末弃官入增城山中学道，遇东郭幼平。幼平，秦时人，久隐增城得道者。幼平教俊服九精练气，辅星在心之术，俊服之，道成，尝往来罗浮云。②

有些志书和道书作姚俊，如郝玉麟《广东通志》③ 和《天戒经》④ 均称姚俊，从内容上看，应是同一人。其师东郭幼平，又叫东郭延年，字公游，山阳（今山东金乡县西北）人，是一位高道，《神仙传》称他东郭延，说他"服云母散，能夜书，有数十人乘虎豹来迎，比邻尽见之，与亲友辞别而去，云诣昆仑山"⑤。《后汉书》本传称他"能行容成御妇人术。……为操所录，问其术而行之"。桃俊到增城学道，与他相遇，罗浮山就在增城（今增城市），看来桃俊师徒确是到过增城罗浮山学道、修道和行道。

张津，字子云，南阳（今南阳市）人，张津出任交州⑥刺史的时间大致是在建安五年到十五年（200～210）⑦。任职期间，他积极从事道教活动和宣传工作，《江表传》云：

> 昔南阳张津为交州刺史，舍前圣典训，废汉家法律，常著绛帕头，鼓琴烧香，读邪俗道书。云以助化，卒为南夷所杀。⑧

上文中，"舍前圣典训，废汉家法律"显然是有违儒家正统所为，"烧香"

---

① 赵道一：《历世真仙体道通鉴》卷十七，《道藏》第5册，第197页。
② 陈梿：《罗浮志》卷四，《桃俊》。
③ 郝玉麟：《广东通志》卷五十六，《仙释·仙传》。
④ 李昉：《太平御览》卷六七九，《道部二十下·传授下》引。
⑤ 葛洪：《神仙传》卷十，《东郭延》。
⑥ 按：东汉时期，交州治番禺，即今广州，辖今两广及越南北部。
⑦ 参见王承文《葛洪早年南隐罗浮考论》，载《中山大学学报》1994年第2期。
⑧ 陈寿：《三国志·吴书·孙策传》注引。

似是佛教的敬神方式，故有学者认为张津是佛教徒①。然道教也"烧香"，道士们认为，当香点燃后，其烟袅袅上升，可以代替无法上天的人与神交通，"香者，天真用兹以通感，地祇缘斯以达信"②，进而降神，使之与烧香者合为一体，故是一种兼有享神、通神、降神三合一体的道术，《云笈七签》卷四六就载有"烧香祝"，其祝曰："太一帝尊，帝一玄经，五云散景，郁彻三清，玉童玉女，烧香侍灵，上愿开陈，与我合形，使我神仙，长亨利贞。"③烧香是道教常用且有效的享神方法，张津烧香，著绛帕头、读道书，属道教所为，应是一名道教徒。张津到处宣传鼓动，"云以助化"，后来卢循起义进攻交州时，就有不少俚僚积极响应，"李脱等结集俚僚五千余人以应循"④，有学者推测认为："说不定是张津提倡，以此助化的功绩。"⑤

然张津属于哪一派？学术界有不同看法⑥。据释玄光在《辩惑论》中言："闻其著符，昔时军标。张角黄符，子鲁（张鲁）戴绛。"⑦可知张角的太平道徒以"黄符"，即著黄巾以为标志；张鲁的五斗米道徒则以"戴绛"，即以绛帕裹头为标志。张津"常著绛帕头"，与天师道"冠赤帻，服绛衣"⑧相同；他"好鬼神""读道书"，与张陵在蜀地"造作道书以惑百姓"⑨和张鲁在汉中"以鬼道教百姓"⑩颇为相似，他"舍前圣典训，废汉家法律"就是不行儒家正统大道，而仿行张鲁以鬼道的方式传教，使民不妄祀他神，以整饬社会风气，张津应是一名五斗米道徒。

① 见李锦全《岭南思想史》，广东人民出版社，1993，第90页；吴焯：《汉人焚香为佛教礼仪说——兼论佛教在中国南方的早期传播》，载《传统文化与现代化》1994年第6期。
② 陶弘景：《登真隐诀》，《道藏要籍选刊》第8册，上海古籍出版社，1989，第430页。
③ 《道藏》第22册，第327页。
④ 司马光：《资治通鉴》卷一百一十六，义熙七年。
⑤ 张桥贵：《道教与中国少数民族关系研究》，四川大学出版社，1998，第85页。
⑥ 有学者认为张津是"太平道"徒，参见卿希泰《中国道教史》第一册，四川人民出版社，1995，第219页。有人认为他是"五斗米道"徒，参见张桥贵《道教与中国少数民族关系研究》，四川大学出版社，1998，第189页。也有不明言属何派的，参见胡守为《岭南古史》，广东人民出版社，1999，第334页；杨万秀：《广州简史》，广东人民出版社，1996，第60页。
⑦ 释僧佑：《弘明集》卷八，《辩惑论》。
⑧ 范晔：《后汉书·法雄列传》。
⑨ 陈寿：《三国志·魏书·张鲁传》。
⑩ 房玄龄等：《晋书·李特传》。

由此可见，五斗米道在东汉末年已经传入岭南，并有所活动，而不是如《广东通史》所说的"五斗米道似在东晋始传至岭南"①。

士燮，字威彦，其先祖为鲁国汶阳人，少时游学京师，师从名儒刘子奇。汉灵帝中平四年（187）至黄武五年（226）出任交趾太守。与他交往的有许多是经学世家，如刘熙、程秉、袁忠、薛综等人，亦不乏信道之人，如有被后人奉为神仙的董奉。葛洪《神仙传》：

> （燮）得毒病死，死已三日，奉时在彼，乃往与药三丸，内在口中，以水灌之，使人捧举其头，摇而消之，须臾，手足似动，颜色渐还，半日，乃能起坐，后四日，乃能语。②

士燮死而复生，颇具道教色彩和意味，看来士燮本人也是一个崇道之人。

步骘，字子山，东汉建安十五年（210）至延康元年（220）出任交州刺史，他对道艺有所研究，《三国志》曰："骘博研道艺，靡不贯览，性宽雅沉深。"③ 道艺应该是指道术方面的学问。步骘任职广州期间，还起用广州著名道士卢耽为其僚佐。

卢耽，东汉末年广州著名道士，曾任州治中，即州刺史助理，邓德明《南康记》云：

> 昔有卢耽，仕州为治中。少有栖山之术，善解飞，每夕辄凌虚归家，晓则还州。曾元会，晓不及朝则化为白鹄，至阁前回翔欲下。威仪以帚掷之，得一只履，耽乃惊还就列。时步骘为广州刺史。④

《历世真仙体道通鉴》卷七也云：

> 卢耽者，少学道，得仙后复仕为州治中，每时乘空归家，到晓则

---

① 方志钦等：《广东通史》（古代上册），广东高等教育出版社，1996，第350页。
② 葛洪：《神仙传》卷六，《董奉》。
③ 陈寿：《三国志·吴书·步骘传》注引。
④ 李昉：《太平御览》卷二六三，《职官部六十一·别驾》引。

反州，尝元会期贺在列时，耽后至回翔阁前欲下，次为威仪，以帚掷耽，得一只履坠地，耽由是飞去。①

掷帚见履，夕飞晓返之事，在道教故事中屡见不鲜，《南越志》云："鲍靓为南海太守，尝夕飞往罗浮山，晓还。有小吏晨洒扫，忽见两鹊飞入小斋，吏帚掷之，坠于地，视，乃靓之履也。"② 另据《太平寰宇记》记载：昭州平乐县（今理平乐县）有"卢耽庙在县界"③。梧州苍梧县有"卢耽祠，常时设奠，颇有灵"④，可见，卢耽在岭南的影响很大。步骘交结道士徽崇为友，又起用通晓道术且具影响的卢耽，再结合他博研道艺，看来他本人也是一名道教中人。

3. 南下商人的布道

有些被后人称作神仙的商人，在到岭南从事商业活动的同时，亦进行布道，刘向《列仙传》云：

> 赤斧者，巴戎人，为碧鸡祠主簿，能作水澒炼丹，与硝石服之。三十年，反如童子，毛发生皆赤。后数十年，上华山取禹余粮饵，卖之于苍梧、湘江间。累世传见之，手掌中有赤斧焉。赤斧颐真，发秀戎巴，寓迹神祠，澒炼丹砂，发耀朱蕤，颜晔丹葩，采药灵山，观化南退。⑤

文中提到的水澒就是水银，禹余粮也是仙药的一种⑥，赤斧能炼服丹药，鹤发童颜，周游四方，并卖药到苍梧⑦，可知他通晓长生术和炼丹法，且活动能力较强。他在从商的同时，难免向他人传授其仙术和丹法，故"观化南

---

① 《道藏》第5册，第149页。
② 李昉：《太平御览》卷七六五，《器物部十·箕帚》引。
③ 乐史：《太平寰宇记》卷一六三，《岭南道七·昭州》。
④ 乐史：《太平寰宇记》卷一六四，《岭南道八·梧州》。
⑤ 刘向：《列仙传》卷下，《赤斧》。
⑥ 葛洪：《抱朴子内篇·仙药》云："仙药之上者丹砂，次则黄金……次则太乙禹余粮。"
⑦ 按：苍梧为郡名，治所在今广西苍梧县。

遐"，意即传道于南疆远遐。

此外，还有一些道徒是跟随起义队伍进入岭南，开展传道活动的。

4. 南下"妖贼"的传道

东汉中后期，在全国范围内爆发了多宗被称为"贼"或"妖贼"的农民起义，其首领自称"将军"，如安帝永初三年（109）青州"海贼张伯路等三千余人，冠赤帻、服绛衣，自称'将军'，寇滨海九郡"[①]；顺帝阳嘉元年（132）扬州"六郡妖贼章河等寇四十九县"[②]；桓帝延熹五年（162）"长沙、零陵贼合七八千人，自称'将军'，入桂阳、苍梧、南海、交阯。交阯刺史及苍梧太守望风奔逃，二郡皆没"[③]。东汉末年黄巾起义领袖张角三兄弟，也公开称"天公、地公、人公将军"[④]。后来，汉灵帝在黄巾再起时，举行宗教形式，也自称"无上将军"，以威厌胜，《后汉书·孝灵帝本纪》载：中平五年（188），"青、徐黄巾复起，寇郡县。甲子，帝自称'无上将军'，耀兵于平乐观。"灵帝的目的"是通过仪式，使皇帝拥有较之民间道教首领更高的宗教地位，以便'威厌'黄巾起义的势力，打击民间道教对其独有的通天权的窃夺"[⑤]。故有学者指出："'将军'乃早期道教起义首领的通称，而这一宗教特色在西汉成帝时已开始流行。"[⑥] 同样，这些被称为"贼"或"妖贼"的农民起义，也有可能是早期道教信徒的宗教政治活动，如有学者指出："东汉史籍，凡称'妖贼'的，多半是指与太平道思想体系有关并以此为号召的农民起义。"[⑦] 他们受道家、神仙家思想影响，相信神化不死，自称"真人""黄帝"，"表明他们本身就是一些道教色彩甚浓的方士"[⑧]。这次作乱，七八千道徒入驻岭南，"自此逾岭而居溪峒"[⑨]，其中不少留居和活动在桂阳郡的粤北山区和苍梧

① 范晔：《后汉书·法雄列传》。
② 范晔：《后汉书·顺帝本纪》。
③ 范晔：《后汉书·度尚列传》。
④ 范晔：《后汉书·皇甫嵩列传》。
⑤ 姜生：《原始道教之兴起与两汉社会秩序》，载《中国社会科学》2000年第6期。
⑥ 冷鹏飞：《秦汉农民起义与早期道教的形成》，载《湖南师范大学学报》1992年第6期。
⑦ 贺昌群：《论黄巾农民起义的口号》，载贺昌群《汉唐间封建土地所有制形式研究》，上海人民出版社，1964，第266页。
⑧ 卿希泰：《中国道教史》第一卷，四川人民出版社，1988，第200页。
⑨ 顾炎武：《天下郡国利病书》卷一百三，《猺獞》。

郡偏北的岭南山区，他们的活动对道教在岭南的传播应该是有影响的。

特别是当道教在北方的发展遭受挫折之后。东汉末年，张角领导的黄巾起义爆发后，引起统治集团的恐惧和剿杀，太平道被汉灵帝镇压，五斗米道也被曹操招抚，"自是以来，死者为千万人，邪道使末嗣，分气治民。汉中四十余年，道禁"①。为了防范叛乱行动的再度发生，统治阶级对道士活动严加禁止，"诚恐斯人之徒，接奸诡以欺众，行妖慝以惑民。故聚而禁之"②，如曹操就将甘始、左慈等方术道士"聚而禁之"③，孙策也在江东诛杀道士于吉，认为"此子妖妄"，"不可不除"④。因此，不少道教中人除了避北方战乱外，还要避官方的政治迫害，他们纷纷南下，如琅邪道士于吉，"先寓居东方，往来吴会。立精舍，烧香读道书，制作符水以治病。吴会人多事之"⑤，据卿希泰先生推测："这个于吉……很可能他先是黄巾军的一个小头目，黄巾起义失败之后，化名于吉到吴会来的，这也正好说明黄巾起义失败之后，而太平道仍在民间流行，并仍然为群众所信任。"⑥ 显然，道教在北方的发展遭到挫折，因而转向南方发展。

综言之，岭南在东汉末年已有道教活动，其传道方式，与太平道和五斗米道相似，即仍以"符箓为人治病消灾"为主；其成道观念，以行善积功德、普济众生为尚；其成道方术，主要以服饵神丹及灵药等外丹为主。可见，随着汉末信道人士的南下及其相关活动，已经揭开了道教在广州传播的序幕。然道教在广州形成规模，当在两晋之际，主要由葛洪、鲍靓等人南下倡行，而在广州得以衍播、发展。

（二）衍播——六朝时期

两晋之际，著名道教学者鲍靓和葛洪来到岭南传道播道，促使道教在岭南得以衍播和发展。

---

① 《正一法文天师教戒科经》，《道藏》第 18 册，第 236 页。
② 释道宣：《广弘明集》卷五，《辩惑篇·辩道论》。
③ 陈寿：《三国志·魏书·华佗传》注引曹植《辩道论》。
④ 陈寿：《三国志·吴书·孙策传》注引《江表传》。
⑤ 陈寿：《三国志·吴书·孙策传》注引《江表传》。
⑥ 卿希泰：《中国道教思想史纲——汉魏两晋南北朝时期》，四川人民出版社，1980，第 162 页。

鲍靓，字太玄。关于其籍贯，有东海、上党、陈留、琅邪等多种说法。① 陈寅恪先生考究后确认他为琅邪人②，琅邪为天师道发源地，这对他的道教思想和符箓道术的形成不无关系。他师从阴长生、左慈，学兼内外，尤以符箓道术见称，著有《晋鲍靓施用法》遗世③，主讲招神劾鬼符箓之法，成为迄今有史可查最早进入广州的道教符箓派人物。④

晋怀帝永嘉元年（307）至晋愍帝建兴二年（314）⑤鲍靓出任南海太守，期间，他一方面勤于民政，另一方面授徒传道，袁宏《罗浮山记》云："（鲍靓）博究仙道，为南海太守，昼临民政，夜来罗浮山，腾空往还。"⑥《老君中经》曰："鲍为广州长史、南海太守，化行丹天，传授葛洪，洪传滕叔，叔传乐玄真，条流稍广，约在至诚，修行唯密也。"⑦ 鲍、葛两人相遇罗浮山，鲍靓向葛洪传授道业，葛洪向鲍靓请教道术，共同的志趣，使他们结为道友，罗浮山成了鲍靓授徒播道的场所，留下遗履轩等遗址，影响深远，自此"人多从受业，扬道化物"⑧。

东晋大兴年间（318～321），鲍靓还在广州越秀山麓创建广州第一道场——越冈院（今三元宫，见图2-1），《羊城古钞》云："（三元宫）在粤秀山之右，晋南海太守鲍靓建，名越冈院。明万历及崇祯俱重修，改名三元宫。"⑨ 供其女儿鲍姑在此修道，为民赠医治病。

鲍姑（见图2-2），原名潜光，鲍靓的独生女、葛洪之妻子，《南海百咏》曰："鲍姑即靓女，葛仙翁妻也，与洪偕隐罗浮山，行炙于南海，有神艾，……疗疾有奇效。"⑩ 鲍姑擅长炙法，尤以治赘疣出名。她因地制宜，

① 王丽英：《道教南传与岭南文化》，华中师范大学出版社，2004，第95页。
② 参见陈寅恪《天师道与滨海地域之关系》，载陈寅恪《金明馆丛稿初编》，上海古籍出版社，1980，第33页。
③ 张君房：《云笈七签》卷七九，《道藏》第22册，第568页。
④ 王丽英：《道教南传与岭南文化》，华中师范大学出版社，2004，第96～102页。
⑤ 参见胡守为《岭南古史》，广东人民出版社，1999，第318～319页；王承文：《葛洪早年南隐罗浮考论》，载《中山大学学报》1994年第2期。
⑥ 李昉：《太平御览》卷四一，《地部六·罗浮山》引。
⑦ 张君房：《云笈七签》卷七九引，《道藏》第22册，第563页。
⑧ 李昉：《太平御览》卷六六三，《道部五·地仙》，引马枢《道学传》。
⑨ 仇巨川：《羊城古钞》卷三，《寺观·三元宫》。
⑩ 方信孺：《南海百咏·鲍姑井》。

图 2-1　广州三元宫
（笔者摄自广州三元宫）

利用越冈院内虬龙井（见图 2-3）的红脚艾，配以院中井水，为人灸疗，《广东省广州市粤秀山三元宫历史大略记》①云："其井名虬龙，井有红脚艾，籍井泉及红艾为医方，活人无算。用艾治赘疣，一灸即愈。"自此，越冈院便以其神艾和鲍姑的灸术闻名于世，相传不断。

图 2-2　鲍姑像
（笔者摄自广州先贤纪念馆）

图 2-3　虬龙古井
（笔者摄自广州三元宫）

鲍姑的仙逝也在越冈院②，院内西隅的"虬隐山房"，传是鲍姑得道升

---

① 广州三元宫藏本。
② 《广州市道教三元宫沿革》，参见余信昌《广东部分宫观拾萃》，粤北南雄梅岭洞真古观编印，1996 年内部发行本，第 27 页。

仙之所。后人怀念她的恩德，将她昔日修道行医的越冈院，扩建为"鲍姑仙祠"，《南海县志·鲍仙姑祠记》碑文载道："晋代名医鲍姑，用越冈山天产之艾治病，距今一千六百多年。"越冈院成为广州最早、规模最大和名气最响的道场，堪称广州道教的祖庭。

葛洪（见图2-4），字稚川，自号抱朴子，丹阳句容（今江苏句容）人。他少"以儒学知名"①，后舍儒入道，热衷仙道，光熙元年（306）和咸和年间（326～334）两次前来岭南②，栖隐罗浮山，且"于罗浮山俱得道"③ 及终老，他不仅是中国道教史上一个重要人物，而且是道教南传的关键人物，他在岭南尤其是在罗浮山的经历对其神仙道教的形成具有关键性的意义。

图2-4 葛洪像
（笔者摄自广州先贤纪念馆）

首先，从师学道，一脉双承。葛洪在罗浮山潜心学道，既师从符箓派系的鲍靓，《晋书·葛洪传》云："（葛洪）后师事南海太守上党鲍玄，玄亦内学，逆占将来，见洪深重之，以女妻洪，洪传玄业。" 又师从金丹派系的郑隐，《晋书·葛洪传》有记载："从祖玄，吴时学道得仙，号曰'葛仙公'，以其炼丹秘术授弟子郑隐。洪就隐学，悉得其法焉。"葛洪得传符箓秘术和金丹要指，其道脉可谓一脉双承。

其次，著书立说，创立仙论。葛洪在罗浮山"优游闲养，著述不辍"④，最有代表性的是写成了《抱朴子内篇》《抱朴子外篇》和《神仙传》。⑤

《抱朴子外篇》"言人间得失，世事臧否，属儒家"⑥，与本书所述关系不大，不作专论。

《神仙传》"集古之仙者"和"仙经服食方及百家之书"，主要论述了

① 房玄龄等：《晋书·葛洪传》。
② 王丽英：《道教南传与岭南文化》，华中师范大学出版社，2004，第113～121页。
③ 王松年：《仙苑编珠》卷下，《道藏》第11册，第43页。
④ 房玄龄等：《晋书·葛洪传》。
⑤ 王丽英：《道教南传与岭南文化》，华中师范大学出版社，2004，第121～122页。
⑥ 葛洪：《抱朴子外篇·自叙》。

古代 92 位仙人及其事迹①，向世人表明神仙确有，神仙可学可致，故有学者指出："通览全书，既言导引吐纳，恬淡虚无，冲虚自守，清静无为；又言金丹仙药，禁咒符箓，仙经道法，黄白制炼，乃一派神仙家言，则此书仙道已合为一。"②

《抱朴子内篇》"言神仙方药鬼怪变化养生延年禳邪却祸之事"③，"举长生之理"④，其内容与炼丹修道、长生成仙有关，它总结神仙方术理论和早期五斗米道、太平道的理论体系，将儒家忠孝仁爱精神纳入道教体系，又继承左慈、葛玄、郑隐的炼丹理论，倡导炼服金丹之术和神仙导养之法。该书把长生成仙作为道教修炼的最高目标和思想核心，全面论证成仙的可能和必要、修仙的途径、道法的灵奇、玄道的精深，它集战国秦汉神仙思想和方术大成，体现岭南神仙信仰特色，是中国道教史上第一部仙学理论专著，标志神仙道教正式形成。

最后，炼丹修道，授徒传道。《晋书·葛洪传》云："（葛洪）至广州，刺史邓岳留不听去，洪乃止罗浮山炼丹。"为了方便炼丹传道，规划在罗浮山建置了"四庵"，霍晖《冲虚观记》云："（葛洪）登罗浮，创都虚、孤青、白鹤、酥醪，东西南北四庵，为往来偃息之地，采灵芝神药，以养异丹。"⑤ 四庵中，尤以都虚观著名，陈伯陶《罗浮志补》有载：晋安帝义熙初年（405）改为葛洪祠，唐玄宗天宝年间（742~756）扩建为"葛仙祠"，宋哲宗元祐二年（1087）赐额为"冲虚观"⑥，取"元始天尊生于太元之先，禀自然之气，冲虚凝远莫知其极"之意，从此，冲虚观之名相沿至今不改，成为道教第七洞天、三十四福地，从真正意义上开创了岭南道教圣地。

此外，岭南多个地方都传有葛洪留下的炼丹修道遗址。如广州的浮丘

① 《神仙传》版本主要有两种，人数略有出入，一种是《丛书集成初编》本，记载的仙人92位；一种是《四库全书》本，记载的仙人仅84位，两个版本不仅人数不同，个别传记所记的仙人事迹也略有差异。
② 葛洪：《神仙传》，钱卫语释读本，学苑出版社，1998，第3页。按：钱先生所用的是《四库全书》本。
③ 葛洪：《抱朴子外篇·自叙》。
④ 葛洪：《抱朴子内篇·黄白》。
⑤ 陈梿：《罗浮志》卷八，《冲虚观记》。
⑥ 陈伯陶：《罗浮志补》卷三，《观》。

有葛洪炼丹所用的丹井（今广州中山七路与光复路交界附近），《羊城古钞》称："晋葛洪炼丹于此，有珊瑚井。"①遗址一度成为清代"羊城八景"之一——浮丘丹井②。广州的白云山脚有葛洪炼丹、讲道、种药的"葛仙道院"；广州的越冈书院（今三元宫）有葛洪夫妻的炼丹遗迹；始兴的玲珑岩，也有葛洪师徒炼丹仙室，《南雄府志》载："玲珑仙室，在（始兴县）城南十里。葛稚川炼丹之处，迄今遗迹犹存。"③德庆亦有葛洪炼丹的葛仙园，"德庆府有葛仙园，在洲东三十里社山绝顶，相传葛洪炼丹之所，今生踯躅花"④。另明黄佐《广东通志》卷一六和光绪《德庆州志》卷一五也有类似记载。浈阳（今广东英德）也有葛洪炼丹遗迹⑤；清远飞霞山也有葛洪炼丹遗址，该山由是得称道教十九福地；广西的句漏（今广西北流），据清光绪《容县志》载："葛洪炼丹句漏往来栖息。"⑥句漏所在的都峤山由是得称道教第二十洞天。

葛洪还授徒传道。根据《晋书·葛洪传》记载：葛洪南下广州，"遂将子侄俱行"。之后，形成"葛洪道团"，由其子侄葛望、葛世和从孙葛巢甫以及徒弟黄野人、滕升、乐玄真、任延庆、徐灵期等组成道团，不下数十人，宋广业《罗浮山志会编》载："考之列仙所传，自葛稚川而下成道此山者，数十家，必有以也。"⑦他们以广东罗浮山为道团的大本营，继续传播葛洪的仙论和道术，对岭南道教的发展起着巨大的推动作用。

葛巢甫，是葛洪的从孙，造构灵宝经，创立灵宝派。《真诰》卷十九云："葛巢甫造构灵宝，风教大行。"⑧灵宝派乃符箓派三大派别之一，此派尊葛玄为初祖，道脉承自葛氏，也结缘于罗浮，《灵宝略记》云：

太上遣三圣真人下降，以《灵宝经》授之（葛孝先）。……三真人

①　仇巨川：《羊城古钞》卷三，《寺观·浮邱社》。
②　仇巨川：《羊城古钞》卷首，《舆图·羊城八景》。
③　梁宏勛：《南雄府志》卷三，《舆地志·古迹》，清乾隆十八年（1753）刻本。
④　戴璟：《广东通志初稿》卷五，《古迹》，明嘉靖十四年（1535）刻本。
⑤　参见于宪宝《葛洪在浈阳》，载陈鼓应等编《道家与道教：第二届国际学术研讨会论文集〈道教卷〉》，广东人民出版社，2001，第129页。
⑥　（光绪）《容县志》卷三，《舆地志·山川》。
⑦　宋广业：《罗浮山志会编》卷一二，《跋子日亭记后》。
⑧　《道藏》第20册，第604页。

未降之前，太上又命太极真人徐来勒为孝先，作三洞法师。孝先凡所受经二十三卷，并语禀请问十卷，合三十三卷。孝先传郑思远，又传兄太子少傅海安君，字孝爱。孝爱付子护军悌，悌即抱朴子之父。抱朴子从郑君盟，郑君授抱朴子于罗浮山；（抱朴）去世，以付兄子海安君。至从孙巢甫，以隆安之末，传道士任延庆、徐灵期等，世世录传，支流分散，孳孕非一。①

文中将《灵宝经》说成由徐来勒等三真传给葛玄，实际上是将（古）《灵宝经》与（新）《灵宝经》搞混了。陈国符先生曾对古今《灵宝经》进行了辨析，指出：古之《灵宝经》，即《灵宝五符序》，也称《五符经》；今之《灵宝经》，即《灵宝无量度人上品妙经》，也称《度人经》。② 徐来勒等仙真授经自然不可信，葛玄首传《灵宝经》却是事实，他传的是古《灵宝经》，《灵宝经》可谓葛氏家学。具体传授时间，《三洞并序》有详细的记载：

（葛）玄传郑思远，思远以灵宝及三洞诸经付玄从弟少傅奚，奚付子护军悌，悌付子洪，洪即抱朴子也。……又于晋建元二年三月三日于罗浮山付弟子安海君、望世等，后从孙巢甫晋隆安元年传道士任延庆、徐灵期，遂行于世，今所传者，即黄帝，帝喾，禹，葛玄所受者。③

就是说，晋建元二年（344）三月三日，葛洪在罗浮山将受自其师的《灵宝经》和《三洞真经》授予葛望、葛世等人。葛巢甫又于隆安元年（397），传给道士任延庆和徐灵期，世代相传不辍。葛巢甫创立的灵宝派，捧出灵宝天尊作为灵宝派的至上尊神以抬高本宗的地位，他一方面继承了家学，将"自然之经"换成《度人经》，将道教总教主换成元始天尊；另一方面又不受家学所囿，以诵经、斋醮行符箓为主，也不排斥金丹服食，由灵宝道

---

① 张君房：《云笈七签》卷三引，《道藏》第22册，第15页。
② 参见陈国符《道藏源流考》上册，中华书局，1963，第66~67页。
③ 张君房：《云笈七签》卷六，《道藏》第22册，第32~33页。

士造出的《太极左仙公说神符经》，就是借葛玄之口阐述神符丹法。

葛巢甫造构新灵宝经，创立灵宝派后，也在岭南授徒传经，晋隆安年间（397～401），传给道士任延庆、徐灵期。任延庆在史书和道书中均无记载，无从考究，只有徐灵期在道书中有片言只语可作参照。

徐灵期，吴人，为晋末刘宋人，《南岳九真人传》云：

> 徐真人，讳灵期，宋时人也，修道于南岳，岁久，遍游岳之岩洞及诸山谷一十五年，无不周览。……能制伏虎豹，役使鬼神，以元徽二年甲寅九月九日于上清宫白日升举。[1]

《历世真仙体道鉴》卷二三也云：

> 徐真人，名灵期，吴人也。隐衡岳上清宫修行，宫去庙东北七里，真人幼遇神人，授以玄丹之要，含日晖之法，守泥丸之道，服胡麻饭，故得周游海岳，来往南山积有年矣。……能役使鬼神，降伏龙虎，以宋苍梧王元徽元年九月九日冲真。[2]

从上述材料可知：第一，徐灵期幼年得传灵宝经，授得灵宝大法。第二，他"能制伏虎豹，役使鬼神"，其道术与葛氏同。第三，他"来往南山积年"，他的足迹应该踏过罗浮山。第四，他有"真人"之称，"冲真"时间为元徽元年，即公元473年，元徽为南朝宋后废帝刘昱的年号，前面加上苍梧王，看来"冲真"地点是在岭南，他从公元397年得葛巢甫真传，到公元473年"冲真"，估计他在岭南修道传道的时间不短，故能"相传于世，于今不绝"[3]。

灵宝派传续了数百年，以后主要是到了江西，以阁皂山为本山，号"阁皂宗"，并逐渐与龙虎山的天师道融合。

东晋后期，由道教徒孙恩、卢循领导的大起义席卷广州，"李脱等结集

---

① 《道藏》第6册，第860页。
② 《道藏》第5册，第289页。
③ 张君房：《云笈七签》卷六，《道藏》第22册，第34页。

俚僚五千余人以应循"①，可见信奉道教的土民不少。元兴三年（404）卢攻克广州城，自称平南将军，自任广州刺史。卢循经营岭南长达七年（元兴三年至义熙七年，即 404～411）②之久，期间岭南政治宽平，社会安定，民生丰裕，"正是他实践道教长生乐生思想的具体表现和结果"③。

依据上述，六朝时期，道教在岭南得到衍播，势力逐渐加大，影响日益增强，成为岭南道教发展史上的重要阶段。

（三）盛传——隋唐时期

隋唐时期，因统治者的大力扶持，岭南道教进入了全面发展的繁荣时期。

隋朝开皇④年间（581～600），苏元朗⑤来居罗浮山青霞谷修炼大丹，自号青霞子。他自称得大茅君秘旨，为发明大易丹道，作《宝藏论》，为训子弟，作《旨道篇》，又以《古文龙虎经》《周易参同契》《金碧潜通诀》三书文繁意隐，纂为《龙虎金液还丹通元论》，提出"身如炉鼎，心为神室"，归神丹于心炼的内丹理论。阮元《广东通志》云：

> 苏元朗，不知何许人，尝学道于句曲，得司命真秘，遂成地仙。仙生于晋太康时，隋开皇中来游罗浮，年已三百余岁矣。居青霞谷，修炼大丹，自号青霞子。作《太清石壁记》及所授《茅君歌》，又发明大易丹道，为《宝藏论》。弟子从游者闻朱真人服芝得仙，竞论灵芝春青夏赤，秋白冬黑，惟黄芝独产嵩高，远不可得。元朗笑曰："灵芝在汝八景中，盍向黄房求诸？谚云：天地之先，无根灵草，一意制度，

---

① 司马光：《资治通鉴》卷一一六，义熙七年。
② 见吴廷燮《东晋方镇年表》，载《二十五史补编》第三册，中华书局，1995，第 3509 页。
③ 王丽英：《道教南传与岭南文化》，华中师范大学出版社，2004，第 157～161 页。
④ "开皇"本系道教总年号。据《隋书·经籍志·道经》卷三十五云："而以天尊之体，常存不灭，每至天地初开，或在玉京之上，或在穷桑之野，授以秘道，谓之开劫度人。然其开劫，非一度矣，故有延康、赤明、龙汉、开皇，是其年号，其间相去经四十一亿万载。所度者皆诸天仙上品，有太上老君、太上丈人、天真皇人、五方天帝及诸仙官，转共承受，世人莫之豫也。"将道教总年号用作自己年号，足见隋文帝杨坚对道教的热衷和崇尚。
⑤ 原名苏玄朗，因避讳而称苏元朗、苏元明，后人多称苏元朗。

产成至宝，此之谓也。"乃著《旨道篇》示之。自此道徒始知内丹矣。①

依苏元朗看来，炼丹的关键不在向外寻求丹砂，而在把握个人内在意念，以心神为火，以精火为药，以行气为途径，故称之为内丹。

内丹术在唐宋以后大盛，道教的内外丹理论和炼冶实践都与罗浮山密切相关，罗浮山不仅因葛洪而成为外丹术的重要发源地，而且还因苏元朗而成为内丹术的初发地。

唐朝，岭南道教流播各地，特别是罗浮道教仙名远播，据陈梿《罗浮志》记载：长安二年（702），武后遣使罗浮采药；开元二年（714），唐玄宗诏遣道士申太芝到罗浮祈雨；后是唐玄宗派申太芝到罗浮都虚观设坛求雨②，罗浮仙名远播。卢眉娘、邓元起等先后被招至京师。武宗、宣宗年间，罗浮道士轩辕集以高深道术闻名京师，《历世真仙体道通鉴》卷四三云：

> 罗浮山先生轩辕集者，不知何许人，居罗浮山，人传数百岁，颜色不老，发长垂地，坐暗室，则目有光，长数丈。每采药于岩谷，则毒龙猛兽随之，若有所卫护。居常民，家请斋者虽百余处，无不分身而至，与人饮酒，则神出一壶，才容一二升，宾客满座，倾之弥日，不竭人命，饮百升不醉。夜则垂发于盆中，其酒沥沥而出，曲糵之香略无减耗。或飞朱篆，则可致千里，遇病者以布巾拂之，即应手而愈。③

明确不为声色所惑，不为滋味所诱，只要自然于天地合德，便可长生成仙。他先后两次被召入宫中，尤其第二次，不仅治愈了唐宣宗的风湿症，而且与皇上大谈长生之道，《罗浮志》云：

> 唐宣宗召入，问长生可致乎？答曰："绝声色，薄滋味，哀乐一

---

① 阮元：《广东通志》卷三百二十九，《列传六十二·释老二》。
② 赖保荣：《罗浮道教史略》，花城出版社，2010，第27页。
③ 《道藏》第5册，第343～344页。

致，德施无偏，自然与天地合德，日月齐明，虽尧舜禹汤之道可致，况长生久视乎？"……南海奏先生已归罗浮矣。[1]

自此，罗浮道教飞越岭南，誉满京城。

五代南汉主刘龑崇信道教，为了能服丹成仙，他命人在今广州市教育路一带"凿湖五百余丈，聚方士炼药于此洲"[2]，意求长生不老丹药，故称"药州池"（见图2-5）；他又令人从太湖灵璧浮海运来九块巨石，"列石嵌奇突兀，类大湖霉壁者"[3]，称为"九曜石"（见图2-6），放在药洲旁，以营造仙境。

图2-5　药洲
（笔者摄自广州西湖路药洲）

图2-6　九曜石
（笔者摄自广州西湖路药洲内）

后来，刘龑又到罗浮山修建天华宫、甘露亭、羽盖亭、云华阁，以作炼丹修道之用。

（四）延续——宋元时期

两宋时期，继续有大批道士隐居岭南各地修道炼丹。其中有道教内丹

---

① 陈梿：《罗浮志》卷四，《轩辕集》。
② 仇巨川：《羊城古钞》卷七，《古迹·药洲》。
③ 吴莱：《南海古迹记》，见骆伟等《岭南古代方志辑佚》，广东人民出版社，2002，第534页。

南宗"五祖"之称的二祖石泰、四祖陈楠和五祖白玉蟾贡献最大。

石泰，字得之，号翠元子，常州人，师从南宗五祖之一张伯端，得授丹法，《罗浮志》：

> 遇张紫阳、得金丹之道，苦志修炼。道成，作《还源篇》行于世。①

他的内丹修炼法是"药取先天气，火寻太易精，能知药与火，定里见丹成"，他倡行"金液还丹法"，成为内丹南宗二祖。

陈楠，字翠虚，广东博罗人，居罗浮山冲虚观，有内丹南宗四祖之称。他师从南宗三祖薛道光真人，授以刀圭金丹，主张将内炼金丹与外用符箓合二为一，《罗浮志》：

> 得太乙刀圭金丹法诀于毗陵禅师，得景霄大雷琅书于黎姥山神人，每人求符水，翠虚捻土付之，病辄愈，故人呼之为陈泥丸，宋徽宗政和中，擢提举道录院事，后归罗浮，以道法行于世，所至与人治鬼，潮阳民家女，苦狐厌，狂易无度，翠虚用雷符熏狐魅杀之。……然济人利物，效验有不可揜者，苍梧，尝之，遇郡祷旱，人忧渴死，翠虚执铁鞭，下渊潭驱龙起，须臾，阴云四合，雷雨交作，境内沾足，遂为丰年。②

他利用金丹和符法，在岭南济世利人。

白玉蟾，字如晦，世为闽人，以其祖任琼州，故生于海南，自号海琼子，或号海南翁，或号琼山道人，有内丹南宗第五祖之称。他在罗浮山上师事陈楠，《玉隆正书白真人传》载："师事翠虚于罗浮，学其太乙刀圭之妙，九鼎金丹之书，长生久视之道。"③ 他早年还在惠州元妙古观大殿后结

---

① 陈梿：《罗浮志》卷四，《石泰》。
② 陈梿：《罗浮志》卷四，《陈楠》。
③ 《逍遥山万寿宫志》卷五，《玉隆正书白真人传》。

庐修道，倡导糅合释道二家哲学的丹道，强调炼丹以神为主，最后，"尸解于海丰县"①。

内丹南宗开创后，提出修炼性命之说，其特点是"先命后性"，其"性命双修"和筑基、炼精化气、炼气化神、炼神还虚四个阶段的功法，达到内丹理论的一个高峰。白玉蟾，作为南宗的实际创始人，随其师陈楠学道罗浮山，推动了内丹道术在岭南的传播和发展。

元代，道教的发展极不稳定。初期，全真道龙门派创始人丘处机受到元太祖成吉思汗的礼遇，掌管天下道教，全真道获得空前发展，尤以龙门派最盛，道教南宗因与全真道在修炼上均以内丹为旨，故岭南道教也归入全真道龙门派。其中贡献较大的当数李道纯，字元素，号清庵，别号莹蟾子，都梁（今湖南宝庆）人。据《长春道教源流》卷七云："博学长才，所著《中和集》，尽辟一切炉鼎修炼之说，归于冲虚。"②他强调："全真道人，当行全真之首。所谓全真者，全其本真也。全精、全气、全神，方谓之全真。才有欠缺，便不全也；才有点污，便不真也。全精可以保身，欲全其精，先要身安定。安定则无欲，故精全也。全气可以养心，欲全其气，先要心清静。清静则无念，故气全也。全神可以返虚，欲全其神，先要意诚，意诚则身心合而返虚也。是故精气神为三元药物，身心意为三元至要。学神仙法，不必多为，但炼精气神三宝为丹头，三宝会于中宫，金丹成矣。"③可谓道出全真养生之要，由是被尊为"元初杰出的内丹大家"。元世祖忽必烈在位时，以藏传佛教为国教，道教受到打压，至元十七年（1280）元世祖下诏，"焚毁道藏伪妄经文及板"④。至元十九年（1282），元世祖再次下诏焚毁道经，广州文武百官遵旨在光孝寺内设坛，"焚毁道家论说，惟留老子《道德经》"⑤，全真道遭受沉重打击。而同时，道教符箓派在广州民间仍获得发展。大德八年（1304），元成宗朝敕封张天师第三十八代传人张与材为正一教主，总领龙虎山、阁皂山和茅山三山符箓，从此道教的符箓

① 陈梿：《罗浮志》卷四，《白玉蟾》。按：海丰县在今粤东地区。
② 陈铭珪：《长春道教源流》卷七，《邱长春后全真法嗣纪略》。
③ 李道纯：《中和集·全真话法》，《道藏》第 4 册，第 501～502 页。
④ 任继愈：《中国道教史话》，上海人民出版社，1990，第 531 页。
⑤ 广州市宗教志编纂委员会：《广州宗教资料汇编》第二册，《道教》，1995 年内部刊行，第 9 页。

各派称为正一道，道教正式划分为正一道与全真道两大派别。

（五）扩渗——明清时期

明代，岭南道教两大派别发展不平衡，各有消长。明初，全真道因与前朝元皇帝过从关系受到抑制，一度沉寂；正一道因开国皇帝朱元璋认为"特为孝子慈亲之设，益人伦，厚风俗，其功大矣哉"[1] 而备受重视和崇尚，表现活跃，官府广行斋醮，笃信方术，恩宠道士，或将民间信仰神灵引入道教，或将道教尊神普及民间，立庙祭祀，命道士做住持，致使道教不断扩渗和发展。

首先，重建道观。有广州道教祖庭之称的三元宫于"明万历及崇祯重修更今名"[2]，据《明代重修三元宫碑记》[3] 称：明朝崇祯十六年（1643），京城钦天监（掌管天象历法之官）到广州视察后，根据《道书》"夫混沌分后，有天地水三元之气，生成人伦，长养万物"，认为"天上三台列宿，应运照临穗垣，正照越冈道院，宜在越冈道院中央，加建一座三元殿，以应上天垂赐祥瑞之吉凶，极利五羊城"，建议加建三元殿，改奉三元大帝，于是，更名"三元宫"，宫中主殿为三元殿，供奉天官、地官和水官，又称尧、舜、禹三元大帝，上元天官赐福，名号"上元一品赐福紫薇大帝"；中元地官赦罪，名号"中元二品赦罪清虚大帝"，下元水官解厄，名号"下元三品解厄洞阴大帝"，成为当时广州最大道场。五仙观也得到官方的多次重修，明洪武元年（1368）平章廖永忠重修五仙观，洪武十年（1377）布政司赵嗣坚改建五仙观，并塑五仙像于其中，成化五年（1469）布政司章瑄重修五仙观。灵应祠也在明成化五年（1469）得到重建，《岭南丛述》载：

> 灵应祠在广州仙湖之西。其故老相传：神，广之金氏女也。少为巫，姿容极美，时称为金花小娘。后没于西湖之水，数日尸不坏，且有异香。里人陈观见而异之，偕众举敛，得香木如人形，刻像立祠，祈嗣往往有应。祠毁，成化五年，巡抚都御史陈濂重建，称为"金花

---

[1] 《大明玄教立成斋醮仪》，《道藏》第9册，第1页。

[2] 阮元：《广东通志》卷二百二十九，《古迹略十四·寺观一》。

[3] 三元宫藏明末抄本。

普主惠福夫人"。①

为满足广人生儿育女笃信金花夫人的愿望，巡抚都御史陈濂重建了灵应祠。

其次，赐封神号。广州南海神庙受到明朝统治者的崇奉，多次被赐封号，"明洪武三年（1370 年），始封南海之神"②。明成化十三年（1477）明宪宗还专门派钦差来到南海神庙致祭，留下御祭文一篇③。天妃也得到明皇的赐号，《使琉球杂录》云：

> 明太祖封"昭孝纯正孚济感应圣妃"，成祖封"护国庇民妙灵昭应弘仁普济天妃"，庄烈帝封"天仙圣母青灵普化碧霞元君"，已又加"青贤普化慈应碧霞元君"。……历朝遣官进香致祭，不胜数。盖御灾捍患，允称正神。④

明太祖朱元璋于洪武五年（1372）封"昭孝纯正孚济感应圣妃"；明成祖朱棣于永乐七年（1409）封"护国庇民妙灵昭应弘仁普济天妃"；庄烈帝为崇祯帝朱由检的谥号，他两次赐封"碧霞元君"。另据《加封水神疏》记载：南明弘光帝于崇祯十七年（1644）封赐天妃"护国庇民妙灵昭应弘仁普济安定慈惠天妃"⑤ 之号，皆因天妃有"御灾捍患"之神能，被称"正神"。

我们说，不管是重建道观，还是赐封神号，反映了岭南道教信仰在民间的重大影响力，以致官方不仅承认、资助，而且力图加以引导，以使之朝有利于巩固其统治的方向发展，反之又促进了道教在民间的影响力。官方对宫观的大力兴建和对道教神灵的大加祭祀，带动了民众对神灵崇拜的蓬勃发展，造成民间各种神灵信仰和崇拜活动的活跃。

再次，道士混迹民间。陈伯陶《罗浮指南》云：

> 草衣道人，不知何许人也。尝游诸名山及罗浮，结茅庵栖息，采

---

① 邓淳：《岭南丛述》卷五十四，《金花夫人》，清道光十年（1830）刊本。
② 仇巨川：《羊城古钞》卷三，《祠坛·南海神庙》。
③ 见庙内碑廊石碑。
④ 汪楫：《使琉球杂录》卷五，《神异》。
⑤ 管绍宁：《赐诚堂文集》卷五，《加封水神疏》。

果实啖之，蛇虎驯绕其旁。年近百岁，颜如童时。卖药城市间，以手摩病人额及腹，投少剂即起。……其后，有人见道人与全真子采药于增城蒲山。其入城至一土人家曰："君家有笃病，乃祟所为。"书符令佩，以水喷其面。后数日病者愈。①

草衣道人与全真子"书符令佩"，令"病者愈"。类似的道人还有"以葛屑和药，治疫辄愈"的葛道人以及自号"四百三十二峰太狂长啸仙"的梁可澜等，他们混迹民间，或治病，或长啸，影响颇大。

清代，岭南道教两大派渐趋同一，进一步向民间扩渗。清初，全真道教因受到统治者重视而得以复兴，而正一道在民间进一步世俗化。

康熙年间，曾一贯南下，罗浮山开创全真龙门派，《博罗县志》载：

> 曾一贯，山东人，受法于龙门派之李清秋。居冲虚，以符药救人，后亦祈雨有应。当道命为罗浮五观住持，罗浮道家有龙门派自此始。②

李清秋为全真龙门派第十代祖师，曾一贯受法于他，成为第十一代玄裔，他居罗浮山，为罗浮山冲虚观、九天观、黄龙观、酥醪观和白鹤观五间道观总住持，罗浮道教从此有了全真龙门派，该派与丹鼎派稍有不同，以修炼为主，兼行符箓道术。

之后，龙门派有较多徒众，如柯阳桂，《罗浮指南》称："柯，曾一贯弟子也，羽化后，其徒蔡来端、童复魁、江本源，相继为住持。"③ 他弟子繁衍百多人，形成清代岭南全真龙门派教团，对岭南道教影响颇大。又如杜阳栋，为龙门派十二代玄裔，善金丹术，也从灵山南下，《罗浮指南》载："康熙庚午来游罗浮，戊寅为冲虚观住持。……后复创归善之南天观，修广州之三元宫。"④ 他先后为罗浮山冲虚观、惠州元妙观住持，后至广州三元宫，成为三元宫第一任住持，奠定全真道龙门派的正宗道场，后被广

---

① 陈伯陶：《罗浮志补》，附《罗浮指南》。
② （民国）《博罗县志》卷七，《人物六·仙释》。
③ 陈伯陶：《罗浮志补》，附《罗浮指南》。
④ 陈伯陶：《罗浮志补》，附《罗浮指南》。

州道教徒奉为开山祖师。

他们道名远扬，对道教金丹派的传承和岭南道教的发展产生了深刻影响，《长春道教源流》载："今粤东罗浮及会城诸道观，询其派，又皆全真也。"①《罗浮指南》也云：

> 道之盛，始杜阳栋、曾一贯龙门派也，其支分为惠州之玄妙观、会城之三元宫、应元宫、五仙观，番禺之纯阳观，其余庵院分衍不可胜数，要皆以华首冲虚为归。此明以来，神仙，释道之大略也。②

后来修建的广州道观，如纯阳观等均属龙门派。

纯阳观位于广州河南漱珠岗上，为李青来创建，清道光四年（1824）动工，道光九年（1829）竣工。据《鼎建纯阳观碑记》云：

> 漱珠岗者，因彻修省志，寻访万松山到此，见山环水曲，松石清奇，故取称漱珠之名也。南临珠海之滨，北望白云藩屏之障，西来五凤，东接七星，朝云霞而印日，暮映月以辉光。周迴绿水，八面青山，一遍平田青翠，嶙峋奇石玲珑，珠冈高耸接云天，绕道苍松蔽日。奇花遍径，异草生香，左狮右象坐明堂，石蝠青羊拖后案，葫芦倒地，四面奇观，岗头虽小，景象非凡。有仙山洞府之规模，海岛蓬莱之恍样，应建道场，开演玄宗正脉，创成法界，启列圣真像。蓬莱有路，仙径无差，接嗣修真高士，龙沙会上超凡。应祖师代天行化，岂不美哉。随到五凤村访问，欲求此岗，结茅栖息。③

这是迄今可以看到的有关纯阳观的第一手材料，它道出了修建纯阳观的原因和目的。首先，"仙山洞府之规模，海岛蓬莱之恍样"，表明漱珠岗确是一个修建道场的理想之所。其次，"接嗣修真高士"，"结茅栖息"，明确纯

---

① 陈铭珪：《长春道教源流》卷七，《邱长春后全真法嗣纪略》。
② 陈伯陶：《罗浮志补》，附《罗浮指南》。
③ 引自广州市宗教志编纂委员会《广州宗教志》，广东人民出版社，1996，第123～124页。此碑已不存，碑文拓本今收藏在广州市文物管理委员会。

阳观的修建，其一是作为李青来颐养修真之处，另一是作为遗教后人之所。据有关史载：纯阳观落成后，"道缘广结，香火日盛，骚人墨客挈侣登临，遂为河南名胜之一，斯时为最盛"[①]。纯阳观成为广州近现代史上有影响且有迹可循的著名宫观之一。如今，罗浮、广州两地均以全真道龙门派为其道脉，罗浮山冲虚观已历二十四代传人[②]。

综观明清时期，岭南道教的两大教派全真道和正一道各有发展。明代是正一道活跃，清代是全真道龙门派中兴，教内之徒积极投身于教务和俗务，教外之人亦有从事与道教有关的活动，民间习俗多见道教色彩，道教信仰和活动扩渗到广州，乃至岭南社会的不同领域和多个层面。

（六）　低微——民国时期

民国时期，岭南道教与民俗相融合，并借着在民间的影响继续存在、发展。随着外来西方文化的冲击与社会变迁、商品经济发展与政治干预下，一方面岭南道教与其他宗教一样不可挽回地衰微，另一方面却比前一时期表现出更深的世俗化与更明显的功利色彩，几乎渗透岭南民众生活的方方面面。道教中以替人念经超度、祈福禳灾为职业的正一道馆遍布广州城，据民国27年（1938）统计，广州有正一道馆，包括祈福道馆近百间，正一道士百余人[③]。又据民国30年（1941）《广东年鉴》统计，"今罗浮山共有冲虚、黄龙、白鹤、酥醪四观，徒众数百"。但这一情形并没有维持太长时间，清末至民国时期，岭南社会兴起"庙产兴学"风潮、新文化运动、非基督教运动和孙科发动的拍卖寺产运动，对岭南道教予以沉重打击，全真道宫观被侵占，观内道士被遣散，正一道道士活动受限制和沉重打击，活动渐渐沉寂。然由于有深厚的民间信仰基础，道教并没有被完全取缔。这一时期，道教徒主动改变孤立自守的局面，有组织地从事一些社会慈善事业，如广州广化善堂、中国道教至宝台慈善会是当时广州地区从事慈善活动颇有成效的道教团体。1937年，广东省政府命令各地将正一祈神福道馆

---

① 《三元宫纯阳观修元精舍史料》，《广州市宗教处档案》，1953 年第 3 号，第 2 页。
② 按：此为笔者考察罗浮山时，赖保荣道长惠告。
③ 广州市地方志编纂委员会：《广州市志》卷十七，《宗教志·道教》，广州出版社，1998，第 369 页。

关闭，拆除所有招牌，责令各道馆自行焚毁神像、道书和道具。经此打击，正一派道教及假借道教进行营利活动的道馆趋于沉寂。同年 12 月，为了整饬道风，弘扬道教优良传统，消除世俗化给道教带来的负面影响，广州道教界联合成立"广州中国道教至宝台慈善会"，专门赠医施药、施粥。1944年，至宝台慈善会新坛落成，殿宇宏伟，香火极盛，道侣达 700 余人。1946年 2 月正式向政府登记，进道者达数千人，影响较大，梧州、上海都有人参加该会。同年，慈善会在三元里和广花公路附近的广州流花桥前购置义冢，安葬羽化道侣。这些公益事业的举办，为广州道教赢得了较好的社会声誉。

（七）复兴——现当代时期

新中国成立后，为维护社会安宁，破除封建迷信，广东省和广州市人民政府在执行宗教信仰自由政策的前提下，规定不准搞占卜算命、符水治病等活动，斋醮法事不得在非宗教场所进行，正一道由此失去了存在的基础，1956 年前后，正一道馆陆续关闭，正一道士纷纷转向社会就业。至此，岭南道教只剩全真道，其宗教活动主要有例行的早晚功课和神诞节日仪式，以及在宫观内为百姓作消灾、祈禳和超度先人等法事活动。

"文化大革命"开始后，党的宗教信仰自由政策受到严重破坏，道观被占，道士被逐，宗教活动被迫停止。中共十一届三中全会以后，宗教政策得以重新落实，经广州市政府批准，恢复三元宫和纯阳观，收纳道士 12人。① 至 1988 年，广东省道教宫观有 52 座。② 在政府和宗教部门关怀和海外信众支持下，岭南道教道观得以全面修葺，道士生活较以前有很大提高。

进入 21 世纪，随着岭南社会政治形势和经济文化的迅猛发展，岭南道教处在复兴和勃发时期，呈"四多"现象。

第一，信仰神灵多。有自然神崇拜，如山、河、树、木、风、雨、雷、电等；有祖先神崇拜，如家族先人、民族先贤等；有行业神崇拜，如孙思邈（药业）、伍丁（端砚业）、文昌（教育界）等，有神祇崇拜，如北帝、妈祖、关帝、财神等；有尊神崇拜，如三清、四御等，统统成为崇拜对象。

① 广州市地方志编纂委员会：《广州市志》卷十七，《宗教志·道教》，广州出版社，1998，第 369 页。
② 赖保荣：《罗浮道教史略》，花城出版社，2010，第 75 页。

从自然物到圣贤到各路神灵乃至尊神系统，数不胜数。

第二，信众人数多。除入职信徒外，还有居士、工人、农民、外来民工、学生、教师、商人、企业家、艺人等，信众多，截至 2011 年底统计，广东省有道观 200 余家，备案道士 556 人，信徒 34 万人①，信众多，呈年轻化、知识化和多元化趋势。

第三，信仰需求多。只要能祈禳消灾、祛祸除病、长生福寿和升官发财，都成为信众们崇拜的理由，从一个侧面反映民众趋吉避凶、期许幸福生活的民俗心理，信仰目的明确，实用性强。

第四，宗教活动多。大凡神祇的诞辰、节日的庆典都有活动，活动频繁，形式多样，适应当今全球化和中国社会转型的新形势。

综上所述，道教在南传中，不断融入岭南文化之中，产生互动互化效应。长时期以来，道教与岭南本土文化发展为"剪不断、理还乱"的关系，这一点尤其集中体现在岭南民间俗信上。

---

① 资料来源：广东省民宗局。

第三章
道教的南化

所谓"南化",是指岭南俗信对道教产生的影响,道教的斋醮仪式、神仙体系和仙学理论在一定程度上受到岭南俗信的熏染,岭南的"巫""仙"俗信,其敬仙祭神的方式,对道教的斋醮仪式和神祇信仰的影响尤为突出。

一 道教斋醮的巫化

道教斋醮是道教法术的重要内容和主要形式,在道教存在和发展中,具有举足轻重的地位。道教中人常有"道无术不行"之说[①],"术"即道教法术,也称道术,是道教徒祭祀鬼神,祛病消灾,度人济世,修炼成仙的宗教行为,它与巫术有密切关系,一般认为道术源于巫术。古代岭南巫俗浓厚,巫术早在汉武帝时期已经盛行,道教在岭南传播发展中,一些重要法术深受岭南民俗巫风的影响,有的直接摄取岭南巫俗,而又有所变化和

---

① 李养正:《道教概论》,中华书局,1989,第288页。

发展。

（一）禹步摄自岭南巫舞

禹步之名，来源较古。相传大禹当年治水，小腿负伤，"步不相过，人曰禹步"[①]。然据《云笈七签》卷六十一云："诸步纲起于三步九迹，是谓禹步。其来甚远，而夏禹得之，因而传世，非禹所以统也。"[②] 说明禹步渊源甚早。禹步原是巫步，《法言》载："昔者姒氏治水土，而巫步多禹。"李轨注："姒氏，禹也。"[③] 说明汉代已认识到禹步与巫步有关。但源自何方巫步，多年来未有探明。从目前看到的文献记载和考古发掘看，它是道教在形成和传播中，摄取岭南巫仪舞蹈步法，托名而得。《洞神八帝元变经》云：

> 昔大禹治水，不可预测高深，故设黑矩重望，以程其事。或有伏泉磐石，非眼所及者，必召海若河宗、山神、地祇，问以决之。然禹届南海之滨，见鸟禁咒，能令大石翻动，此鸟禁时，常作是步。禹遂模写其行，令之入术。自兹以还，术无不验，因禹制作，故曰禹步。末世以来，好道者众，求者蜂起，推演百端。[④]

经文中禹"届南海之滨，见鸟禁咒""遂模写其行，令之入术"的事实虽无法确证，但反映了禹步是在南海之滨首先发展起来的。在汉代或汉代以前，史书已经提到大禹与南方的关系，如司马迁《史记·五帝本纪》记载，禹在治水成功后，曾"南抚交阯"，交阯通常泛指五岭及其以南的广大地区。从道经和史书的记载可知，大禹曾经到过南方，甚至岭南一带。因此，禹步应该是大禹到了南海之滨，看到岭南巫觋从事巫术作法时的装扮和步法而模制出来的。《五十二病方》也有禹步的记载：

---

① 尸佼：《尸子·广泽》。
② 《道藏》第 22 册，第 427 页。
③ 扬雄：《法言·重黎》。
④ 《道藏》第 28 册，第 398 页。

（疣），以月晦日日下铺（晡）时，取（块）大如鸡卵者，男子七，女子二七。先以（块）置室后，令南北列，以晦往之（块）所，禹步三，道南方始，取（块）言曰："今日月晦，靡（磨）尤（疣）北。"①

巫医施术，行走禹步，南北排列，从南方开始，然这种巫祝在岭南既早且浓。

古代岭南巫俗浓厚，巫术盛行。司马迁《史记·孝武本纪》云：

是时既灭南越，越人勇之乃言："越人俗信鬼，而其祠皆见鬼，数有效。昔东瓯王敬鬼，寿至百六十岁。后世谩怠，故衰耗。"乃令越巫立越祝祠，安台无坛，亦祠天神上帝百鬼，而以鸡卜。

可见，越俗信鬼，巫术有效早在汉武帝时期已经闻名中原。

越俗信巫鬼，重祭祀，南越人在为亡人举行祭祀舞蹈仪式时，习惯上是由巫觋，戴上鸟冠和披上鸟羽，步罡踏斗，以歌舞悦鬼神。见于南越王墓 B59 青铜提筒图案，器腹中部饰羽人船 4 只，舞者作羽人装束，有高立于船台上，左手持弓，右手执箭；有左手持靴形钺，右手执首级；有右手持短剑，左手执俘虏；还有坐鼓形座上，左手执棒击鼓。② 展示出一幅古南越国杀俘祭河（海）神的画面，曾昭璇先生认为："铜提筒越族羽人战船图为典型越器，即南越文化也。"③ 它反映了南越巫祝文化的盛行。张荣芳先生在论述南越国八种舞蹈（即翔鹭舞、羽舞、武舞、芦笙舞、建鼓舞、盘鼓舞、群舞、杵臼舞）后总结道："在上述八种越式舞中，前五种舞的舞人装束基本上都是羽人状的较正规舞服，且都有明显的祭祀意义。"他明确指出：无论是南越王室"雅舞"，抑或民间舞蹈，都以越式舞为主，"并很大程度上带有巫祝祭祀的性质，大概是当时南越王室从越俗所致。"④ 另外，广西出土的西林普驮墓葬铜鼓，

① 魏启鹏、胡翔骅：《马王堆汉墓医书校释（壹）》，成都出版社，1992，第74页。
② 《西汉南越王墓》上册，文物出版社，1991，第50页。
③ 曾昭璇：《岭南先秦诸小国考》（一），载《岭南文史》1994年第1期。
④ 张荣芳：《南越国史》，广东人民出版社，1995，第314、311页。

是西汉初期的墓葬品，船形两头高翘，每船各有羽人9~11人，戴长羽冠，其中1人跨坐船头，1人在船尾掌舵，1人高坐在靠背台上，2人执"羽仪"舞于台前。……鼓身下部饰羽人纹12组，每组为2人，戴长羽冠，着羽吊帔，翩翩起舞。[1] 有学者指出："船上的祭台、舞人、划船人和船身首尾的翔鹭纹饰，构成一幅极为生动形象的古代岭南原住民的祭祀歌舞场面。"[2] 从广州南越王墓的青铜提筒图案和广西西林普驮墓葬的铜鼓文饰可知，早在秦汉时期，岭南就盛行以鸟装扮的祭祀巫舞，如有学者指出的："有一种祭祀形式，人们在装载亡人的灵魂升到天国去的'死者之舟'上举行祭祀舞蹈时，往往要带上鸟冠和披上鸟羽。此说倘若能成立，则仙人升天的道家'虚语'、'虚图'，实源于古代南方民族羽民的宗教观。"[3] 这些观点，对我们考察禹步的来历是有帮助的。由此可见，禹步很有可能是摄自岭南巫舞。

摄自岭南巫俗的禹步，经道教诠释、改造利用而成为步罡踏斗，《太上助国救民总真秘要》卷八说："禹步者，大禹治水以成厥功。天授此步诀，以制神，召灵，遂因名为禹步耳。……禹步是禹受于太上，而演天罡地纪，出为禹步。"[4] 这使传统的禹步注入了新的内容，同时也赋予了禹步乃天真传授的神圣意义。

禹步又称步罡踏斗，是因为禹步与星斗崇拜相融合。步罡踏斗的"罡""斗""纲"皆与星斗有关，罡，又称天罡，指北斗七星的斗柄，即北斗星第五至第七星；斗，即北斗，因北方有七星聚成斗形，故名北斗。纲指斗纲，北斗第一魁、第五衡、第七勺三星称为斗纲。道教认为纲是连星，纪是缀星，相合以组成北斗星座。在道教的神灵系统中，北斗七星成为崇祀的自然神。《无上玄元三天玉堂大法》卷五说："第一太星精名玄枢上真，第二元星精名北台上真，第三真星精名九极上真，第四纽星精名璇根上真，

---

① 王克荣：《广西西林县普驮铜鼓墓葬》，载《文物》1978年第9期。

② 杨树喆：《壮族民间师公教：巫傩道释儒的交融与整合》，载《中央民族大学学报》2001年第4期。

③ 吴永章：《神话传说与南方民族关系研究谈片》，载《南方民族研究论丛》第三辑，民族出版社，1998，第5页。

④ 《道藏》第32册，第103页。

第五罡星精名太平上真，第六纪星精名命机上真，第七关星精名玄阳上真。"① 道教称北斗七星为七元解厄星君，居北斗七宫，即天枢宫贪狼星君、天璇宫巨门星君、天玑宫禄存星君、天权宫文曲星君、天衡宫廉贞星君、阊阳宫武曲星君、瑶光宫破军星君。北斗七宫合左辅右弼二星，即洞明宫外辅星君，隐光宫内弼星君，共有九宫星君，称为九皇，或北斗九皇、北斗九宸，由是道教信仰北斗，道教的禹步玄斗，就是指北斗九宸应化分精而为九神，并衍生出拜斗、卧斗、魁斗、收斗等诸多斗法，反映出道教北斗崇拜法术的多样性和神圣性。

禹步之所以称作步罡踏斗，还因为禹步行斗罡之步法，《洞神八帝元变经》云："禹步者，盖是夏禹所为术，召役神灵之行步，此为万术之根源，玄机之要旨。"② 其要在于"先举左足，三步九迹。迹成离坎卦。步纲蹑纪者，斗有九星，取法于此故也"③，《真人禹步斗罡法》也云："用白垩画作九星，斗间相去三尺，从天罡起，禹步随作，次第之，居魁（星）前，逆步之。"④ 因其步行转折，宛如踏在罡星斗宿之上，故又称"步罡踏斗"。道教认为北斗星旁边还有辅、弼二星，所以，实际是礼拜（踩踏）九星，如是，可以神飞九天，禁制鬼神，祛病除邪，延年益寿。《抱朴子内篇》也称"思作七星北斗，以魁覆其头，以罡指前"⑤，并详载其法，"禹步法：前举左，右过左，左就右。次举右，左过右，右就左。次举右，右过左，左就右。如此三步，当满二丈一尺，后有九迹"，又"徐徐择王相之日，设醮祭以酒脯，祈而取之，皆从日下禹步闭气而往也"⑥。所谓"三步""九迹"上应"三元九星"，实际上就是《服五方灵气法》所说的"三极九宫以应太阳大数"⑦，道教视之为必修科目。敦煌写卷伯三八一〇有《踏魁罡步斗法》，还记其法分阴斗和阳斗两种步法（见图3-1）。

---

① 《道藏》第4册，第11页。

② 《道藏》第28册，第398页。

③ 《道藏》第28册，第398页。

④ 《道藏》第18册，第642页。

⑤ 葛洪：《抱朴子内篇·杂应》。

⑥ 葛洪：《抱朴子内篇·仙药》。

⑦ 《道藏》第22册，第427页。

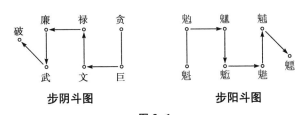

图 3-1

（引自敦煌写卷伯三八一○）

《万法秘藏》云：

> 阴斗从贪字起，至破字止，望北斗拜二十四拜，叩齿三十六通。转身步阳斗，阳斗从魁字起，至魒字止，望北斗拜二十四拜。复转身至香案前。祖炁停息，方可恰总诀。……凡遇难中，依此行持，无不感应护佑。[1]

在遇难时候，只要步上这两种斗法，就能感应得到护佑。

后来，罡法不断增多，明人朱权《天皇至道太清玉册》载有"三五飞步罡"（即上元罡、中元罡、下元罡、五行相杀罡、五行相生罡）、"禹步九灵斗罡""禹王三步九迹罡"[2] 等等，据《洞神八帝元变经》说：后世"禹步"已推演出九十多种，"末世以来，好道者众，求者蜂起，推演百端。……触类长之，便成九十余条种。举足不同，咒颂各异。"[3] 可见，岭南巫舞成为道教斋醮科仪禹步的重要源头和基本方法。

（二）道啸源自岭南巫啸

道啸，即道教的啸法，是由巫啸衍化而成的一种道教法术，常常应用于道教法事之中，如道士在走禹步时就行啸法，《日书甲种》云："行到邦门困（闉），禹步三，勉一步，呼：'皋，敢告曰：某行毋咎，先为禹除

---

① 袁天罡：《万法秘藏》卷二，《太上金锁连环隐遁法》。
② 《道藏》第 36 册，第 375～377 页。
③ 《道藏》第 28 册，第 398 页。

道。'"①《日书乙种》曰："〔出〕邦门……投符地,禹步三,曰:'皋,敢告□符,上车毋顾,上□。'"②《抱朴子内篇》也云:

> 禹步而行三,祝曰:诺皋,大阴将军,独开曾孙王甲,勿开外人;使人见甲者,以为束薪;不见甲者,以为非人。则折所持之草置地上,左手取土以傅鼻人中,右手持草自蔽,左手著前,禹步而行,到六癸下,闭气而住,人鬼不能见也。③

"皋",《说文解字》云:"祝曰皋。"④《仪礼·士丧礼》郑注曰:"长声也。"⑤《礼记·礼运》孔颖达《疏》:"引声之言也。"⑥《云笈七签·先生口诀去三尸九虫法》注云:"唤声,如言号耳。"⑦据余嘉锡先生考证,最早将"诺皋"与礼书之"皋"联系起来,将之解释为"禁咒发端之语词"的可能是谭嗣同。⑧当今学者进一步指出:"皋、诺皋都是呼唤神灵的长啸声。"⑨它实际上是"一种气沉丹田,以横膈膜压迫气息,通过声带发声,在口腔前部形成共鸣的发声方法"⑩,其目的是交通神灵和役使神灵,如《洞神八帝元变经》云:"长啸呼八神之名,神乃见形为之驱役。"⑪《真诰》卷十也曰:"右命玉华,左啸金晨,命我神仙,役灵使神。"⑫用长啸的方法呼风唤雨、请神弄鬼,本是古老的方术之一,如《后汉书·方术列传》记载,能为越方的赵炳就曾在"临水求度"时,"长啸呼风,乱流而济";又

---

① 睡虎地秦墓竹简整理小组:《睡虎地秦墓竹简》,文物出版社,2001,第223页。
② 睡虎地秦墓竹简整理小组:《睡虎地秦墓竹简》,文物出版社,2001,第240页。按:□为原书字迹不明。
③ 葛洪:《抱朴子内篇·登涉》。
④ 许慎:《说文解字·本部》。
⑤ 阮元:《十三经注疏》,中华书局,2009,第2444页。
⑥ 阮元:《十三经注疏》,中华书局,2009,第3065页。
⑦ 张君房:《云笈七签》卷八三,《道藏》第22册,第591页。
⑧ 余嘉锡:《四库提要辨证》,中华书局,2008,第1162页。
⑨ 张泽洪、张悦:《周易思想与文化传播——以道教和西南少数民族禹步为例》,载《周易研究》2011年第3期;胡新生:《禹步探源》,载《文史哲》1996年第1期。
⑩ 刘晓明:《试论以巫啸、符法为中心的岭南民间信仰》,载《世界宗教研究》2001年第3期。
⑪ 《道藏》第28册,第405页。
⑫ 《道藏》第20册,第551页。

刘根 "左顾而啸"，缚来众 "亡灵"。啸何以有通神降鬼的功效？刘晓明先
生认为乃 "缘于啸具有远距离传播的性能"①。《说文解字》云："啸，吹声
也。"② 《封氏闻见记》也载："激于舌端而清，谓之啸。"③ 啸声清澈高亢，
《云笈七签》卷十六云："啸朗九天。"④ 《神仙传》载：长啸 "一座皆
惊"⑤。啸不仅能够响彻九霄，使人惊惶，而且还能感通神灵，使神灵震慑，
《啸旨》云："啸之清可以感鬼神，致不死。"⑥《啸赋》称：长啸 "玄妙足
以通神悟灵，精微足以穷幽测深。"⑦ 《洞真太上说智慧消魔真经》卷二也
载："凝化精炁，操真策虚，啸咤万神。"⑧ 啸这种远距离传播和通神降鬼功
能，正好符合人们通神的需要，古人以为操纵自己命运的所谓 "天神" 居
住在遥远的天上，要想交通神灵，表达意愿，就必须有一种交神的方法，
所以方术中有 "长啸" 之法，有的称之为巫啸。

岭南巫啸起源甚早，《拾遗记》记载：

> 太始二年，西方有因霄之国，人皆善啸，丈夫啸闻百里，妇人啸
> 闻五十里，如笙竽之音，秋冬则声清亮，春夏则声沉下。人舌尖处倒
> 向喉内，亦曰两舌重沓，以爪徐刮之，则啸声愈远。⑨

王氏所记的这种啸法，使用的是 "人舌尖处倒向喉内"，实际上就是反舌发
声，擅长此法之民，《吕氏春秋》说是在蛮夷之地，"蛮夷反舌殊俗异习之
国"。高诱注云："南方有反舌国，舌本在前，末倒向喉，故曰：'反
舌'。"⑩《淮南子》也有 "反舌民" 记载，其注云："舌本在前，反向喉，

---

① 刘晓明：《试论以巫啸、符法为中心的岭南民间信仰》，载《世界宗教研究》2001 年第 3
　期。
② 许慎：《说文解字·口部》。
③ 封演：《封氏闻见记》卷五，《长啸》。
④ 《道藏》第 22 册，第 124 页。
⑤ 葛洪：《神仙传》卷五，《栾巴》。
⑥ 孙广：《啸旨序》，见周履靖《夷门广牍》。
⑦ 成子安：《啸赋》，见周履靖《夷门广牍》。
⑧ 《道藏》第 33 册，第 603 页。
⑨ 王嘉：《拾遗记》卷五，《前汉上》。
⑩ 《吕氏春秋·为欲》。

故曰反舌也，南方之国名也。"① 岭南古有南蛮之称，结合《吕氏春秋》和《淮南子》以及高诱的注来看，反舌殊俗异习之国人应该就是指岭南先民。尽管他们发声的具体方法史载有异，或"末倒向喉"，或"反向喉"，可能在部位上略有不同，但都是"舌本在前"的"反舌"法，反映先秦时期岭南地区已经流行此法，与太始二年（前95）流行于西方因霄国人的"人舌尖处倒向喉内"的啸法，并无二样，或者岭南就是啸法的原产地。

汉代，道教将通神之用的巫啸引入道术而成道啸，《云笈七签》卷八十二云："桴子遂登而长啸，久之风生林杪。"② 《真诰》卷十三曰："善啸，啸如百鸟杂鸣，或如风激众林，或如伐鼓之音。"③ 这是汉代得道之人赵威伯向范丘林传授的啸法，要求作啸时，声如百鸟齐鸣，响如伐鼓。《云笈七签》卷四十九也曰："长生顺往，啸吟千神。"④ 除用作交神之外，道士们在平时独处和交往中，也有用这种啸的方式来表达自己思想和情感的，如东汉"学道"之人向栩，"不好语言而喜长啸"⑤；又如葛洪"吟啸苍崖之间"⑥，其弟子黄野人，常常"长啸数声，响振林木"⑦；再如道士马自然，"以筋击盘长啸"⑧，《云笈七签》三十二引《小有经》也云："居常而叹息，晨夜而吟啸不止"⑨；还有，道士栾清，与友人徐戡同游江南时，"闻上流有清啸之声"，于是，"复长啸和之，清响激越，非昔所习"⑩。及至唐代，道啸流行，孙广著《啸旨》一书，"述其事始于孙登、嵇康先生，遂系以内激、外激运气撮唇之法"⑪，书中总结唐代流行的道啸，共有"外激""内激""含""藏""散""越""大沈""小沈""疋""叱""五太""五少"十二种啸法，其法均是"以舌约其上齿之里"⑫，亦就是以舌头尖反向内抵

① 《淮南子·坠形训》。
② 《道藏》第22册，第587页。
③ 《道藏》第20册，第569页。
④ 《道藏》第22册，第345页。
⑤ 范晔：《后汉书·独行列传》。
⑥ 葛洪：《抱朴子内篇·畅玄》。
⑦ 屈大均：《广东新语》卷二十八，《怪语·黄野人》。
⑧ 《道藏》第22册，第778页。
⑨ 《道藏》第22册，第230页。
⑩ 《道藏》第22册，第672页。
⑪ 唐寅：《啸旨后序》，见周履靖《夷门广牍》。
⑫ 孙广：《啸旨·权舆章第一》，见周履靖《夷门广牍》。

住上腭，与先秦岭南巫啸的发声方法和功能基本一致，由此看来，道啸极有可能源自岭南巫啸。

（三）气禁承自岭南巫咒

气禁是由禁咒巫术转化而成的一种道教法术，其方法是通过行气于外物，使外物随人的心意而起变化，以达到养身去恶的目的。道士们多通晓此术，葛洪《抱朴子内篇·至理》云：

> 近世左慈、赵明等，以炁禁水，水为之逆流一二丈。又于茅屋上然火，煮食食之，而茅屋不焦。又以大钉钉柱，入七八寸，以炁吹之，钉即涌射而出。又以炁禁沸汤，以百许钱投中，令一人手探撮取钱，而手不灼烂。又禁水著中庭露之，大寒不冰。又能禁一里中炊者尽不得蒸熟。又禁犬令不得吠。

赵明疑是赵炳之误①，为汉代著名道士，有关他的法术，《后汉书·徐登传》有详细记载：

> 徐登者，闽中人也。本女子，化为丈夫，善为巫术。又赵炳，字公阿，东阳人，能为越方。时遭兵乱，疾疫大起，二人遇于乌伤溪水之上，遂结言约，共以其术疗病。各相谓曰："今既同志，且可各试所能。"登乃禁溪水，水为不流。炳复次禁枯树，树即生荑，二人相视而笑，共行其道焉。登年长，炳师事之，贵尚清俭，礼神唯以东流水为酌，削桑皮为脯。但行禁架，所疗皆除。

从徐、赵两人的言行看，所行的是"巫术"和"越方"。关于"越方"，李贤注云："《抱朴子》曰：'道士赵炳，以气禁人，人不能起；禁虎，虎伏地，低头闭目，便可执缚；以大钉钉柱，入尺许，以气吹之，钉即跃出射去，如弩箭之发。'《异苑》云：'赵侯以盆盛水，吹气作禁，鱼龙立见。'

---

① 参见王明《抱朴子内篇校释》，中华书局，1985，第121页。

越方，善禁咒也。"① 可知，所谓越方，即为越地禁咒方术，道士赵炳"能为越方"，行气禁法术，乃是对岭南禁咒巫术的承继。其理由如下。

首先，"越"有专指岭南之意。"越"本指百越，泛指长江以南五岭至海广大地区，即《吕氏春秋·恃君览》所说的"扬、汉之南，百越之际"。但史籍中亦有以百越专指岭南的，如《史记》，"南取百越之地，以为桂林、象郡，百越之君，俯首系颈，委命下吏"②；"（秦）使尉佗逾五岭攻百越"③。再如《盐铁论》，"孝武皇帝攘九夷，平百越"④。上述的百越，皆指岭南，可见，"越"虽本指百越，但也有特指岭南之意。本来，"越"与"粤"相通，百越亦作百粤。"越"和"粤"二字读音相同，明人欧大任曾明确指出："粤、越，一也。"⑤ 今人徐中舒先生也认为："粤越音同，《史记》作越，《汉书》作粤。粤从于声，古读越为于，于亦影母字。《汉书·闽粤王传》：'故瓯骆将左黄同斩西于王'，西于王即西越王。于，篆文作亏，或从雨作雩。《汉书》多存古字，故越皆改作雩，今隶楷作粤，亏上所从闲，乃雨形之讹。"⑥ "越""粤"二字用法也相通，读史者不难发现，《史记》中的"越"字，在《汉书》以后的史书中，均作"粤"字，如记"鸡卜"一事，《史记·孝武本纪》云："乃令越巫立越祝祠，安台无坛，亦祠天神上帝百鬼，而以鸡卜。"正义曰："鸡卜法，……今岭南犹行此法。"而《汉书·郊祀志》则曰："乃命粤巫立粤祝祠，安台无坛，亦祠天神帝百鬼，而以鸡卜。"可见，粤与越通，同指岭南。

其次，岭南善禁咒。禁咒一般分禁术和咒语两种，禁术是具体的禁咒行动，咒语是一种诅咒形式，但它"永远是巫术行动底核心"⑦。岭南越人往往将禁术和咒语结合在一起使用，《西京赋》中有"东海黄公，赤刀粤

① 《后汉书·徐登传》李贤注。
② 司马迁：《史记·秦始皇本纪》。
③ 司马迁：《史记·淮南王列传》。
④ 桓宽：《盐铁论·复古》。
⑤ 欧大任：《百越先贤志·自序》。
⑥ 徐中舒：《〈交州外域记〉蜀王子安阳王史迹笺证》，载徐中舒《论巴蜀文化》，四川人民出版社，1982，第151页。
⑦ 马林诺夫斯基：《巫术、科学、宗教与神话》，李安宅译，中国民间文艺出版社，1986，第56页。

祝"之说，李善注云："音咒。东海有能赤刀禹步，以越人祝法厌虎者，号黄公。"① 黄公手中拿着赤金刀，口中念着"粤祝"，一副活脱脱的巫师形象，尤其值得注意的是，黄公念的不是一般的咒语，而是"粤祝"，使的是"越人祝法"，显然是岭南禁咒术。《西京赋》又云："临迥望之广场，程角抵之妙戏"，李善注云："程，谓课其技能也。"② 抵戏是汉代兴起的一种戏剧样式，《东海黄公》是其代表性剧目，黄公行"赤刀禹步"之技能，以"越人祝法厌虎"，可见岭南的禁咒术早在汉代以前已经流行，且著名。《论衡》也云："南郡极热之地，其人祝树树枯，唾鸟鸟坠。……南越之人，祝誓辄效。"③《北户录》卷二有更具体的说法："邕州之南有善行禁者，取鸡卵墨画，祝而煮之，剖为二片，以验其黄，然后决嫌疑，定祸福，言如响答。据此乃古法也。"④ 后来，禁咒还得"南法"之称，杜光庭《录异记》卷二记："邵州城下，大江南面潭中，昔开元年，天师申元之藏道士之书三石函于潭底，元之善三五禁咒之法，至今邵州犹多能此术者，为南法焉。"⑤ 庞元英《谈薮》也载："大溪山在广州境，旧山有一洞，其处所人不常识。……咒术药方，应用无不效验，盖南法之所出也。"⑥

道教援引越方行气禁咒法，成为道教之气禁术。《太平经》云："天上有常神圣要语，时下授人以言，用使神吏应气而往来也。人民得之，谓为神祝。"⑦ 显然，"神祝"的关键是应气，这是早期道教的气禁术。两晋之际，道士葛洪积极推崇气禁术，他说：

　　善行气者，内以养身，外以却恶，然百姓日用而不知焉。吴、越有禁咒之法，甚有明验，多炁耳。知之者，可以入大疫之中，与病人同床而己不染。又以群从行数十人，皆使无所畏，此是炁可以禳天灾也。或有邪魅山精，侵犯人家，以瓦石掷人，以火烧人屋舍。或形见

① 张衡：《西京赋》，萧统编《文选》卷一，第1册，上海古籍出版社，1986，第75页。
② 张衡：《西京赋》，萧统编《文选》卷一，第1册，上海古籍出版社，1986，第75页。
③ 王充：《论衡·言毒》。
④ 段公路：《北户录》卷二，《鸡卵卜》。
⑤ 《道藏》第10册，第863页。
⑥ 庞元英：《谈薮》，百川学海本，戊集。
⑦ 王明：《太平经合校》，中华书局，1960，第181页。

往来，或但闻其声音言语，而善禁者以炁禁之，皆即绝，此是炁可以禁鬼神也。入山林多溪毒蝮蛇之地，凡人暂经过，无不中伤，而善禁者以炁禁之，能辟方数十里上，伴侣皆使无为害者。又能禁虎豹及蛇蜂，皆悉令伏不能起。以炁禁金疮，血即登止。又能续骨连筋。以炁禁白刃，则可蹈之不伤，刺之不入。若人为蛇虫所中，以炁禁之则立愈。①

葛洪文中提到的用以禁虎、蛇、止血续骨的气禁术，是对岭南运气禁咒法的承继和吸收，如有学者指出："南越、山越'禁咒之法'，可禁虎、蛇，止血续骨，亦出于'越'，为南方民族之术。"② 在葛洪看来，气禁术无所不能，"行炁或可以治百病，或可以入瘟疫，或可以禁蛇虎，或可以止疮血，或可以居水中，或可以行水上，或可以辟饥渴，或可以延年命"③，气禁成为道教宣称愈病长生的要术。

及至南北朝时，流行一则道教祝咒，也是倡行气禁，咒曰：

天道毕，三五成，日月明。出窈窈，入冥冥，气入真，气通神，气布道。气行，奸邪，鬼贼皆消亡。视我者盲，听我者聋。敢有图谋我者反系其殃，我吉而彼凶。④

从"天道毕"到"气通神"，无论在形式上、内容上，或是在目的上都强调气的作用。道教的气禁法术，后来分成行气和禁咒两部分，它承自古老的巫术，有些内容很可能是承自岭南行气禁咒方术。

综上所述，道教的禹步、道啸和气禁法术均与岭南巫俗有着深厚关联，岭南古民的俗信，为道教所接受，成为道教文化的渊源之一，这不仅丰富了道教文化的内容，而且也是岭南俗信对道教发展的贡献。

---

① 葛洪：《抱朴子内篇·至理》。
② 王家祐：《道教论稿》，巴蜀书社，1987，第188页。
③ 葛洪：《抱朴子内篇·释滞》。
④ 释僧佑：《弘明集》卷八，释玄光《辩惑论》引。

二 道教观念的俗化

由于岭南地处南疆边陲和滨海的独特自然环境以及开发较晚的文化特质，造就了岭南人较大的自由度和灵活性，形成了注重现实的处世态度，讲求实际，注重实效，成为岭南人普遍的心态。道教在岭南衍播中，宗教观念受其浸染而走向通俗化，呈现出浓厚的世俗性和实用性，不管是何等神圣，只要灵验，便顶礼膜拜，也不管是何种方式，只要有效，就趋之若鹜，因此，无论是道教的神祇系统，还是道教的神职人员都发生了变化，俗神信仰增多，信仰内容生活化。

（一）道教尊神作用弱化

道教尊神为三清，即元始天尊、灵宝天尊和道德天尊，是道教最高神灵。然而，在岭南却出现了使其"降级"，作用和功能弱化，人们往往根据需要解决问题的性质和类型而求助不同的神灵。

粤北乳源瑶族庙宇或家庭神位之上的尊神，不独有元始天尊、灵宝天尊、道德天尊，还有盘古王、召二郎、肉公神等，其排位并无严格的规定，瑶人有奉太上老君为最高神的，有信玉皇大帝为最尊神的，也有视高真上圣为神的最高主宰的，所有天神都有驱邪伏妖、收捉瘟神的法力。① 更为明显的是：在瑶族道教神灵系统中，三元占有重要地位，大凡瑶族祭祀，首先请出三元降临掌坛，其神职位于诸神之上，度戒要受太上三五正一盟威三元将军箓，坛场要供奉唐、葛、周三将军神像，瑶族师公所戴的三元帽，亦绘有上元唐将军、中元葛将军、下元周将军神像，"三元在道教神灵系统中，不过是一般的神祇，而在瑶族道教中却有特殊地位。"②

粤北惠州客家地区，普遍信奉伯公神，"伯公神位处处皆有"，就连玉皇大帝也要让位，区内可以没有玉皇庙，但不可无伯公神庙，足见伯公神之重要。③

---

① 参见刘志文《广东民俗大观》上卷，广东旅游出版社，1993，第 805～806 页。
② 参见张泽洪《道教传入瑶族地区的时代新考》，载《思想战线》2002 年第 4 期。
③ 参见刘志文《广东民俗大观》上卷，广东旅游出版社，1993，第 730 页。

粤中广府地区，特别青睐水神，皆因广州濒临南海，自古是一个重要的河港和海港，广人整日与"水"打交道，海水无情，危及性命，出于实际需要，水（海）神受到特别崇拜，像《广东新语》说的："粤人事海神甚谨。……凡渡海自番禺者，率祀祝融、天妃。"① 就连道教的黑帝真武帝和赤帝祝融，到了广州都成了水神北帝和南海神，受到广人，尤其是广州蜑民的顶礼膜拜。此外，广州流行黄大仙信仰，人们崇拜黄大仙胜过三清，笔者在考察罗浮山冲虚观时，就发现黄大仙殿香火鼎盛，人头蜂拥，然三清殿则较之清净，笔者就此请教赖保荣道长，他解释道：广府人尤信黄大仙，听信众说，是因为黄大仙有求必应，黄大仙的签特别灵验。由于民众的务实心理和功利意识，在岭南，水神和黄大仙的地位高于三清，作用大过三清。

粤西茂名地区，普遍敬奉潘仙。光绪《茂名县志》载："吕祖殿，……（毛世荣）命工人于玉泉之后辟土筑吕仙殿。遂请潘仙并祀于中。""潘仙殿，向附吕祖殿，……移奉潘仙。"② 潘仙，即潘茂名，晋永嘉年间（307～312）时将道教传入茂名地区第一人，潘仙信仰在茂名地区最广，茂名地名因之而有。吕祖是全真道的祖师，也是民间道坛崇拜的仙师。从茂名地区的神仙系统来看，主要是潘仙和吕祖，还有道教诸神和地方神灵，但三清信仰似乎不突出。

还有，广西山子瑶道公派，尊奉三清的同时，又以玉皇为至尊，认为玉皇是最大的神，统管天下，老君亦在玉皇的统属之下，所用法印亦是玉皇印，三清降级只能屈居玉皇之下。

（二）神职人员等级分化

道教在张道陵创立天师道时，其神职人员已有较为严密的组织和严格的戒律，如有鬼卒、治头、仙官、阴官、祭酒等级别。到张鲁时，"陵传子衡，衡传子鲁，鲁遂自号'师君'。其来学者，初名为'鬼卒'，后号'祭酒'"③，逐渐形成了鬼卒、从事、书吏、治头、祭酒、大祭酒、功曹、督

---

① 屈大均：《广东新语》卷六，《神语·海神》。
② （光绪）《茂名县志》卷二，《建置·寺观》。
③ 范晔：《后汉书·刘焉列传》。

察、领神、监神、主簿、校尉、将军到师君类似宝塔式的教阶制，等级分明。然而，在岭南则没有明显的级别，如瑶族道公，均被视为有文化知识之人，他们的本领虽有大小之分，但无等级之别。在有些道派中，如紫金的"先天道"虽有堂主，但道徒均以"道友"相称①。广东道教自清代以来表面上看是全真派为主体，但近代以来已发生衍变，逐渐与正一道融合，出现现代形态的"新全真道"，俗称"火居全真"，他们以全真"龙门正宗"自居而"火居"于俗世之中，一方面有着自己的职业或企业，从事各种工作；另一方面加入道教社团，参加道教活动，没有教内级别，统称"居士"。

（三）信仰内容生活化

道教信仰"道"，认为"道"是虚无的本体，是天地万物的根源，"道"是唯一的。然而在岭南，"道"演化成众多的天神、地祇和人鬼，信仰内容走向生活化，人们在信仰各种神灵时，往往延请正一派道士为他们从事画符念咒、符水治病、作符禳灾和祈求生育等与日常生活相关事宜，道士多以个人身份广泛深入于民间的各种活动之中。

粤中东莞旧时民间有人生病，其家人便认为是鬼在作祟，于是行贿鬼方术。具体做法是：在病者房门口的墙角里插上三枝燃着的线香，口中喃喃地向鬼请罪，并声明愿意献给酒食之物，请其快快离去，使病者早日痊愈。许完愿，便于当日或翌日晚上，备好纸船、纸马、纸人、纸钱、香烛，茶三杯，酒三杯，白饭两碗，鸡蛋和猪肉热汤共一碗，置于一竹箕之上，届时，叫一年老妇人（病者的母亲或祖母均可）点燃香烛，捧着那个摆列了各种祭品的竹箕，放在病者房门口的地上供奉。然后焚烧纸物纸钱，边念道：

> 某年某月某日，某姓弟子某某（指病者），行得有前无后，冲犯神
> 明，望你大怀见谅，打开社门，俾弟子某某身中疾病，快好快过。今
> 晚有鸡春（鸡蛋）水饭，金银几千，俾你饮酒食肉，分派各人，此后

---

① 参见刘志文《广东民俗大观》上卷，广东旅游出版社，1993，第792页。

唔（不）关弟子某某事。弟子某某系铜，你系铁，与你一生一世无拿捏（无关系）；你系铁，弟子某某乃系铜，与你一生一世有相逢。床头唔种竹，唔敢留神宿；床头唔种蕉，唔敢留神大半朝（半朝神），你有坛归坛，无坛归庙，无庙在阴凉桥下廖（东莞方言，即游玩）。呵！抓船！抓船！一时抓船，万年吉庆。①

念完，关上病者房门，将竹箕拿到三岔路口，泼掉茶、酒、饭、汤等物，然后把竹箕拿回来。当晚，所有人不可走入病者房里与病者相见，否则前功尽弃。

粤北乳源瑶族地区，道公活跃在日常生活中的安名、婚嫁、生育、丧葬、开耕、架桥、治病上，他们身穿道袍，手执铜铃、神杖、钢刀、印、大刀叉、道鞭、茭杯等道具，举行送鬼、祈福、打斋、打道箓、安神龛和祖先灵位等各种活动，每项活动的经过有先后次序，像生病驱鬼，先查鬼，后设供、念经、跳舞驱鬼、烧纸钱等，目的在于驱鬼捉魔，祈求老少平安②。清代姚柬之在《连山绥瑶厅志》卷四作了概括："瑶道自为教，亦有科仪，其义不可晓，学优者则延诸道为受箓。"③ 学优者也不过是行符箓之术。凌锡华在《连山县志》卷五也有详细的记载：

> 儿之聪颖者，不与读儒书，惟从瑶道士学，亦有科仪，其文不可晓，学优者则延诸道为受箓，受箓者得衣朱衣，髻缠朱布，称为一郎、二郎、三郎，其妻亦以红布为髻笠。凡瑶之有疾病者、疮病者，不服药，请道士祷之；不愈，则日神所恶，非祷之不诚也。④

瑶人有病不请医，不服药，惟一迷信符箓道术——神符（见图3-2）。

在广东梅州还有一支道教，道士俗称"觋公"，19世纪初，由福建传入兴宁，专以"做觋驱邪""安龙奉朝"等方式进行活动。"做觋"时，以

---

① 参见刘志文《广东民俗大观》上卷，广东旅游出版社，1993，第754~755页。
② 参见刘志文《广东民俗大观》上卷，广东旅游出版社，1993，第804~805页。
③ 姚柬之：《连山绥瑶厅志》卷四，《风俗》。
④ 凌锡华：《连山县志》卷五，《瑶俗》。

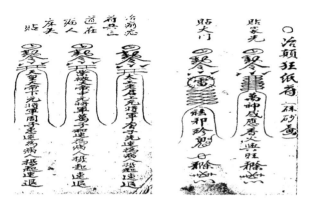

图 3-2 瑶族治病神符

（引自张桥贵《道教与中国少数民族关系研究》，第 154 页）

"觋公""觋婆"（男扮女装）出场念经作法，有歌、有舞，其中有"迎神""上表""化表""落马""招将""办军粮""扇花""吱花""杯花""棍花""梳妆"，唱"鸡歌"等歌舞，还有"打席狮"等。民间一般在做屋、修屋（主要是祖公屋）"安龙""转火"或"打醮"时，请觋公来"做觋"，出煞驱邪，"觋公"最盛时，约有三十人，或半教半农，从事与民间生活有关的各种活动。

粤中广府地区广为流行的"喃呒先生"，是从"正一道"分化出来的符箓派道徒，他们往往散居市内，外挂"正一道"招牌，内置其所敬奉的神灵。广人凡遇烦事，必行符箓，祭祀鬼神，宋人魏泰《东轩笔录》卷七云："蛮人多行南法，畏符箓。"期间请来"喃呒先生"作法，《邝斋杂记》云：

> 粤俗佞神，妇女特甚。所有桥梁江岸、片瓦拳石，无不指为灵验而神明事之。老妪环玦之卜、群儿扁额之奉，源源而来，几无隙地。①

"喃呒先生"施用的法术多种多样，主要有书符咒水，如清人张渠《粤东闻

---

① 参见黄佛颐《广州城坊志》卷六，《青龙里》引。

见录》云："书符咒水，日夕不休。"① 其功能可以逐鬼、设鬼、禁鬼和招魂，屈大均《广东新语》有详细描述：

> 予至东莞，每夜闻逐鬼者，合吹牛角，鸣鸣达旦作鬼声，师巫咒水书符，刻无暇晷。其降生神者，迷仙童者，问觋者，妇女奔走，以钱米交错于道，所在皆然。而诸县寻常有病，则以酒食置竹箕上，当门巷而祭，日"设鬼"，亦日"抛撒"。或作纸船纸人燔之，纸人以代病者，是日"代人"。人以鬼代，鬼以纸代，真愚夫妇之所为也。博罗之俗，正月二十日以桃枝插门，童稚则以桃叶为佩，日"禁鬼"也。广州妇女患病者，使一妪左持雄鸡，右持米及箸，于闾巷间皋日某归，则一妪应之曰某归矣，其病旋愈，此亦招魂之礼，是名"鸡招"。②

书符咒水是道教法术之一，岭南粤东、东莞、博罗等地民间普遍流传画符祭鬼，镇妖驱邪的俗信，"韦正贯拜岭南节度使，南方风俗右鬼"③，"以鬼神方惑民灾祥者，所在皆然。诸小鬼之神者，无贵贱趋之"④。也有用上灵符，如"百解午时符""安胎灵符""发冷灵符""镇宅灵符"等多种（见图3-3）。"午时符"是广府地区较常见的一种符箓道术，每年端午节当天中午，家家都贴"午时符"，该符请道士用黄纸书写，作为驱魔辟邪的一种镇符手段，符章多为汉字形体的变异。然后用水果、粽子拜神，烧艾草以熏蚊，撒雄黄酒以杀虫。另外，还用雄黄酒调朱砂，涂在小孩的额头、胸口和手心上，可以辟邪。

岭南符箓道术何以盛行？有学者已作出精辟的论述："正一道以行符箓为主，其道士以为民众做斋醮祈禳为业，迎合了岭南人崇尚鬼神的心理。"⑤也就是说，它符合岭南人求实的民情，体现岭南人信仰内容的生活化。

此外，岭南民间生产，也要祈求神灵的庇佑，西王母和金花娘娘成为

---

① 张渠：《粤东闻见录》卷上，《好巫》。
② 屈大均：《广东新语》卷六，《神语·祭厉》。
③ 《白孔六帖》卷六八，《淫祀》。
④ 屈大均：《广东新语》卷六，《神语·五帝》。
⑤ 张磊：《岭南文化志》，上海人民出版社，1998，第251页。

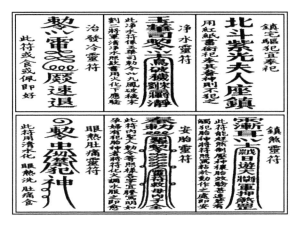

图3-3 广府灵符

（引自叶春生《广府民俗》，第253页）

妇女生育之保护神。《广东新语》云：

> 广州多有祠祀西王母，左右有夫人，两送子者，两催生者，两治痘疹者，凡六位。盖西王母弟子，若飞琼、董双成、萼绿华之流者也。相传西王母为人注寿注福注禄，诸弟子亦以保婴为事，故人民事之惟恐后。考西王母见《山海经》、《汲冢周书》、《穆天子传》、《汉武帝内传》。而《庄子》云："夫道在太极之先，西王母得之，坐乎少广，莫知其始，莫知其终。"是则开辟以来，有天地即有西王母，而道家以为西王母者，金母也。木公生之，金母成之。人类之所以不绝于天地间者，以有金母之成之也。金母者，天下之大母，故曰王母。居于西，以成物为事，故曰西王母云。壁上多绘画保婴之事，名子孙堂，人民生子女者，多契神以为父母，西王母与六夫人像，悉以红纸书契名帖其下，其神某，则取其上一字以为契名，婚嫁日，乃遣巫以酒食除之。①

---

① 屈大均：《广东新语》卷六，《神语·西王母》。

西王母，民间以为是玉皇大帝之妻，原是古代神话中一位女神，能救助危难、传授兵法，后变成道教信奉的女仙，广府民间衍化为"送子娘娘"，岭南民间广为敬奉。《广东新语》曰：

> 广州多有金华夫人祠。夫人字金华，少为女巫，不嫁，善能调媚鬼神。其后溺死湖中，数日不坏，有异香，即有一黄沉女像容貌艳类夫人者浮出，人以为水仙，取祠之，因名其地曰仙湖。祈子往往有验，妇女有谣云："祈子金华，多得白花。三年两朵，离离成果。"①

生子神的出现，迎合了普通群众的求子爱子心理，加之传说的神奇以及史籍的记载，长久沿袭，遂衍成一种信仰风俗。

三　道教义理的淡化

道教认为，道是"虚无之系，造化之根，神明之本，天地之元。……万象以之生，五行以之成"②，三清尊神即为"道"的人格化。修道者除通过采用上章招神、行咒劾鬼之术外，还通过修行、守戒、行善，达到长生，从而使"道神来归"，长生成仙是其最高目标。带有巫术性质的符、咒、劾、神谶及丹书吞字等，只是正一道的初期形式，是其手段之一。岭南人通常是接受了道教的斋醮制度和符箓禁咒，以求驱鬼捉魔、居家平安和身体健康。

粤西正一派教徒被称作道公佬，他们尊张道陵为天师，有庙宇，道公佬除不吃狗肉，每月有几个斋日，没有什么特别的禁忌，与常人无异，无全民性组织，也无形成系统的道教教理。平日从事的多是科仪道场，道场由一个一个科仪组成，主要从事符箓斋醮、祈福禳灾、降邪驱鬼、超度亡灵等法务活动，意图通过科仪中道士的诵经礼忏，唱赞吟偈、步罡踏斗、召请神灵，达到赐福延年和升仙度亡之目的，所涉道教义理不多，即便在

---

① 屈大均：《广东新语》卷六，《神语·金华夫人》。
② 张君房：《云笈七签》卷一，《道德部》，《道藏》第22册，第5页。

道脉相传时，也只讲三山滴血50字，即"守道明仁德，全真复太和。至诚宣玉典，中正演金科。冲汉通元蕴，高宏鼎大罗。三山愈兴振，福海涌洪波。穹窿扬妙法，环宇证仙都"①，强调师承关系的重要性，注重传度授箓的规则，如杨罗平道长说：

> 依照道教历史的规则认为：有条件来参加天师府授箓的箓生叫"得道"，为什么这样说呢？因为对道士的素质、级别、认许是有程序的。学道之士，一要皈依，二要投师，三要熟读早晚功课，四要品行端正，五要尊师，六不失礼仪，七要守规戒，八要有一定文化，九才推荐，十去参加传度。传度后给予各类经书，修习悟道后，师认为有上品道行，推荐到天师府授箓，给予职箓与各种法器，行持道教要旨，普度众生，济人利物正式成为道士。这是相当严格的一段考察过程。但结合我们当地情况，距离太远了。一不讲究，二不知经，三不知礼仪，四不理文化，五有钱即可，六无对传道弟子训诲与教规的要求，实质就是不讲道旨条件，不负师徒传度责任，取钱过袋一了百了。纯属无道德传道，不知半点道教理义，明道实伪的事实。我希望大家不要犯此类罪过。必须要经教理教义，悟理入道，校正身心，祛遣妄神。②

"无道德传道，不知半点道教理义"，表明他们对道教教理教义知之不多。

粤北地区瑶族观念中只有具体的神的名称，却没有吸收"道"的精华，事实上，瑶经与道经有很大区别，道教的主要经典诸如太平经、清静经、灵宝经等在瑶区并没有流传，瑶族道公所使用的经书多是神咒谶语，"瑶道自为教，亦有科仪，其义不可晓，学优者则延诸道为受箓，

---

① 杨罗平：《道缘讲座》，http://www.fcw96.com/html/khal/MaoMingDaoJiaoXieHui/DaoJiao XinWen/MaoMingDaoJiaoXinWen/239.html. 按：杨罗平道长是茂名市道教协会副会长。

② 杨罗平：《道缘讲座》，http://www.fcw96.com/html/khal/MaoMingDaoJiaoXieHui/DaoJiao XinWen/MaoMingDaoJiaoXinWen/239.htm.

受箓者服朱衣"①，即便有科仪程式，亦不知所云，亦无怪乎梁钊韬先生曾指出，瑶族宗教"在外表上似乎近于道教，其实并不具备道教的一切内容"②。

综上所述，道教与岭南俗信的互化现象，体现了道教在南传衍播中的特征和作用，一方面，道教渗入岭南社会，影响社会生活的许多方面；另一方面，道教自身也在不断发生变化。因此说，互化的影响是深远的。

---

① 姚柬之：《连山绥瑶厅志》卷四，《风俗》。
② 梁钊韬：《粤北乳源傜民的宗教信仰》，《民俗》（复刊号）第二卷，第一、二期合刊，国立中山大学，民国卅二年（1943）五月。

第四章
岭南俗信的道化

所谓道化，是指道教对岭南民间习俗信仰的某些方面实现渗透功能的文化现象，如道教的诸神崇拜、科仪道术、哲理思想，对岭南俗信所产生的渗透效应等。

一 岭南神灵俗信富有道情

岭南民间信仰诸神庞杂，富有道情。如广府地区[①]的神灵种类繁多，庙宇广布。据学者研究指出：广州人家的神有40多位，金花庙尊神有98位，东莞城隍庙神明65位。[②] 又据乾隆《佛山忠义乡志》记载，佛山市内有庙宇153座，中山小榄镇内也有庙宇70多间。[③] 所祀有玉皇大帝、王母娘娘、

---

① 按：广府地区，泛指以广州和珠江三角洲为中心的整个操粤方言的地区，广府民俗是最能体现广东民俗特点的民俗。参见叶春生《广府民俗》，广东人民出版社，2000，第1页。
② 商承祚：《广州市人家的神》，《民俗》第一卷，第四十一、四十二期合刊，国立中山大学，民国十八年（1929）一月。
③ （乾隆）《佛山忠义乡志》卷六，《乡俗志·岁时》。

天妃娘娘、南极仙翁、福禄寿星、五斗君星、北帝、祝融、文昌帝君、雷公、九天玄女、太上老君、吕洞宾、何仙姑、黄大仙、财神等，都是道教神明。如：玉皇大帝，广府人心目中最大的神，是道教的最高神明之一，其位置仅在三清尊神之下。北帝，广府人对真武帝之称谓，是道教尊神五老君中的黑帝；祝融，广府人称之为南海神，是道教尊神五老君中的赤帝。文昌帝君，"吾粤崇祀文昌有三说"①，可知粤人祀之较多，道教尊为主宰功名禄位之神；雷公，广东雷州半岛和海南各地多有祀之，《广东新语》云：雷州多雷，琼州多风，"雷人事雷，琼人事风，皆甚谨"②。蔡绦《铁围山丛谈》也云："今南人喜祀雷神者，谓之天神。"③ 道教奉之为"九天应元雷声普化天尊"。吕洞宾，为八仙之一，广府地区有多处纯阳观纯阳殿祀之，道教尊为纯阳祖师。黄大仙，在广州、博罗、香港等地皆有其庙，他是葛洪的徒弟，罗浮仙灵。可见，广人的诸神信仰，有很明显的道教情结。又如粤北地区瑶族的宗教信仰也富有道情，瑶族本是重视祖先崇拜的民族，随着道教的传入，瑶族民间信仰中，出现了像灵宝天尊、张天师、左先锋、龙虎将军、五瘟神等道教"天神"，对这些"天神"，瑶族有自己的理解和安排，如太上老君可以管治祖先鬼，大凡有不正家先作祟为害时，老君便派雷霆元帅四处擒拿，收回不正游魂。太上老君还出现在瑶族传统"还盘王愿"活动中，歌道："老君派兵救万民，天上七星派日月，地下水涨架仙桥，老君吹动三声角，四山云雾一齐开。"④ 瑶族信仰活动中，如此崇尚太上老君，有着深刻的道教意味，正如江应梁先生所说："已经深度的受到汉人的道教化。"⑤ 有学者甚至认为：瑶族的宗教"以信仰道教为主"⑥。

岭南各地的俗信多受道教影响和浸染，富有道情，具体表现在以下

---

① 范端昂：《粤中见闻》卷五，《地部二·文昌庙》。按：三说为：一武士祀之说；二文士祀之说；三求嗣神之说。
② 屈大均：《广东新语》卷一，《天语·雷风》。
③ 蔡绦：《铁围山丛谈》卷四。
④ 广东省编辑组：《连南瑶族自治县瑶族社会调查》，广东人民出版社，1987，第222页。
⑤ 江应梁：《广东瑶人之宗教信仰及其经咒》，《民俗》（复刊号）第一卷，第三期，国立中山大学，民国二十六年（1937）六月。
⑥ 张有隽：《十万大山瑶族道教信仰浅释》，载胡起望等编《瑶族研究论文集——1986年瑶族研究国际研讨会》，民族出版社，1988，第76页。

方面。

（一）盘古崇拜与元始天尊信仰

盘古是古代南方各民族传说时期开天辟地之神。有关盘古开天神话，广泛流传于南方少数民族之中，徐整《三五历记》云：

> 未有天地之时，混沌状如鸡子，盘古生其一中，一万八千岁。天地开辟，清阳为天，浊阴为地，盘古在其中，一日神于天，圣于天，天高一丈，地厚一丈，盘古日长一丈，如此一万八千岁，天数极高，地数极深，盘古极长，后乃有三皇。①

徐整《五运历年纪》也载：

> 元气蒙鸿，萌芽兹始，遂分天地，肇立乾坤，启阴感阳，分布元气，乃孕中和，是为人也。首生盘古，垂死化身；气成风云，声为雷霆，左眼为日，右眼为月，四肢五体为四极五岳，血液为江河，筋脉为地里，肌肉为田土，发髭为星辰，皮毛为草木，齿骨为金石，精髓为珠玉，汗流为雨泽，身之诸虫，因风所感，化为黎氓。②

《三五历记》和《五运历年纪》是三国吴徐整所著，为迄今最早记载盘古之书。及后，罗泌《路史》更称盘古为南蛮始祖："应劭书遂以高辛氏之犬曰盘瓠，妻帝之女，乃生六男六女，自相夫妻，是为南蛮。"③ 阮元《广东通志》也载："两广峒蛮多相传为槃瓠之后，或讹为盘古云。"④ 盘古不仅能化生日月山川万物，而且还是两广南蛮的始祖。

作为南蛮始祖，盘古一直为岭南各族所祭祀，南朝梁任昉《述异记》卷上载：

---

① 徐整：《三五历记》，见《玉函山房辑佚书》。
② 马骕：《绎史》卷一引。
③ 罗泌：《路史·发挥二·论盘瓠之妄》。
④ 阮元：《广东通志》卷三百三十一，《杂录一》。

> 吴楚间说：盘古氏夫妻，阴阳之始也。今南海有盘古氏墓，亘三百余里，俗云后人追葬盘古之魂也。桂林有盘古祠，今人祝祀。南海中盘古国，今人皆以盘古为姓。

盘古国在今广州西北面花都市狮岭（又称盘古王山）[1]，南海、桂林均属岭南范围，两地都有盘古氏墓、盘古氏庙，盘古成为古代南方少数民族崇拜的神灵。为此，有学者指出："大概这盘古开天辟地的神话当时就流行在南方（假定是在两粤）。"[2] 甚至有学者认为："关于盘古开天地的传说，最初流传于岭南，然后传至长江流域。"[3]

如今，在岭南民间还流传着这样的《盘古开天辟地歌》：

> 盘古开天地，
> 造山坡河流，
> 划州来住人，
> 造海来蓄水。
> 盘古开天地，
> 分山地平原，
> 开辟三岔路，
> 四处有路通。
> 盘古开天地，
> 造日月星辰，
> 因为有盘古，
> 人才得光明。[4]

歌中的盘古已被神话，明显受到道教的神化。

---

① 按：狮岭距离广州30公里，原是瑶民聚居之地，当地土名"西城"，城方1公里，有北门、南门、书院，显然是古城遗址，出土有古代陶器、兵器和古铜钱，作为盘古国在明清以后开始解体。参见陈泽泓《广东民间神祇》（上），载《羊城今古》1997年第4期。
② 茅盾：《神话研究》，百花文艺出版社，1981，第138页。
③ 陈连开：《中国民族史纲要》，中国财政经济出版社，1999，第48页。
④ 欧阳若修：《壮族文学史》，广西人民出版社，1986，第29页。

魏晋南北朝时期，道教从盘古开天辟地的神话创造出元始天王创世开劫度人的故事，葛洪《枕中书》云：

洪历观天地之宝藏，上圣之宫第，至上之尊神仙图记，犹未知极妙之根。以去月乙丑夜半，静斋于罗浮山。忽惊风骇起，香馥乱芳，龙鸣虎啸，踯躅空中。有顷之间，紫云覆林，忽见一真人，眼瞳正方，项负圆光，天颜绝世，乘白麟之车，建九旄之节，腰带琼文凤绣之锦旌，头带六通之冠，年可二十许，侍者执夜光之火，玉羽卫，可有千人，自号玄都太真王。问曰："子是葛洪乎？何为而希长存？"洪稽首披陈，长跪执礼。神告余曰："……今真子穷习坟典，聪秀逸群，解滞悟惑，可谓妙才矣。但未知真仙之宫第。上圣之所由耳。吾今行矣，将告计共事，不复为久也。"洪因伏叩头。于是真神即令侍者执笔擘纸，口授妙言。既毕，左手授与洪，云："吾往方丈简仙官，致复相过。子勖之焉，吾去矣。"见驾乘冉冉而高，乃失所在也。

《真书》曰：昔二仪未分，溟涬鸿濛，未有成形。天地日月未具，状如鸡子，混沌玄黄，已有盘古真人，天地之精，自号元始天王，游乎其中。溟涬经四劫，天形如巨盖，上无所系，下无所根。天地之外，辽属无端，玄玄太空，无响无声。元气浩浩，如水之形，下无山岳，上无列星，积气坚刚，大柔服结。天地浮其中，展转无方。若无此气，天地不生。天者如龙，旋回云中。复经四劫，二仪始分，相去三万六千里。崖石出血成水，水生元虫，元虫生滨牟，滨牟生刚须，刚须生龙。元始天王在天中心之上，名曰玉京山，山中宫殿并金玉饰之，常仰吸天气，俯饮地泉。复经二劫，忽生太元玉女，在石涧积水之中，出而能言，人形具足，天姿绝妙。常游厚地之间，仰吸天元，号曰太元圣母。元始君下游，见之，乃与通气结精，招还上宫。当此之时，二气絪缊，覆载气息，阴阳调和，无热无寒。天得一以清，地得一以宁。并不复呼吸，宣气合会，相成自然饱满。大道之兴，莫过于此……

元始君经一劫，乃一施太元母，生天皇十三头，治三万六千岁，书为扶桑大帝东王公，号曰元阳父。又生九光玄女，号曰太真西王母，是西汉夫人。天皇受号十三头，后生地皇。地皇十一头，地皇生人皇九头，各治三万六千岁。圣真出见，受道天文，无为建初，混成天任。

于今所传《三皇天文》，是此所宣，故能召请天上大圣及地下神灵。无所不制，故天真皇人三天真王驾九龙之舆是也。次得八帝，大庭氏、庖羲、神农、祝融、五龙氏等，是其苗胤也，今治五岳，是故道隆上代，弊极三王。三王，夏禹、殷汤、周武也。是以淳风既浇，易变而礼兴，礼为乱首也。周末阳弱而阴强，国多寡妇，西戎金兵起而异法兴焉。既而九州湮没，帝业荒芜，此言验也。后来方有此事，道隆之代，其人混沌；异法之盛，人民猾伪也。

洪曰："此事玄远，非凡学所知。吾以庸材，幸遭上圣眄目，论天地之奥藏，畅至妙之源本。辄条所诲，铭之于素，以为绝思矣。夫无心分之人，慎勿以此元始告之矣。故置遗迹，示乎世之贤耳。"①

这是一部从传说盘古开天辟地的神话演变而成的关于道教元始天王创世开劫度人的故事，"在这篇神话故事中，葛洪综合了秦汉以来流行的宇宙生成论思想，三皇五帝古史传说、天文学浑天说，以及南方少数民族中流传的盘古王开天辟地故事，塑造了与天师道所奉'太上大道君'不同的又一道教尊神——元始天王"②，把元始天王奉为天地未开之前就存在于冥冥之中的造物主式的神，以示其绝对崇高地位和创世意义。文中"盘古真人自号元始天王"颇有意思，一个原本是神话人物的盘古通过改头换面，冠以道教神仙"真人"的尊称，而成为"盘古真人"，并取号"元始天王"，《历世真仙体道通鉴》卷一称："元者，本也：始者，初也，先天之气也。此气化为开辟世界之人，即为盘古；化为主持天界之祖，即为元始。"③ 赋予他"能召诸天上大圣及地下神灵，无所不制"的神威，成为道教最高神灵"三清"之首——元始天尊的前身。

元始天王就是元始天尊，南朝严东注《度人经》明确指出："元始，即天尊。"④ 所谓"元始天尊"，据太玄真一《本际经》释道："无宗无上，而

---

① 《元始上真众仙记》，《道藏》第3册，第269～270页。
② 王卡：《元始天王与盘古氏开天辟地》，载《世界宗教研究》1989年第3期。
③ 赵道一：《历世真仙体道通鉴》卷一，《道藏》第5册，第109页。
④ 《道藏》第2册，第224页。

独能为万物之始，故名元始。运道一切为极尊，而常处二清，出诸天上，故称天尊。"① 可见，"元始"一词原是道家叙述世界本源的哲学术语，后来被道教神化，演变成道教的最高尊神。陶弘景撰《真灵位业图》，在排列神仙序次时，将元始天尊奉为道教神系的最高神灵，成为继天师道神化老子之后又一至尊神，自此，元始天王成为魏晋以来中国南方神仙道教徒所奉之神灵。故有学者指出："作为从汉魏天师道向六朝南方神仙道教演变中承前启后的关键人物，葛洪的贡献不仅在于金丹大药及诸多神仙方术的总结，而且对道教神学的发展也起了重要作用。"② 南北朝后，北方道教依然保持以老子为道教教主的传统，而在南方道教则逐渐集合在元始天王（尊）的名义下，后世更由此演变出三清尊神，从而使道教的神仙体系最后定型。

及后，盘古崇拜带着浓厚的道味广泛流传于岭南的瑶族、畲族和汉族之中，它以多种文化样式表现出来，既有庙祭、神图、神像、经文，也有专门的盘古崇拜仪式，还有与农业祭祀的紧密结合。例如：

粤北排瑶的盘古崇拜，主要分布在连南、连山、阳山一带，盘古王庙宇众多。如连南黄埂涡水盘王庙，涡水是连南瑶最早的落脚点，该庙历史悠久，从涡水盘王庙旧址掘出的砖是宋代的，可知其为宋代建筑。据考察所见，庙中的主神为盘古王公与盘古王婆。盘古王公最为高大，木雕，梳道士髻，插钗，红袍，其装束与现在连南瑶胞颇为相似。盘古王婆，戴凤冠，对襟绣裙。庙中的神还有：唐十二公（左四）、邓十五公（左三）、房十五公（左二）、妻房一妹（左一），李（本）方土主大王（左七）、书马正大王（左八）、李十八公（左九）、房十二公（左十）等一共十一位神祇。中间的四位神祇为盘古王公、盘古王婆、唐十二公和本方土主大王都高近二米，其他各神也有一米多高。男性神祇，除盘古王外，都戴着道冠，活现道教神灵信仰。

粤北过山瑶的盘古崇拜，主要分布在乳源、乐昌、曲江、始兴、阳山一带，他们很少建庙，至今尚未发现盘古庙。但是，前人的调查表明，过山瑶的宗教和生活习俗普遍存在盘古崇拜，如姜哲夫《拜王》载："悬像礼神后壁：神像八幅，自左至右，中堂、地府、狱王、老君、元始天尊，通

---

① 徐坚：《初学记》卷二三，《道释部》引。
② 王卡：《元始天王与盘古氏开天辟地》，载《世界宗教研究》1989 年第 3 期。

天教主，盘王，地府。"① 此图与当今乐昌发现的神图非常相似，从神像八幅的内容看，人间神和道界神已浑然一体，共冶一炉。

广东汉族的盘古崇拜，主要集中在客家地区。粤中花都新华镇有盘古岭，上有盘古神坛。狮岭有盘古王山，清嘉庆间建有盘古庙，庙内有盘古神坛，供奉的是木雕盘古神像，赤身露体，惟腰间及脖子上各缠一圈树叶，手中握一把长矛，旁竖一神牌，上书："初开天盘古大王圣帝神位。"每年八月十二为盘古王诞，有演戏、闹花灯、抢花炮等活动，持续五日夜。粤北始兴有盘古庙，道光《直隶南雄州志》称，盘古"乡间多祀"②，其中坪峰畲水口庙，所祀的神有：盘古、五谷、洞主、三郎、七郎、八郎。盘古乌纱道冠，圆领朱袍，双手执笏拱坐，其肩后连项左右各有一小头，左肩小头，左手执斧，右手举月轮；右肩小头，右手举矩（角尺），左手举日轮。据《恭颂盘古帝王腹脏》说："甫辟洪荒，一阴一阳，肇生人类，盘古帝皇，功高万世，德冠百王。像设山僻，福荫一乡。"③ 说明此地的盘古神有始祖神的地位，也有道教尊神的威力。惠阳淡水也有多个盘古庙，其中约场大龙山盘古仙王殿已有600多年历史，正殿上的盘古，头戴王冠，左手举日，右手托月，披木叶肩围，裸上身，下围黄袍。左首药师，右首太白。左神橱，盘古王婆；右神橱，何、冯、张三仙姑。门厅旁，桌子上放有"太乙救苦天尊"的"冥途路引"，题榜"祖地龙虎山"，表明还有相当浓厚的道教意味。

（二）水神崇拜与五老君信仰

岭南海岸线长，有4300公里，境内江河纵横，除西江、北江、东江三大水系外，还有南江、韩江、梅江、鉴江和无数的河流湖泊，岭南民众"生于咸潮，长于淡汐"④，无日不与"水"打交道，江水无情，危及性命，人们寄望一种超人的力量能够控制水域，于是水神（海神）受到特别的崇拜，突出的有北帝和南海神，如同道教的黑帝和赤帝。

---

① 姜哲夫等：《拜王——广东北江猺山猺人风俗之一》，台北中研院《历史语言研究所集刊》第四本第一分册，1993，第89～119页。
② （道光）《直隶南雄州志》卷九，《舆地略·风俗》，道光四年（1824）续修，广州心简斋刻本。
③ 官达常：《坪峰畲水口庙诸神腹脏颂·恭颂盘古帝王腹脏》。
④ 屈大均：《广东新语》卷六，《神语·真武》。

1. 北帝

北帝，是岭南人对真武帝，即玄武大帝的称谓。北帝原是北方大帝，玄武原是星辰，后被改造为龟蛇合体的动物神，《楚辞·远游》王逸注："玄武，北方神名。"《后汉书·王梁列传》又云："玄武，水神之名，司空水土之官也。"玄武成为统领水族之神。唐末宋初，随着道教盛行，玄武被道教吸纳到它的神仙系统，称作道教五老君之黑帝，地位仅次于三清和玉皇，成为道教的守护神而佑天下。北帝的外貌，据《元始天尊说北方真武妙经》描述："双睛掣电伏群魔，万骑如云威九地；紫袍金带佩神锋，苍龟巨蛇捧圣足。"① 这个"披发跣足，仗剑着鳌，脚踏龟蛇"的荡魔天尊形象，在岭南的北帝庙中随处可见。

北帝崇拜何以入粤？《广东新语》释道：

> 或曰真武亦称上帝，昔汉武伐南越，告祷于太乙，为太乙锋旗，太史奉以指所伐国，太乙，即上帝也。汉武邀灵于上帝而南越平，故今越人多祀上帝。②

实际上，北帝是因其善司水患而为岭南（主要是珠江三角洲）人，尤其为蜑民所顶礼膜拜。《广东新语》载：

> 吾粤多真武宫，以南海佛山镇之祠为大，称曰"祖庙"。其像被发不冠，服帝服，而建玄旗，一金剑竖前，一龟一蛇，蟠结左右，盖《天官书》所称"北宫黑帝"，其精玄武者也，或即汉高之所始祠者也。粤人祀赤帝，并祀黑帝，盖以黑帝位居北极，而司命南溟。南溟之水生于北极，北极为源，而南溟为委。祀赤帝者，以其治水之委，祀黑帝者，以其司水之源也。吾粤固水国也，民生于咸潮，长于淡汐，所不与鼋鼍蛟蜃同变化，人知为赤帝之功，不知为黑帝之德，家尸而户祝之，礼虽不合，亦粤人之所以报本者也。③

---

① 《道藏》第1册，第812页。
② 屈大均：《广东新语》卷六，《神语·真武》。
③ 屈大均：《广东新语》卷六，《神语·真武》。

"祀黑帝者，以其司水之源"，可知黑帝（北帝）到了岭南水乡，成了专职司水之神，岭南人特别是水上居民接受了道教守护神真武帝君，视之为岭南水神，由是"岭南甚尊事之"①。

岭南水乡广建北帝庙，如广州城北夏茅村有北帝庙，始建于宋仁宗九年（1031），最早叫"玉虚宫"，祀奉北方真武玄天上帝，因以北帝坐镇此庙，故又称为"北帝庙"，是当时广州地区规模最大、设备最完善的庙宇，庙内有碑文写着："朔望烧香者不无挤拥""附近四邻来往参神"②，足见当年的热闹。又如广州城西泮塘有仁威庙（见图 4-1），于北宋皇祐四年（1052）创建，经明清两代多次的翻新、重修，是当时泮塘恩洲十八乡规模最大、历史最悠久的一座庙宇，该庙供奉的是真武帝，原称北帝庙，因真武帝不仅善司水，而且按照道经说"有妖皆剪，无善不扶"③，既仁慈，又神威，故又叫"仁威庙"。

图 4-1　广州仁威庙（笔者摄）

在岭南众多的真武庙中，尤以佛山俗称祖庙的真武庙（见图 4-2）规模最大，道味最浓。祖庙始建于北宋神宗元丰年间（1078～1085），"历元至明，皆称祖堂，又称祖庙，以历岁久远，且为诸庙首也"④。明清以来，

① 王临亨：《粤剑编》卷二，《志土风》。
② 见庙内古碑碑文。
③ 《太上说玄天大圣真武本传神咒妙经》卷二，《道藏》第 17 册，第 109 页。
④ （道光）《佛山忠义乡志》卷二，《祀典·灵应祠祀》。

祖庙在佛山是集神权、政权和族权于一体的庙宇，北帝成为社神、祖神与教神合一的社区神，守护神的角色比较强，体现了造神者借助神灵来维系本社区存在的意图。

图 4-2　佛山祖庙（笔者摄）

另外，广西玉林市也有众多北帝庙。其中北流新圩镇玉虚宫北帝庙历史最为悠久，残存文物最多，其大门两侧的对联"体自有临居北极，用符既济奠南郊"，颇有道教色彩和意味。

2. 南海神

中国古代多用"四海"指代天下，西海、北海本无海可指，东海和南海最初是泛指现在的黄海、东海和南海。早在传说时代，中国的东南西北"四海神灵"信仰就产生了，最早出现海神记载的是《山海经》，书中已出现"四海神灵"的名称：东海海神禺貌、南海海神不廷胡余、西海海神兹、北海海神禺强（禺京），"南海渚中，有神，人面，珥两青蛇，践两赤蛇，曰'不廷胡余'"①，"不廷胡余"快读即成"番禺"，就是古代广州称谓之音，反映出南海神同古广州的起源有着某些直接的联系，据《史记·五帝本纪》和《神异经》等书记载，尧的后代谨兜被放逐南方，死后化名"不

---

① 《山海经》卷十，《大荒南经》。

廷胡余",故被视为南方民族之祖。

关于南海神的敬奉及其演变,《广东新语》有如下一些记载:

> 祝融,火帝也,帝于南岳,又帝于南海者。石氏《星经》云:南方赤帝,其精朱鸟,为七宿,司夏,司火,司南岳,司南海,司南方是也。司火而兼司水,盖天地之道,火之本在水中,水足于中,而后火生于外;火非水无以为命,水非火无以为性,水与火分而不分,故祝融兼为水火之帝也。……祝融,赤帝也。《淮南子》云:南方之极,自北户之界,至炎风之野,赤帝祝融之所司是也。《正义》云:赤帝,南方赤熛怒之神。赤熛怒者,火赫赫炎炎之象。火者,南人之命,南人之事赤帝,盖事火也。事火者,事其命也。①

> 祝融者,南海之君也。②

《太公金匮》也曰:"四海之神,……南海之神曰'祝融'。"③ 据上可知,南海神名"祝融",又号"祝赤",原本司火。因南方属火,火是光明的象征,而火之本在水,故祝融合水火于一身,正如屈大均《广东新语》云:"司火而兼司水,盖天地之道。火之本在水,水足于中,而后火生于外。火非水无以为命,火非本无以为性。水与火而不分,故祝融兼为水火之帝也。"④ 在岭南成为司火司水之神,尤其是司水之神主管海上风云,法力无边,凡雷电朝夕,狂风怒涛,旱涝水溢等均属其管辖,能消灾除难,风调雨顺,威灵显佑。隋唐时期,道教结合龙的形象,创造出"四海龙王",《历代神仙通鉴》卷十五载:"东海沧宁德王敖广,南海赤安洪圣济王敖润,西海素清润王敖钦,北海浣旬泽王敖顺。"⑤ 南海神被道教赋予南海龙王称号而成为道教神祇之一。

---

① 屈大均:《广东新语》卷六,《神语·南海之帝》。
② 屈大均:《广东新语》卷六,《神语·海神》。
③ 李昉:《太平广记》卷二九一,《四海神》引。
④ 屈大均:《广东新语》卷六,《成语·南海之帝》。
⑤ 徐道:《历代神仙通鉴》卷十五,上海江东书局,民国三年(1914)。

南海神祭祀始于隋朝，隋文帝封祝融为南海神，行侯制一级，立夏祭祀，岭南还专门建制南海神庙以供奉，《广东新语》载："南海神庙，在波罗江上，建自隋开皇年。"① 具体时间，据陈宪猷先生考证"建于隋朝开皇十四年（594 年）"②。之后历朝都有致祭和重修，有碑文为证，唐代《南海广利王庙碑》云：

> 四海之神，以南海神为首，在北、东、西海神之上。天宝中，皇上册封南海神为广利王，其庙在广州治之东南扶胥之口、黄木之湾。元和年间，广州刺史孔戣祭南海神，并扩建其庙。③

该碑（见图 4-3）于唐元和十五年（820）立，为南海神现存最早的碑刻，又是庙内惟一的唐碑，碑文是唐代著名文学家韩愈所撰。

明代也留下碑文——《成化御祭文》（见图 4-4）。该碑文刻于成化十三年（1477），因天道不顺，风雨不调，地震频频，疾疫流行，百姓流离失所，明宪宗因此差官来南海治祭，希望南海神保佑，转灾为福。

图 4-3　南海广利王庙碑
（笔者摄自南海神庙）

图 4-4　成化御祭文
（笔者摄自南海神庙）

---

① 屈大均：《广东新语》卷六，《神语·南海神》。
② 仇巨川：《羊城古钞》卷二，《山川·戢旗冈》，陈宪猷校注本，广东人民出版社，1993，第 125 页。
③ 该碑及碑文今存南海神庙内。

也有史书记载，《羊城古钞》称：

> 神自唐开元时祭典始盛，册尊为"广利王"。宋康定中，加号"洪圣王"。皇祐二年，以侬寇遁，赖神功，加号"昭顺"。昭兴七年，加号"威显"。元至元二年，加号"广利灵孚"。明洪武三年，始封"南海之神"。国朝屡遣官致祭、重修，封"南海昭明龙王之神"，每岁二月上壬日致祭。①

南海神庙至今仍存，在广州黄埔庙头村广深公路南侧（见图 4-5），其大殿南海神像背后的影壁绘有一幅神龙腾云驾雾护佑航行的浮雕壁画，民间传说南海神像的神座正中为南海神庙的龙穴位，可见南海神与南海龙王的汇流。每年的农历二月十三日为南海神诞，南海神庙人山人海，香火不绝。人们参拜之后，都会买些波罗符和波罗鸡。波罗符采用传统木版工艺印制，中间印有祝融像，四周印有"钟馗打鬼""和气生财""引福归堂""洪圣大王""卦镇四方""紫薇正照"等图案，与道符无二，寄托了人们希冀国泰民安的纯朴愿望。波罗鸡为"糊纸作鸡涂以金翠或为表鸾彩凤，大小不一"，"凡谒神者游剧者必买符及鸡以归，馈赠邻里，谓鸡比符为灵"②，波罗鸡用作道符，道教色彩相当浓厚。

图 4-5　南海神庙（笔者摄）

---

① 仇巨川：《羊城古钞》卷三，《祠坛·南海神庙》。
② 崔弼：《波罗外纪》卷二，《庙境》。

此外，南海神又因宋康定二年（1041）赐封为"洪圣王"，故南海神庙也称为"洪圣庙"。南海神庙以珠江三角洲广府地区为多，就番禺新造镇小谷围岛上原来的珠江出海要道一带村庄，就建有 15 个"南海神祠"①，洪圣庙则以东北西三江为多，全省有 500 多间，故民间有"中夷贸易遍四海，洪圣信徒达三江"之说。

（三）黄野人崇拜与黄大仙信仰

黄野人②，葛洪弟子，其仙迹传说在岭南广为流行，其活动主要在罗浮山上。

1. 成仙罗浮山

陈梿《罗浮志》云：

> 黄野人，葛稚川之弟子也。稚川栖山炼丹，野人随之。葛既仙去，留丹于柱石之间，野人自外至，得一粒服之，为地行仙。③

嘉靖《惠州府志》也曰：

> 黄野人，葛洪弟子也。或云洪之隶。洪既仙去，留丹于罗浮柱石间，野人得一粒服之，遂为地行仙。常在人世，人或有遇之者。④

黄野人究竟是葛洪的弟子还是仆人？无关紧要，但有一点是清楚的，就是

---

① 《千年庙会流转的民间记忆》，《信息时报》2011 年 3 月 11 日，C6 版。
② 关于黄野人、黄大仙为何人，学术界有分歧，有人认为黄大仙不是黄野人，是黄初平，参见江励夫《黄大仙其庙其人》，载《羊城今古》1988 年第 5 期以及符实《黄大仙考》，载《羊城今古》1999 年第 2 期；也有人认为黄大仙即是黄野人，但不是黄初平，参见刘汉东《道教黄大仙考异》，载赵春晨《岭南宗教历史文化研究》，天津古籍出版社，2002，第 69～77 页。还有人认为黄大仙是广东东莞黄野人，参见马书田《华夏诸神》，北京燕山出版社，1990。笔者曾专门走访罗浮山，请教冲虚观观长、广东省道教协会会长、中国道教协会副会长赖保荣道长，他说：黄野人，即是黄初平、亦即是黄大仙，金华人。然查阅葛洪《神仙传》，卷二有《黄初平传》，从卷中的叙述看，黄初平应该是生活在葛洪之前的人，与葛洪弟子黄野人，世称黄大仙，应该是两个不同的人。
③ 陈梿：《罗浮志》卷四，《黄野人》。
④ （嘉靖）《惠州府志》卷十四，《外志·仙释》。

黄野人是跟随葛洪在罗浮山炼丹，葛洪仙去后，他服食葛洪留下的丹药，只是药力不足，最终不能随葛洪升天，而留在罗浮山成了地行仙。

黄野人修成的地（行）仙，为神仙"三品"之一。道教按照道行的高低，分天仙、地仙和鬼仙（尸解仙）三品，如《仙经》云："上士举形升虚，谓之天仙。中士游于名山，谓之地仙。下士先死后蜕，谓之尸解仙。"① 天仙太远不好求，非常人可企及。尸解仙"不得御华盖，乘飞龙，登太极，游九宫"②，虽能长在世间，但不逍遥自由。只有地仙，既能长生，又优游于名山，为人所企望和羡慕之仙。迄今，博罗一带还流传着一首关于黄野人得道成地仙之诗：

> 九载功成驾鹤骈，
> 空遗丹灶冷无烟。
> 衣冠昔日犹埋冢，
> 鸡犬当时亦上天。
> 高步瑶池观日月，
> 几经沧海变桑田。
> 可怜黄野归来晚，
> 留与人间作地仙。③

2. 显灵罗浮山

黄野人成为地行仙后，仍"居罗浮"④，"黄野人庵，近冲虚观，黄乃葛仙门人也，尝有哑虎守之"⑤。他活跃在罗浮山上，有关其显灵的记载很多：

> 罗浮仙灵颇众，人弗得见。惟黄野人数数与人遇。其事载《罗浮山志》，不可枚举。大率每年九月六日至九日，黄野人必出，但见之而

① 葛洪：《抱朴子内篇·论仙》引。
② 陶弘景：《真诰》卷六，《道藏》第20册，第520页。
③ 博罗县委文史资料研究委员会：《博罗文史》第三辑，1986年内部发行本，第43页。
④ 范端昂：《粤中见闻》卷十八，《人部六·黄野人》。
⑤ 陈梿：《罗浮志》卷二，《庵》。

不识耳。①

　　（黄野人）居罗浮为地行仙，往往与人相遇，或为黄冠，或儒者，或为溪翁、山妇，或牛、或犬、或鸟、或大胡蜨，凡山中所有物，皆能见之。②

　　（黄野人）今肉身犹存，有缘者或遇之，常有人游罗浮宿岩谷间，夜见一人，身无衣而绀毛覆体，意必仙也。乃再拜问道，其人了不顾，但长啸数声，响振林木。③

他神出鬼没，变化无常；他又混迹自然，萧然物外，"朝吴暮粤，水天一色。长啸归来，山青水白"④，表现出仙风道骨和自由超脱精神。

黄野人还在罗浮山上为人治病，普济众生，救人无数，灵验非常，《罗浮志》云：

　　今肉身常在世间，有缘者或遇之。有樵夫患脚疮，久年不瘥，隔溪唤之使前，削木皮传之，令闭目隐痛，少顷，则肉身已隐矣，而疮则遂瘥。又一伛偻者，遇之，令于道上俯拾以进，起来腰脊自如，而失野人所在。野人今常在山中，施有缘药，如削木皮补缺唇，捏土医疮瘘之类至多。⑤

　　稚川弟子黄野人亦时游戏人间。……顺治戊子（1648）大饥，一道士以杖叩石崖，令环山居民拾归煮食，竟日可饱，存活者以万计，及秋收坚不可啖此，尤其普济者也。⑥

可知黄野人在不同时期，不同地方，以各种姿态和各种方式，出没山间，或施药治病，或普济万民。他擅长的治疮瘘之术，疑承自葛洪及其妻鲍姑灸法。

　　从上述黄野人从事的若仙若道活动看，其记载大都是一些传说，真实

---

① 范端昂：《粤中见闻》卷十八，《人部六·黄野人》。
② 屈大均：《广东新语》卷二十八，《怪语·黄野人》。
③ 王建章：《历代神仙史》卷二，《黄野人列传》。
④ 陈伯陶：《罗浮志补》卷三，《寺观》。
⑤ 陈梿：《罗浮志》卷四，《黄野人》。
⑥ 陈伯陶：《罗浮志补》，附《罗浮指南》。

生平已难以得知，而可以大致肯定的是，他得传葛洪的道法仙术，与葛洪有长期的师徒关系，成为葛洪道团的一员，是葛洪当年南下广东修道炼丹时所携同的子侄门生弟子之一，葛洪去世后，他留居罗浮山，继续悬壶济世，行善积德。按道经云："立三百善功，可保存为地仙，居五岳洞府之中。"① 他以地行仙的形象一直活跃在罗浮山上，为罗浮山仙灵的代表，在岭南享有"黄大仙"之尊称。清人宋广业有《黄野人》诗一首，赞道：

> 天仙生羽翰，地仙载营魄。
> 住世一千年，犹如三宿客。
> 主人已超举，柱礎遗糟粕。
> 刀圭一入口，典钥朱明宅。
> 哑虎为守门，相依忘语默。
> 虎醒人迹稀，虎睡山风寂。
> 朝吹丹灶烟，夜捣仙方药。
> 仙药不知名，活人无取索。
> 蓝袍缁蒌巾，韬光遍阡陌。
> 见人辄吟诗，留题在山壁。②

有关黄野人的仙踪和道术传说越来越多，传播越来越远，影响也越来越大。岭南多处建有黄大仙庙，著名的有：南海西樵的祖坛黄大仙庙，1915 年移往香港浅水湾，现在原址上重建；广州芳村黄大仙祠（见图 4-6），为规模最大的一间；惠州龙藏洞赤松观黄大仙庙；广东新会叱石，今尚存，所祀的都是黄大仙。后来引祀全国乃至世界各地，如杭州西湖黄龙洞、上海闸北黄大仙庙，乃至香港九龙黄大仙观、马来西亚黄龙庙、新加坡黄龙庙等，都祀黄大仙。

据笔者实地考察和调研所知，广州芳村等地黄大仙祠所祀的黄大仙与罗浮山冲虚观赤松黄大仙祠所祀的黄大仙略有不同。一是诞日不同，罗浮山以每年四月十八日为"黄大仙诞"，广州等地多以农历八月二十三日为其宝诞；二是神像不同，罗浮山冲虚观的黄大仙披发过肩，双手抱膝，侧身

---

① 李昉：《太平御览》卷六六三，《道部五·地仙》引《秘要经》。
② 宋广业：《罗浮山志汇编》卷二十，《怀仙十三首·黄野人》。

图 4-6 广州黄大仙祠 (笔者摄)

斜视，一副放荡不羁的神态（图4-7），广州芳村等地的黄大仙正襟危坐，手执拂尘，器宇轩昂，一副仙风道骨的神采（见图4-8）；三是籍贯不同，罗浮山冲虚观的黄大仙是东莞人，广州芳村等地的黄大仙为浙江金华人，据《黄大仙真经·序》称："黄大仙原名黄初平，十五岁时得赤松子指点，得道隐居赤松山，故称赤松子，后世称为黄大仙。"他擅长炼丹和医术，尤其以治疗疮痍之疾见长，悬壶济世，深入民心。广州芳村黄大仙祠门前有一副对联，上写"叱羊传晋代，骑鹤到南天"① 十个大字，向人们讲述着黄大仙当年修道成仙和到岭南传道扬善的神奇故事。《复建广州黄大仙祠碑志》也向世人细说建造黄大仙祠的缘由：

> 羊城之西，有芳村花地，素以群芳荟萃，名园云集闻世，为士女游览胜地。清光绪己亥（1899），有道长数人，建赤松黄大仙祠于此，启粤地立祠供祭黄大仙之先河。……历代流变，民间所崇者，渐以大仙采植草药，汲井愈疾，行善济世，益广救人之功为念。祠之初创，问事者环其门，莫不有求皆应。一时之间，善信之众，香火之盛，几与城内寺观埒。②

---

① 此对联镶嵌在广州黄大仙祠门前。
② 此碑立于祠内。

图 4-7　黄大仙像
（笔者摄自罗浮山冲虚观赤松黄大仙祠）

图 4-8　黄大仙像
（笔者摄自广州芳村黄大仙祠）

祠内敬奉的是金华黄大仙，故称为"金华分迹"，有诗为证：

> 早超溢溢出兰溪，访入泉林福地栖。
> 橘井香飘黄野咏，丛祠誉播赤松题。
> 殷殷有愿除魑魅，耿耿无私惠犬鸡。
> 忍见穷途频恻祷，垂听弱质迷哀啼。
> 丹丸在灶千重炼，筚路悬壶万仞跻。
> 彰善显灵循太极，救伤祛病护烝黎。
> 蜚声海外尘寰内，养燕天南阆苑西。
> 术以全真身或隐，形而上奥道焉迷。
> 腾云已验高骑鹤，叱石能忘贱牧羝。
> 但得施恩延草木，何须立像校金坭。
> 婺城荐享芳村接，每叩方家事可稽。①

由上可见，岭南黄大仙是金华黄大仙信仰南传岭南后，与岭南民间黄
野人崇拜融合在一起，从而产生出一种富有岭南地方特色的黄大仙信仰。

---

① 叶树林：《骑鹤到南天》，香港，天马出版有限公司，2005，第 63 页。

（四）龙母崇拜与水府元君信仰

龙母崇拜是岭南民间一种俗信。在西江流域和珠江流域等地，龙母传说流传广泛，不管是水上人家，还是陆上之户，大都信奉龙母，尤其是德庆悦城地区，龙母传说和崇拜颇为盛行。

1. 由民妇到神女

关于龙母的传说，沈怀远《南越志》有较详尽的记载：

> 昔有温氏媪者，端溪人也。常居涧中，捕鱼以资日给。忽于水侧遇一卵，大如斗，乃将归置器中。经十许日，有一物如守宫，长尺余，穿卵而出，因任其去留，稍长五尺，便能入水捕鱼，日得十余头，稍长二尺许，得鱼渐多，常游波中，萦回媪侧。后媪治鱼误断其尾，遂逡巡而去，数年乃还。媪见其辉色炳耀，谓曰："龙子今复来也。"因蟠旋游戏，亲驯如初。秦始皇闻之，曰："此龙子也，朕德之。"所致诏使者，以元珪之礼聘媪，媪恋土不以为乐。至始安江，去端溪千余里，龙辄乡船还，不逾夕，事本所如此数四，使者惧而止，卒不能召媪。媪殒瘗于江阴，龙子常为大波，至墓侧，萦浪转沙以成坟，土人谓之"掘尾龙"。今南人以船为龙掘尾，即此也。①

该志书用了近250个字详细记载了龙母的生平和事迹。端溪，在今德庆城东，今称涌河。汉朝因端溪之名而设端溪县，这是德庆设县之始。唐朝刘恂《岭表录异》也用了200个字左右，专述龙母历史："温媪者，即康州悦城县媪妇也。织布为业。尝于野岸拾菜，见沙草中有五卵，遂收归，置绩筐中。……或询以灾福，亦言多征应。"②康州即德庆的古称，州治在端溪县。清人程鸣《孝通灾庙旧志》对龙母的生平和业绩也有完整记载：

> 温氏，晋康郡程溪人也。其先广西藤县人，父天瑞，宦游南海，

---

① 沈怀远：《南越志》，见骆伟等《岭南古代方志辑佚》，广东人民出版社，2002，第156～157页。
② 刘恂：《岭表录异》，见骆伟等《岭南古代方志辑佚》，广东人民出版社，2002，第204页。

娶悦城程溪梁氏，遂家焉。生三女，龙母，其仲也，生于楚怀王辛未之五月初八。……常于稠人中望空，似有与之应答，间有以出入询者，辄中祸福，时人目为神女。①

清人王士瀚在重修《悦城孝通龙母神庙志·序》也载：

忆肇郡以西，由苍梧直达滇黔，峨舸大艑，络绎不绝。于迅流飞湍中，澎湃瀚漫，夹以峰根石嘴，分布屏列，隐见出没其间，使人可见而不可见。当夫飓风怒号两山挟阔来，又绝少迂湾港可以避其汹涌者，一叶相争，将何所恃而不恐乎？唯龙母神之灵，呼之即应，绵绵延延亘数千里，凡水宿风餐者，无不有龙母之神以呵护之也。②

从上述史载不难看出，龙母温氏原为岭南土著民妇，为周秦时人，以织布为业或以捕鱼为生，她有平息水患、预知祸福和趋利避害的神能，受世人敬仰而成为神女。

龙母有功于民，也有功于社会，得到民众的崇拜，也得到朝廷的封赐。

2. 历代的封敕

从秦始皇开始，历代皇帝对龙母均有封赐，据《悦城龙母祖庙志》记载：龙母最早被封建国家赐封是在汉高祖十二年（前194），即在龙母死后（龙母卒于前210）16年，被汉高祖赐封"程溪夫人"加赐御葬；唐天祐元年（904），封永安夫人，次年改封"永宁夫人"；南汉大宝九年（996）封"龙母夫人"；宋太宗年间，封"永济夫人"；宋熙宁十年（1077）加封"灵济崇福圣妃"；宋元丰元年（1078）赠"永济夫人"；明洪武八年（1375）封"程溪龙母崇福圣妃"，九年（1376）又封"护国通天惠济显德龙母娘娘"；康熙二十八年（1689）封"水府元君"；咸丰三年（1853），皇帝"朱笔圈出"龙母封号为"昭显"；同治七年（1868）朱笔圈出"溥

---

① 程鸣：《孝通庙旧志》，见欧清煜编《古坛仅存——悦城龙母祖庙》，中国文史出版社，2002，第43页。
② 王士瀚：《重修〈悦城孝通龙母神庙志〉序》，见欧清煜编《古坛仅存——悦城龙母祖庙》，中国文史出版社，2002，第47页。

佑"为龙母封号。光绪八年（1882），朱笔圈出"广荫"为龙母封号。① 将历代皇帝封赐加在一起，龙母的头衔全称是"程溪永安永宁永济夫人灵济崇福圣妃护国通天显德昭显溥佑广荫龙母水府元君"，故有"膺封十数朝，享祀二千载"② 之誉。

从历代封号可以看出，龙母自高祖十二年被赐封为程溪夫人始，在唐、宋、明、清四个朝代都被封建统治者加封，从永安夫人、永宁夫人、灵济崇福圣妃、永济夫人、护国通天惠济显德龙母娘娘、"水府元君"等等，步步高升，这些封号反映了统治阶级的一个共同心声，就是希望借助龙母娘娘的神灵护佑百姓的平安，国家的安宁，民族的统一，如明朝《洪武诏书》所言："汉初封为程溪夫人，历朝征讨不廷，则阵显长蛇风送转运以奏凯。"③ 清朝《礼部文牒》也云："既仗威灵，而陆匪扫除，复叨呵护而水魔远窜，凡有祈祷，莫不显灵。"④ 表明龙母信仰在南粤十分盛行，不仅民间信仰龙母，而且官方也利用这种信仰，笼络人心，以神化自己的统治。

3. 道教的加封

道教南传岭南后，为了笼络南粤人心，加强本教在民众中的影响，同时受岭南文化的熏染和影响，便将岭南民间崇拜的龙母纳入道教信仰的神祇之中，对龙母进行加封，《悦城龙母庙志》续附收录了"玉皇大天尊玄穹高上帝""万发教主玄天上帝"等颁行给龙母的"敕命"⑤，在龙母原封号"敕封护国通天惠济显德龙母娘娘"后面再加上"水府元君"衔，"水府元君"乃是道教"三天上帝"所加封，龙母成为上帝委任治管三江五渎之神，实际上就是承认龙母是道教的正神，龙母成为南中国最灵验的水神，也是道教最神圣的神灵，广东德庆悦城龙母祖庙山门的对联写得好："百粤洞天开水府；五灵初地起神龙。"百粤古称南方人或南方人居住的地方；洞天乃道教术语，为仙人居住的地方；水府乃水神或龙所居的地方；五灵即龙、麟、龟、凤、虎；初地就是发祥之地，这里是祖庙，龙母豢龙，是龙的始

---

① （光绪）《悦城龙母庙志》，光绪十三年（1887）东裕堂藏版，第1页。
② （光绪）《悦城龙母庙志》，光绪十三年（1887）东裕堂藏版，第33页。
③ 《奉天承运碑》，见谭棣华等《广东碑刻集》，广东高等教育出版社，2001，第758页。
④ 清咸丰三年《礼部牒文》，见欧清煜编《古坛仅存——悦城龙母祖庙》，中国文史出版社，2002，第27页。
⑤ （光绪）《悦城龙母庙志》，光绪十三年（1887）东裕堂藏版，第90页。

祖，所以说是初地，这里是洞天，神仙居所，所以又是道教圣地。

岭南龙母信仰深深打上了道教烙印，主要表现在以下方面。

第一，龙母会道教辟谷术。清程鸣《孝通庙旧志》说：龙母"常于稠人中望空，似有与之应答，间有以出入询者，辄中祸福，时人目为神女。然多病，旬日不食不改色"①。旬日不食而面不改色，这是道教的辟谷之术，此术汉武帝时李少君已施行，凡服食、吐纳，都要辟谷，就是不吃五谷。道教认为谷气太浊，像《云笈七签》所说："既食百谷，则邪魔生，三虫聚。"② 所以要断除谷气，使三虫不生，人才能长寿。

第二，龙母符带有道符功能。在岭南民间有带"龙母符"的习俗，龙母符有龙母神像护身符、水府元君护身符、十二生肖金箔龙母护身符、龙母护身卡、龙母平安符和龙母符匙扣等，做工精细。据说，龙母符和神像经道士开光以后，便有神秘的法力，可以使人免祸消灾。这明显是受道教符录派的影响，符是将神力以"符号"的形式，附着在规定的"文字"或图形，并书写在纸、绢、木、石等特定的物品上，作为天神的旨令，这是道士们所使用的法术，具有遣神役鬼、镇魔压邪、治病求福的功效。

第三，龙母诞日成为道教节庆。岭南民间把龙母忌日农历八月初一说成是"得道日"，即得道飞升。"得道"是道教的一种说法，是成仙的条件之一，也是道教修炼的主要目的。五月初八龙母生日被视为龙母诞辰，由道士巫祝主持庆贺，各方善信游人会集于庙内，争先恐后朝拜龙母，上香、摸龙床、照龙母镜、用龙母梳、洗龙母水、喝龙母茶、服香灰等等，祈求好运，场面盛大，热闹非常。

4. 南粤的景仰

岭南民间崇拜和感恩龙母，很早就建起龙母庙。据"庙志"载："龙母祖庙始建于秦汉之世。"③ 宋人张维《永济行宫记》云："唐太和中，李景休、会昌赵令则刻文于碑，详矣。"④ 可惜赵、李二石刻已不存。光绪《德

---

① 见欧清煜编《古坛仅存——悦城龙母祖庙》，中国文史出版社，2002，第43页。
② 张君房：《云笈七签》卷六十，《道藏》第22册，第417页。
③ （光绪）《悦城龙母庙志》，光绪十三年（1887）东裕堂藏版，第1页。
④ 见欧清煜编《古坛仅存——悦城龙母祖庙》，中国文史出版社，2002，第24页。

庆州志》载：《新修龙母庙楼碑》是"李景休撰，郭齐正书，太和六年正月一日记。"① 太和六年为公元 832 年，这是龙母祖庙史有明确文字的维修记载。龙母祖庙位于德庆县悦城镇中心，前为西江，一川东流，气势磅礴，后为五龙山，山色葱茏，为古庙天然屏障。

龙母祖庙作为岭南民间信仰的场所，也是一所宏大的道场，其规模与格局非同一般，为岭南地区所仅见。除供奉龙母的大殿外，还设有处理庙务的"行宫公所"和专门接待香客信士的"西客厅"。行宫之设，不会迟于宋代，宋人邓桓显《孝通庙记》载：各地"多据形势以建其庙，则血食之奉，益广而无穷者，自兹庙始"②。清康熙间程鸣所撰《孝通庙旧志》也载："康州四乡三百余寨，皆设行祠，别郡所设，难以枚举。"③ 龙母行宫遍及村村寨寨。明、清两代曾多次扫荡所谓"淫祠"，龙母祖庙却不断扩建，愈加堂皇。光绪《悦城龙母庙志》云："世之祠庙所立而崇奉者岂少哉，而母之庙貌巍然，独长存于天壤。"④ 西江中下游的德庆，崇龙风俗非其他地可比，亦证明瓯骆文身断发以象征龙子之滥觞，非德庆为中心莫属。德庆带龙字的地名有上百处，龙姓是县内十大姓之一，县内以舞龙、赛龙舟、跑旱龙、赶龙船圩为风尚，这一切显然都与龙母信仰有关。

此外，岭南还有多处龙母庙。一是德庆龙母庙，据光绪《德庆县志》载，仅德庆县内有 300 多座。⑤ 二是梧州龙母太庙，据同治《苍梧县志》载，梧州城东西江畔、城北桂江畔、长洲岛浔江畔，各有一座龙母庙。⑥ 现仅存城北桂江畔的龙母庙，始建于北宋初年，明万历，清康熙、雍正年间均曾重修，20 世纪 80 年代重修，并改名为"龙母太庙"，成为粤港澳乃至东南亚的祈福圣地，堪称中国龙母第一庙，每年农历五月初八为"龙母诞"，成千上万的两广以及港澳台游客前来梧州龙母庙观光朝拜，还有派生出来的龙母民俗活动有划龙舟、龙母戏等活动。三是藤县⑦龙母庙，据清光

---

① （光绪）《德庆州志》卷十四，《艺文志三·金石》，清光绪二十五年（1899）刊本。
② 见欧清煜编《古坛仅存——悦城龙母祖庙》，中国文史出版社，2002，第 23 页。
③ 见欧清煜编《古坛仅存——悦城龙母祖庙》，中国文史出版社，2002，第 44 页。
④ （光绪）《悦城龙母庙志》，光绪十三年（1887）东裕堂藏版，第 42 页。
⑤ （光绪）《德庆县志》卷五，《营建志四·坛庙》。
⑥ （同治）《苍梧县志》卷七，《建置上·坛庙》。
⑦ 按：藤县位于广西北流河与西江连接的地方。

绪《藤县志》卷五载："龙神庙在石人岭下知县邱堂祈雨率众创建龙母庙，在水东街胜概坊。"① 四是大明山②龙母庙，据清代编撰的《武缘县图经》卷三记载："龙母庙，县境多有之。"据不完全估计，环大明山有龙母庙20多座，均供奉龙母。五是岑溪市③龙母庙，现有两座：一座是大竹村龙母庙，位于岑溪市糯垌镇大竹村龙母盘的父老河与糯垌河交汇处，建于何年不详，遗址已毁，1990年重建；另一座在三堡镇糯垌河与义昌江交汇点的三堡街上，建于清代乾隆十六年（1751），主要供奉龙母、关公及道教神灵。五是扶溪④龙母庙，据《仁化县志》等史料记载，此庙又名南台庙，建于唐高宗仪凤元年（676），是当地为纪念龙母的恩德所建，与肇庆市德庆县悦城龙母祖庙同源齐名。

各地的龙母庙在南粤民众心中都负盛名。历经千年岁月的洗礼，吸天地之精华，得龙母灵气之滋养，如今更加神圣和开放，成为南粤龙的子孙和海内外龙的传人寻根问祖、四海朝宗、祈福观光的宗教旅游圣地。

（五）妈祖崇拜与碧霞元君信仰

妈祖，作为民间社祇、护航海神以及道教神仙，向为岭南民间所崇拜。

1. 妈祖崇拜的由来与嬗变

（1）民间庙祀。

妈祖，又称天妃、天后、天妃娘娘、天上圣母等等，福建省湄州莆田县人，姓林，名默娘，为都巡检林愿之女，生于宋太祖建隆元年（960）农历三月二十三日，殁于宋太宗雍熙四年（987）九月九日，享年二十八岁。传其"少能言人祸福"⑤，十三岁得授《玄微秘法》，十六岁观井得符，十八岁能乘席渡海救人，济助舟航，二十八岁升仙。时显灵应，救人护航，成为人们心目中法力无边的海神。人们需要她，怀念她，于是立庙祀之。廖鹏飞《圣墩祖庙重建顺济庙记》载：

---

① （光绪）《藤县志》卷六，《建置·坛庙》。

② 按：大明山位于广西南宁市。

③ 按：岑溪市是广西壮族自治区梧州市的辖市，位于广西东南部。

④ 按：扶溪位于广东省北部，隶属韶关市。

⑤ 丁伯桂：《顺济圣妃庙记》，载蒋维锬《妈祖文献史料汇编》第一辑，碑记卷，中国档案出版社，2007，第2页。

　　姓林氏，湄洲屿人。初，以巫祝为事，能预知人祸福；既殁，众为立庙于本屿。圣墩去屿几百里，元祐丙寅岁，墩上常有光气夜现，乡人莫知为何祥。有渔者就视，乃枯槎，置其家，翌日自还故处。当夕遍梦墩傍之民曰：“我湄洲神女，其枯槎实所凭，宜馆我于墩上。”父老异之，因为立庙，号曰“圣墩”。①

莆田湄洲屿在其“升天”的当年，即北宋雍熙四年（987）即建庙奉祀。随后，圣墩在北宋元祐元年（1086）也建庙奉祀。丁伯桂《顺济圣妃庙记》也云：“神莆阳湄洲林氏女，少能言人祸福，殁，庙祀之，号‘通贤神女’。或曰：‘龙女也’。”② 黄公度有《题顺济庙》诗一首，其中写道：“平生不厌混巫媪，已死犹能效国功。”③

　　从上述材料可知，妈祖为湄洲林氏女，能巫祝之事，不仅能替人预知祸福，而且能利泽家国，具有免除水旱灾害和拯救危难的本能，故被尊为“通贤神女”或“龙女”，邑人设庙奉祀，成为民间祈祷求助的对象。

　　（2）国家典祀。

　　自宋朝到清代，历受封建皇家敕封。清姚东升《释神》“天妃”条：

　　《临安志》：神为五代时闽王绕军兵马使林愿第六女。能乘席渡海。云游岛屿间，人呼为“龙女”。宋雍熙四年升化湄州，后常衣朱衣，飞翻海上，土人祠之。宣和中，路允迪使高丽，中流震风，七舟并溺，独路所乘，神降于樯，无恙。便还奏闻，特赐“顺济”庙号。绍兴时以郊典封“灵惠夫人”，淳熙朝易爵为“妃”。《元史·祭祀志》：南海女神灵惠夫人，以护海运有奇应，加封“天妃”。按明洪武中敕封“海灵神”，国朝康熙二十二年，以助克澎湖，又加封“天后”，编列祀典。④

---

① 廖鹏飞：《圣墩祖庙重建顺济庙记》，载蒋维锬《妈祖文献史料汇编》第一辑，碑记卷，中国档案出版社，2007，第1页。

② 丁伯桂：《顺济圣妃庙记》，载蒋维锬《妈祖文献史料汇编》第一辑，碑记卷，中国档案出版社，2007，第2～3页。

③ 黄公度：《题顺济庙》，载蒋维锬《妈祖文献史料汇编》第一辑，诗词卷，中国档案出版社，2007，第1页。

④ 《藏外道书》第31册，巴蜀书社，1994，第523页。

上述文献收入《藏外道书》，属于道典，其中有引自方志，也有引自正史，可信程度较大。

从材料得知：第一，天妃本是民间一名女子，因"能乘席渡海。云游岛屿间"，而被时人称为"龙女"，在民间有一定影响。第二，自宋以降，历经宋、元、明、清各个封建王朝的敕封，得享"顺济"庙号、"灵惠夫人""天妃""海灵神"和"天后"的封号，并纳入封建祀典之中，多达36次，一步一提升，最终完成了从"龙女"到"女神"的历程。

（3）道教敕封。

与此同时，道教也对天妃进行敕封，将天妃纳入神仙之列。《太上老君说天妃救苦灵验经》云：

> 浦沱胜境，兴化湄州，灵应威德，非常孝感，神通广大，救厄而平波息浪，扶危而起死回生，大慈大悲，救苦救难，敕封"护国庇民明著妙灵昭应弘仁普济天妃"①
>
> 翻覆舟船，损人性命，横被伤杀，无由解脱。…于是天尊乃命妙行玉女降生人间，救民疾苦，乃于甲申之岁三月二十三日辰时降生世间。生而通灵，长而神异，精修妙行，示大神通，救度生民。愿与一切含灵解厄，消灾扶难，拔苦功圆果满，白日上升。土地社主奏上三天，于老君敕下"辅斗昭孝纯正灵应孚济护国庇民妙灵昭应弘仁普济天妃"。②
>
> 尔时，天妃闻说偈已，稽首。天尊道前，而说誓言。……是时老君闻天妃誓言，乃敕玄妙玉女，赐以"无极辅斗助政普济天妃"之号。③

经中谓妈祖乃妙行玉女降生人间，自昔劫以来，广济众生，颇有道教神仙的味道。此经完全以道经的形式，说太上老君见诸鬼神乘世间阴阳变化之时，将天妃收归其麾下，初封"护国庇民明著妙灵昭应弘仁普济天妃"，再

---

① 《道藏》第11册，第408页。
② 《道藏》第11册，第408~409页。
③ 《道藏》第11册，第409页。

封"辅斗昭孝纯正灵应孚济护国庇民妙灵昭应弘仁普济天妃"，又封"无极辅斗助政普济天妃"，命其"护国庇民""救度生民"，令其誓言旦旦。

《太上老君说天妃救苦灵验经》为明初的道典，后来收入正统道藏，可见，至迟在明初，道教已将天妃收归太上老君的麾下，并进行了加封，将之纳入道教神仙体系之列。另外，也足以说明，道教对民间信仰的吸纳是不遗余力的。

及至明末，崇祯皇帝封妈祖为"碧霞元君"。《使琉球杂录》云：

> （康熙二十一年）三月，始奉有选择出使之命，与中书林麟焻同被选……后行经杭州，登吴山，致祭越国公祖庙，庙之左有天妃宫。天妃为海道正神，臣方疏请谕祭。因肃谒，见殿额为前使臣夏子阳所立，而悬幡累累皆大书"碧霞元君"，惊呼道士问之，曰："天妃也，胡为元君哉？"对曰："'然'。不独泰山有是称也，天妃封号亦如之。"问其详，不能对。越日，过孩儿巷天妃宫，得《天妃经》一函于案上，其后详书历朝封号，则"碧霞元君"者，崇祯十三年加封天妃之号也，神之显灵如是。[①]

《琉球国志略》也载：

> 天妃，莆田林氏女也……元世祖封"护国明著天妃"，成宗加封"辅圣庇民"，仁宗加封"广济"，文宗加封"灵感助顺福惠徽烈"赐额"灵慈"，皆以漕运危险，历见显应故也。明太祖封"昭孝纯正孚济感应圣妃"，成祖封"护国庇民妙灵昭应弘仁普济天妃"，庄烈帝封"天仙圣母青灵普化碧霞元君"，已又加"青贤普化慈应碧霞元君"。皇清仍如永乐时封号。历朝遣官进香致祭，不可胜数。盖御灾捍患，允称正神。[②]

《古今图书集成》也载："按《名山藏·典谟记》……愍帝崇祯□年封

---

① 汪楫：《使琉球杂录》卷五，《神异》。
② 周煌：《琉球国志略》卷七，《祠庙》。

天妃为'碧霞元君'。"① "碧霞元君"是道教女仙的称呼,道教典籍《碧霞元君护国庇民普济保生妙经》称:"碧霞行满十方,功周亿劫,位证天仙之号,统岳府之神兵,掌人间之善恶,寻声赴感,护国安民。"② 她有"统岳府神兵"之威,具"掌人间善恶"之明,有"护国庇民"之职,担"普济保生"之任,是一位无所不护佑的女神。对于崇祯皇帝将"碧霞元君"这个特定专称加封给妈祖,有学者认为是讹传,"谬加"所致③。有学者还指出:"这一封号应是道教所为。"④

由上可见,经过道教的收容和加工,妈祖成了"妙行玉女"降生人间,具有"生而通灵""挂席泛槎"和"灵符回生"以及"助顺加封"等女仙功能,也就是说,妈祖从出生到行事,从经典到封号都成了道教之神。

2. 妈祖俗信南传的时间及其分布

妈祖俗信初兴于北宋时期的福建莆田,这是不争之事实。何时传入岭南各地,学界未有定论。然根据目前所接触的材料看,传入岭南的时间应在南宋初年。

首先,从加封妈祖的诏令看妈祖俗信南传的时间。元佚名《崇福夫人神兵》载:"广州城南五里,有崇福无极夫人庙,碧瓦朱甍,庙貌雄壮。"⑤ 这座庙的位置,据嘉靖《广东通志》的记载:"在归德门外,五羊驿之东。"⑥ 但具体建于何年,却没有文献详记,当今学者有不同说法,有学者指出建于"理宗嘉熙四年(1240)前"⑦,也有学者认为"妈祖于宋乾道三年(1167)加'崇福'封号,故广州庙应建于此时"⑧,更有学者肯定说"宋乾道二年

① 陈梦雷:《古今图书集成》卷二八,《神异典·海神部》。
② 《续道藏》第4册,文物出版社,第744~746页。
③ 郑丽航:《天妃附会碧霞元君封号考》,载《莆田学院学报》2005年第6期。
④ 车锡伦:《泰山女神的神话、信仰与宗教》,载《岱宗学刊》2001年第1期。
⑤ 佚名:《崇福夫人神兵》,载蒋维锬《妈祖文献史料汇编》第一辑,散文卷,中国档案出版社,2007,第9页。
⑥ 黄佐:《广东通志》卷三十,《政事志三·坛庙》。
⑦ 陈佳荣:《万里海疆崇圣妃——两宋妈祖封祀辨识》,载澳门海事博物馆、澳门文化研究会《澳门妈祖论文集》,1998,第17~26页。
⑧ 蒋维锬:《〈崇福夫人神兵〉校记》,载《妈祖文献史料汇编》第一辑,散文卷,中国档案出版社,2007,第9页。

（1166）已有崇福夫人庙"①，以上说法前后相差 100 多年，何者为准？据《天妃显圣录》云：妈祖是在宋高宗绍兴二十五年（1155）诏封"崇福夫人"，到光宗绍熙元年（1190）晋封"灵惠妃"，之后都是"妃"，甚至"天妃"和"天后"格，如"助顺妃""显卫妃""英烈妃""善庆妃""慈济妃""显济妃""明著天妃""仁慈天后"等等。② 据此推论，建庙年代应在公元 1155～1190 年之间，这是粤中地区迄今可考的较早的妈祖庙。另外，据宋宁宗《加封"助顺"诏》中称："灵惠妃宅于白湖，福此闽粤，雨旸稍愆，靡所不应。"③ 宋宁宗颁发这个诏令的时间为南宋庆元四年（1198），位于福建白湖的顺济庙已福荫闽粤两地，显然妈祖已广为闽粤两地民众所奉祀，足见妈祖俗信在南宋初年已经传入了岭南，并为岭南人所接受。

其次，从建立妈祖宫庙的时间看妈祖俗信南传的端倪。汕尾市有甲子顺济宫，建于宋孝宗乾道五年（1169），由甲子名绅范有仁捐巨资修建④，宫名取自妈祖所得的第一个褒封，即宋徽宗宣和五年（1123）的赐额"顺济"二字⑤，它与宋代妈祖信仰肇始地福建莆田地区四大顺济庙的建立时间接近⑥，这是粤东地区迄今可考最早建立的一座妈祖宫庙。另外，粤西恩平县仕洞村亦有冈头天后庙，《恩平县志》载："相传宋莆田吴光集知南恩州军事时，随带偶像莅任，解任后，家于仕峒，遂建庙奉祀于村旁，以时瞻拜。"⑦ 吴光集原籍福建莆田，宋朝进士，南宋乾道元年（1165）出任第 20 任南恩州（现阳江地区、恩平全境及开平部分区域）知州军事，乾道六年（1170）卸任后定居牛江仕洞村创建天后庙。可见，妈祖俗信在福建兴起不久，便传

---

①　张大任：《从广东省妈祖宫资料看历史上闽粤关系——〈妈祖宫集成〉广东省部分》，载《福建论坛》1996 年第 5 期。

②　不著撰人：《天妃显圣录·历朝显圣褒封共二十四命》，载《台湾文献史料丛刊》第九辑，《台湾文献丛刊第七七种》，台北，大通书局，2000。

③　潜说友：《咸淳临安志》卷七十三，《祠祀三·古神祠》。

④　叶良方：《汕尾市民俗民风》第六节，《信仰习俗·神佛崇拜》，汕尾市地情网。

⑤　廖鹏飞：《圣墩祖庙重建顺济庙记》，载蒋维锬《妈祖文献史料汇编》第一辑，碑记卷，中国档案出版社，2007，第 1 页。

⑥　湄洲、圣墩、江口、白湖为莆田地区四大顺济庙，分别建于太宗雍熙四年（987）（见学界较普遍观点）、宋哲宗元祐元年（1086）（见廖鹏飞《圣墩祖庙重建顺济庙记》）、宋高宗绍兴二十七年（1157）[见（弘治）《八闽通志》卷六〇，《祠庙·兴化府》]、宋高宗绍兴三十年（1160）[见（弘治）《八闽通志》卷六〇，《祠庙·兴化府》]。

⑦　（清）《恩平县志》卷九，《秩祀·坛庙》。

入了岭南，其南传时间，大致在宋高宗绍兴年间至宋孝宗乾道年间，即在南宋初年。期间，岭南的粤东和粤中以及粤西等地都建有妈祖宫庙，如粤东有深奥天后宫，"宋时番舶建"①、南澳古天妃庙，"在南澳门，宋代建"②。粤中亦有几处，如东莞天妃庙："在官厅头旧演武亭后，建自宋代，明万历十一年廓而大之。"③ 顺德天后庙："在三华鳌峰之阴。相传宋时夷船入贡，遭风祷神，获安建此。"④ 南海天后庙："在大沥堡莅庄乡，宋季建。"⑤ 粤西有阳江崇善坊天后宫："天后宫在崇善坊，曰祖创宫，传自宋创建。"⑥ 岭南诸多宫庙明确建于宋代，表明妈祖俗信传入岭南与其发源地福建莆田的流播时间相距不远。

妈祖俗信自南宋初年传入岭南后，便广为岭南人接受和追捧，福建莆田人刘克庄于嘉熙四年（1240）初赴任广东提举，就到过广州妈祖庙祈福，"南使粤，见□楚番禺之人祀妃尤谨"⑦，他不无感慨地说："广人事妃，无异于莆（田），盖妃之威灵远矣。"⑧ 可见此时广人信仰妈祖已与莆人无异。及至元朝，妈祖被视为南海女神，赐封天妃，宋濂《元史》云："南海女神灵惠夫人，至元中，以护海运有奇应，加封天妃神号。"⑨ 与南海神同等待遇，同日接受朝廷致祭。明清以降，岭南俗信妈祖更加盛行，祭祀妈祖的庙宇众多，从粤东到粤中、粤西，妈祖信仰蔚为大观，如粤东的揭阳："揭人家尸里祝，祠貌遍红尘缘亩间。"⑩ 粤中的新安（今深圳宝安）："凡渡海者必祷。"⑪ 佛山："天妃司水，乡人事之甚谨，以居泽国也。其演剧以报，肃筵以迓者，次于事北帝。"⑫ 东莞："衣文衣，跨宝马，结彩棚，陈设焕

---

① 陈天资：《东里志》卷一，《疆域·祠庙》。

② 朱庆澜：《续广东通志未成稿》册十九，《杂录》，民国五年（1916）广东通志局稿抄本。

③ （宣统）《东莞县志》卷十八，《建置略三·坛庙祠》。

④ （咸丰）《顺德县志》卷十六，《胜迹略·祠庙》。

⑤ （道光）《南海县志》卷十二，《建置略四·坛庙》。

⑥ （民国）《阳江县志》卷九，《建置二·坛庙》。

⑦ 刘克庄：《后村先生大全集》卷九十一，《记·风亭新建妃庙》。按：引文中□为缺字。

⑧ 刘克庄：《后村居士集》卷三十六，《祝文·圣妃庙》。

⑨ 宋濂：《元史》卷七六，《祭祀志五》。

⑩ 刘业勤：《天后庙重建碑记》，载（乾隆）《揭阳县志》卷八，《艺文·记》。

⑪ 范端昂：《粤中见闻》卷五，《地部二·天妃庙》。

⑫ （乾隆）《佛山忠义乡志》卷六，《乡俗志·岁时》。

丽，鼓吹阗咽，岁费不赀。"① 粤西的海康："天妃庙在郡城外南亭坊，庙存银器，祀用，监庙者沿主之。"② 徐闻："天妃庙，海安所南门外渡头，各官往来皆具牲礼祭之。"③ 足见岭南地区奉祀之盛况。

从上可知，妈祖俗信南传的时间无疑始于南宋初年，范围遍布岭南各地，据笔者不完全统计，自南宋以来，仅见于方志记载的岭南妈祖宫庙多达400多处。从岭南妈祖宫庙创建的时间及其分布，可以看出妈祖俗信在岭南的传播路线与闽人的徙粤和海上航线基本相符，即妈祖俗信从其发源地福建莆田湄洲屿由其信徒从海路首先传入粤东潮汕地区，然后向粤中、粤西各港口城市和岛屿传播，其传播的轨迹大致是由粤东向粤中、粤西纵深发展。

3. 妈祖俗信南传的原因

妈祖俗信何以迅速传入岭南？究其原因，主要有以下几点。

（1）广地位置殊异。

费尔巴哈说过："人的宗教信仰不是荒诞和幻想观念的总和，而是人的现实生活内容的表现，是人对苦难和欢乐的异化反映。"④ 岭南多水乡，"吾粤固水国也，民生于咸潮，长于淡汐"⑤，粤中广州位于珠江三角洲北缘、西北东三江交汇处，自古是我国岭南地区一个重要的河港和海港，自唐以来，尤其是宋代设置市舶司之后，已成为对外贸易的主要港口城市，海上贸易络绎不绝。粤西一带港湾众多，自汉代开始，粤西沿海就是"海上丝绸之路"的必经之处，有的是始发港，如湛江，原称广州湾，三面临海，港湾罗布，海岸线长达1600多公里，海上交通发达；又如徐闻，海上丝绸之路著名始发港之一，三面环海，港湾密布，盛行海上作业。有的是转运港，如阳江，南临南海，海岸线长，岛屿众多，舟楫往来，商贸频繁。粤东濒海，"民多居水乡"⑥，宋代渐成渔村，至清乾隆、嘉庆年间开发为埠

① （民国）《东莞县志》卷九，《舆地略八·风俗》。
② （万历）《雷州府志》卷十一，《坛庙祠》。
③ （万历）《雷州府志》卷十一，《坛庙祠》。
④ 费尔巴哈：《费尔巴哈哲学著作选集》下卷，荣震华等译，商务印书馆，1984，第518页。
⑤ 屈大均：《广东新语》卷六，《神语·真武》。
⑥ （同治）《番禺县志》卷五十四，《杂记二》。

市，"有淤泥浮出沙汕头数道，乃商船停泊之总汇……为海防要隘"①。可见，广人整日与"水"打交道，"民多以舟楫为食"②，终年浮家泛宅，"风汛叵测，往往多漂没"③，江水无情，危及性命，由于科学知识的贫乏，人们对海上自然现象无法解释，难免产生恐惧和依赖，唯有寄望一种超人的力量能够控制水域，正如恩格斯所说："人间的力量采取了超人间的力量的形式。"④ 于是海神妈祖在岭南各地受到特别崇拜，《广东新语》云："粤人事海神甚谨。……凡渡海自番禺者，率祀祝融、天妃。"⑤ 海康《夏江天后宫碑刻》亦云："东南海国，民多走舟楫。风涛震荡，□拜□天妃，遂有祥光"⑥，"我雷三面潮海，母之神灵，随潮变化，吾侪之需巨泽者，尤深也。故建庙于郡之南亭关以祀之"⑦，"我雷僻处海隅，为南滨之地。虽鲲鹏变化，不无奇观，而风潮不测，每以为患。于是群奉天妃圣娘，建庙于城南祀之，为合群之馨香，作海邦之舟楫，由来旧矣"⑧。岭南殊异的自然地理环境，造就妈祖信仰的勃兴和发展。

（2）广人崇巫信俗浓厚。

岭南自古以来即为巫风炽盛、巫术盛行之地。《史记·孝武本纪》载：

> （汉武帝）是时既灭南越，越人勇之乃言："越人俗信鬼，而其祠皆见鬼，数有效。昔东瓯王敬鬼，寿至百六十岁。后世谩怠，故衰耗。"乃令越巫立越祝祠，安台无坛，亦祠天神上帝百鬼，而以鸡卜。上信之，越祠鸡卜始用焉。

粤人之崇巫信鬼早在西汉武帝时期已经出名，闻名京城。及至唐末五代，战乱不断，灾难频仍，迷信巫鬼更加盛行。特别是南汉刘氏治粤期间，统

---

① （嘉庆）《澄海县志》卷七，《山川》。
② 阮元：《广东通志》卷九十二，《舆地略十·风俗一》。
③ 周天成：《东莞县志》卷九之三，《祠庙》，清雍正八年（1730）刻本。
④ 《马克思恩格斯选集》第三卷，人民出版社，1972，第354页。
⑤ 屈大均：《广东新语》卷六，《神语·海神》。
⑥ 《重修天妃庙碑记》，谭棣华等《广东碑刻集》，广东高等教育出版社，2001，第537页。
　　按：引文中□为缺字。
⑦ 《天后宫港漕碑》，谭棣华等《广东碑刻集》，广东高等教育出版社，2001，第542页。
⑧ 《天后宫蓆草港碑》，谭棣华等《广东碑刻集》，广东高等教育出版社，2001，第541页。

治者崇信巫道，如南汉高祖刘龑凡有大事，即问卦占卜，欧阳修《新五代史·南汉世家》也云：

> 初名岩，又更曰陟。九年，白龙见南宫三清殿，改元曰白龙，又更名龑，以应龙见之祥。有胡僧言：谶书："灭刘氏者龑也"。龑乃采《周易》"飞龙在天"之义为龑字，音俨以名焉。

他于公元941年改名为"刘龑"。又统治者宠信巫道，如南汉后主刘铄事无大小，必听巫师，脱脱《宋史·南汉刘氏》载：

> 内官陈延受引女巫樊胡入宫，言玉皇遣樊胡命铄为太子皇帝，乃于宫中施帷幄，罗列珍玩，设玉皇坐。樊胡远游冠、紫衣、紫霞裙，坐宣祸福，令铄再拜听命。尝云琼仙、澄枢、延受皆玉皇遣辅太子皇帝，有过不得治。

女巫樊胡等巫师相继得幸用事，政务、军务、家国大事无不委以巫师以巫术方式处理。上行下效，民间巫师活动更是触及社会的方方面面，《续资治通鉴》载：

> （971年）知邕州范旻奏刘铄时白配民物十数事，辛巳，悉命除之。邕州俗尚淫祀，被病者不敢治疗，但益杀鸡豚，徼福于淫昏之鬼。①

邕州为今广西南宁，其俗尚淫祀。广东亦然，黄佐《广东通志》：

> 习尚俗素尚鬼，三家之里必有淫祠庵观，每有所事，辄求珓祈签，以卜休咎，信之惟谨。……自宋已然。②

---

① 毕沅：《续资治通鉴》卷七，《宋纪七》。
② 黄佐：《广东通志》卷二十，《民物志一·风俗》。

可知其时整个岭南巫风炽盛，这就为妈祖俗信南传奠定了社会基础和提供了契机。妈祖"生而灵异，少而颖慧，长而神化"①，她"初以巫祝为事，能预知人祸福"②，"符咒径可辟邪，法力日见玄通。常身在室中，神游方外，谈吉凶祸福，靡不奇中"③，又"自宋兴以来，威灵昭赫，有祷必应"④，其巫术和灵应与岭南民间"俗尚巫鬼"⑤一拍即合，可以说，两者在祈祷的方式、崇拜的动机和结果是一致的，因而容易为岭南人所接受，在岭南颇有人缘，大有市场。

（3）广地官商大力推崇。

广地官商多信仰妈祖，他们或是主持修建妈祖宫庙，或是捐金修建妈祖宫庙。如高要圣妃顺济庙："在城东濯英坊，宋太守朱显之建。"⑥朱显之是接替包拯出任端州知军事的，他在任职期间建起了该庙；又如海南海口的天后宫，建于元代，明洪武间屡葺，历次主持修建的多是地方官员和商人，《琼州府志》载：

> 商人谭海清等建后寝三间及观音堂，并塑诸神像。国朝雍正七年监生陈国安、生员杨凤翔等募建大门三间，十二年，知县鲍启泌详准在海口关税内支担规银四两四钱半，春秋二祭。乾隆十一年，陈国安复募建庙前铺尾十间，岁收租银以供香火。迄今官民渡海来往，必告庙虔祀之，灵异甚著。⑦

此外，海南陵水县北门外的天后庙是由知县沈应礼于明万历三十五年

---

① 不著撰人：《天妃显圣录·序一》，载《台湾文献史料丛刊》第九辑，《台湾文献丛刊第七七种》，台北，大通书局，2000。

② 廖鹏飞：《圣墩祖庙重建顺济庙记》，载蒋维锬《妈祖文献史料汇编》第一辑，碑记卷，中国档案出版社，2007，第1页。

③ 不著撰人：《天妃显圣录·窥井得符》，载《台湾文献史料丛刊》第九辑，《台湾文献丛刊第七七种》，台北，大通书局，2000。

④ 不著撰人：《天妃显圣录·序一》，载《台湾文献史料丛刊》第九辑，《台湾文献丛刊第七七种》，台北，大通书局，2000。

⑤ （道光）《南海县志》卷八，《舆地略·风俗》。

⑥ 陈梦雷：《古今图书集成·方舆汇编职方典》第一千三百九十五卷，《肇庆府部汇考八·肇庆府祠庙考之一》，上海图书集成铅版印书局，清光绪十年（1884）铅印本。

⑦ （道光）《琼州府志》卷八，《建置》。

所建，并于"康熙三十六年知县李聘率邑人重修"①；广东吴川县黄坡墟兴隆街的天后宫则是明朝时由"李、郑、黄、吴十甲倡建"②。

不少宫庙更是由官商出资修建，如揭阳县南关外天后庙，乃乾隆二年（1737）"各洋商呈明知县张薰，建庙三栋"③；澄海县南门外火神庙旧址的天后宫，建于乾隆三十四年（1769），"费皆出自邑商"④。官商对妈祖宫庙的大力兴建和对妈祖的大加祭祀，带动了民众对妈祖信仰的蓬勃发展，造成妈祖信仰活动的活跃和妈祖俗信的普及。

（4）广地海运业发达。

秦汉时期，岭南已有海运，班固《汉书·地理志》云："所至国皆禀食为耦，蛮夷贾船，转送致之。"唐宋以来，广州是最重要的对外贸易中心，"地当要会，俗号殷繁，交易之徒，素所奔凑"⑤。唐时，岭南海运发达，"涨海奥区，番禺巨镇，雄蕃夷之宝货，冠吴越之繁华"⑥。南汉立国，倚南海商利为收入之大宗，"凡岭北商贾至南海者，多召之"，"招来海中蛮夷商贾"⑦。经营海上通商事业，增辟良港，尤为海上贸易创造有利条件，至宋时海上贸易大盛，"海舶贸易，商贾交凑"⑧。自明初以来，广州海运业有了更大发展，据《西庵集》载，当时的广州已是"岢峨大舶映云日，贾客千家万家室"⑨的对外贸易港口。海运业需要长途跋涉，海上作业险象环生，人身安危不可预知，加之商业竞争带有冒险性，如何确保人身安全和经济利益，在科学文化仍不怎么发达的情况下，广人只能寄望神灵保护，海神天妃能"救厄而平波息浪，扶危而起死回生，大慈大悲，救苦救难"⑩，于是天妃信仰大有市场，如粤中广州城南崇福无极夫人庙，"南船往来，无不乞灵于此"⑪；粤东

① （道光）《琼州府志》卷八，《建置》。
② （光绪）《吴川县志》卷三，《建置·坛庙》。
③ （乾隆）《揭阳县志》卷七，《坛庙》。
④ （嘉庆）《澄海县志》卷十六，《祀典》。
⑤ 陆贽：《陆宣公集》卷18，《论岭南请于安南置市舶中使状》。
⑥ 《全唐文》卷八百二十七，陆扆：《授陈佩广州节度使制》。
⑦ 吴任臣：《十国春秋》卷五八，《南汉高祖纪》。
⑧ 黄佐：《广东通志》卷二十，《民物志一·风俗》。
⑨ 孙蕡：《西庵集》卷四，《歌行·广州歌》。
⑩ 《道藏》第11册，第408页。
⑪ 佚名：《崇福夫人神兵》，载蒋维锬《妈祖文献史料汇编》第一辑，散文卷，中国档案出版社，2007，第9页。

潮州，"凡乡人有祷辄应，航海者奉之尤虔"①。不但渔民祀奉，官商也敬
奉，如潮阳达濠埠天后庙，"埠众渔船共祀之"，招都河渡天后宫，则是专
供"商船祀之"②。粤西雷州半岛的海崇，"海滨之邦，建天妃宫，而崇奉者
众，其灵显尝著于海，大凡有舟楫之经过，必诣祠而虔诚致祷"③。正是由
于渔业和商业等航海业的发展，启动和推进了妈祖信仰在岭南的传播。

（5）闽人入籍岭南。

唐末五代是中国古史上又一次北人南移高潮，脱脱《宋史·南唐李
氏》云：

> 唐自安、史之乱，藩镇专制，百有余年，浸成割据。及巢贼蹂躏，
> 郡邑丘墟。降臻五季，豪杰蜂午，各挟智力，擅为封疆，自制位号，
> 以争长雄。

天下大乱，唯岭南稍安，欧阳修《新五代史·南汉世家》曰："唐末，南海
最后乱，僖宗以后，大臣出镇者，天下皆乱无所之，惟除南海而已。"岭南
的安定，吸引北人南迁，其中不少是从江南闽浙一带迁入，如粤东潮汕地
区是闽人入粤的第一站，唐末五代以来，不断有闽人入粤，到南宋时，由
闽迁粤的人数很多，祝穆《方舆胜览》云："虽境土有闽、广之异，而风俗
无潮、漳之分。"④ 据说潮州大姓陈氏就是宋时从莆田移入的。

粤中广州地区，亦有不少闽人，刘克庄任职广东提举时就见到很多在
广州城南经商的闽人，刘克庄《后村集》："濒江多海物，比屋尽闽人，四
野方多垒，三间欲卜邻。"⑤ 海南岛也有不少闽人，《陈氏十一世迁定始祖暨
十一世祖墓志铭》云："公姓陈氏，讳清，字慎斋。先世福建泉州晋江人。
宋建炎间……公变姓名游琼，家于首邑苍原都，是为入琼始祖。"⑥

---

① （乾隆）《潮州府志》卷二十五，《祀典》。
② （光绪）《潮阳县志》卷七，《坛庙》。
③ （万历）《雷州府志》卷十一，《庙坛祠》。
④ 祝穆：《方舆胜览》卷三十六，《广东路·潮州》。
⑤ 刘克庄：《后村集》卷一二，《诗·城南》。
⑥ 《陈氏十一世迁定始祖暨十一世祖墓志铭》，载谭棣华等《广东碑刻集》，广东高等教育出版社，2001，第944~945页。

可见陈氏自南宋建炎入琼便定居下来了。

粤西湛江地区的沿海居民，也多为福建移民，据《吴川县志》载："吴川巨族，吴林陈李几家而已，……自闽入粤。"① 宋绍圣四年（1097），大文豪苏辙被贬雷州时，发现"予居海康……其耕者多闽人"②，如今流行于湛江地区，包括遂溪、海康、徐闻等地的雷州话，就是属于闽南语系的一种方言，甚至有学者研究后指出："雷州话的祖宗话是古代闽语的莆田话。"③ 在赤坎，至今仍有福建街、福建村、福建河等地名，见证当年福建南迁的历史。这些入粤闽人，有的是妈祖的同乡，有的甚至是妈祖的同宗或是同姓，高明人林宣煊记云："吾祖自始迁以来，家有其衔，曰天后祖姑。……祖来自莆田。"④ 与妈祖有着地缘和亲缘的关系，他们的入粤，自然将妈祖信仰带入，"每逢诞辰，设祭于祠之中堂，亦有年，所后议建庙"⑤，位于湛江赤坎文章湾天后宫，就是一座典型的闽南风格仿古建筑，其正门对联更写道："湄洲分灵迁湛土，文田香火继莆田。"又位于雷城天后宫，大门对联为："闽海恩波流粤土，雷阳德泽接莆田。"还有位于阳江石角的天后宫，门联写道："泽沛莆田超漠海，灵分湄岛镇鼍江。"足见岭南粤东潮汕地区和粤中三江地带以及粤西湛江、雷州、阳江与福建莆田有着地缘和亲缘关系。

4. 妈祖俗信道化的原因及表现

妈祖崇拜传入岭南成为岭南民间俗信后，受道教影响出现道化现象。究其原因及其表现如下。

（1）妈祖神威灵应。

妈祖神通广大，据《太上老君说天妃救苦灵验经》云：

一者誓救舟船达于彼岸；二者誓护客商咸令安乐；三者祛逐邪祟永得消除；四者荡灭灾迍家门清净；五者搜捕奸盗屏迹潜形；六者收

---

① （光绪）《吴川县志》卷十，《记述·杂录》。
② 苏辙：《栾城后集》卷五，《和子瞻次韵陶渊明劝农诗〈并引〉》。
③ 蔡叶青：《雷州话源流考》，政协湛江文史资料研究委员会《湛江文史资料》第4册，1985，第11页。
④ （光绪）《高明县志》卷十六，《杂志·庙宇》。
⑤ （光绪）《高明县志》卷十六，《杂志·庙宇》。

斩恶人诛锄强梗；七者救民护国民称太平；八者释罪解怨离诸报对；九者扶持产难母子安全；十者庇护良民免遭横逆；十一者卫护法界风雨顺时；十二者凡有归向保佑安宁；十三者修学至人功行果满；十四者求官进职，爵禄亨通；十五者过去超生九幽息对。①

就是说妈祖具有护航、护商、祛邪、消灾、防盗、锄恶、救民、释罪、赐子、免祸、护法、助学、进职、超度等十五项神威。

更重要的是，妈祖灵应，《太上老君说天妃救苦灵验经》云：

> 自今以后，若有行商坐贾，买卖求财，或农工伎艺，种作经营，或行兵布阵，或产难不分……但能起恭敬心，称吾名者，我即应时孚感，令得所愿遂心，所谋如意。吾常游行天界，遍察人间，以致地府泉源，江河海上，一切去处，令诸所求悉遂愿，于是广救真人，闻是愿言。②

无论是行商坐贾，抑或农工技艺，或是行兵布阵，甚至是难产告急，只要有求必应，所遂心愿。妈祖的神威灵应，在岭南各地随处可见。

第一，帮人转危为安。史载妈祖总是在危急关头出现，帮人转危为安，化险为夷：

> （东莞）每遇舟楫颠危，祷之辄应，神至必有火光、花香之验，……使往来于海者歔，神之灵显以赫。③
> （潮州）舟行海上，猝遇巨风震荡，十百之命悬于一丝，昏溟间，忽有神火，光烛帆樯，或灵鸟翔集，若示人以方向者，舟人因得以免，或曰天妃南海神也，故其灵爽著见如此。④
> （化州）商旅渔樵出海贸易采捕，俱必由此。浩淼之乡，其间

---

① 《道藏》第11册，第409页。
② 《道藏》第11册，第409页。
③ 周天成：《东莞县志》卷九之三，《祠庙》，清雍正八年（1730）刻本。
④ （光绪）《潮阳县志》卷七，《坛庙》。

遇飓，毋触怒，舟至樯倾楫摧，忽然转危为安，出狂澜而歌，奠定实籍，于神庥之赫奕，故海隅俎豆较山岳尤虔，史神为宋都巡检林愿女。①

（雷州）仕于雷者，每朔望必诣庙拈香，无敢忽。仕宦之过琼，商贾之海运，必祷于庙；一遇风波呼之辄应，往往于洪涛巨浪中显其神，以保无虞。②

每当遭遇狂风巨浪之际，人们祈祷妈祖，往往化险为夷。

第二，替人消灾解厄。相传澄海县天后庙建于明代，该庙原是火神祠，但屡发生火灾，邑人认为是此庙位置不当所致，于是将火神祠移建于城北，将旧址改建妈祖庙，供奉妈祖，陈芝《建南门外天后庙记》："从此降福淡灾，不独火安其位，而水亦效其灵。"③ 天妃在广州显灵，还救过航海家郑和等人性命，《天妃显圣录》载：

永乐元年（1403），钦差太监郑和等往暹罗国。至广州大星洋遭风，舟将覆。舟工请祷于天妃。和祝曰："和奉命出使外邦，忽遭风涛危险，身固不足惜，恐无以报天子，且数百人之命悬呼吸，望神妃救之！"俄闻喧然鼓吹声，一阵香风飒飒飘来，宛见神妃立于桅端。自此风恬浪静，往返无虞。④

第三，助人传宗接代。据《顺德县志》载：

顺德众涌乡天后庙，宋博士卢爱澜建。卢仕莆田，祷于神而得子，遂迎像归其乡，建庙祀之。⑤

---

① （光绪）《化州志》卷三，《建置志·坛庙》。
② （民国）《海康县续志》卷六，《坛庙·庙》。
③ （嘉庆）《澄海县志》卷二十五，《艺文·碑记》。
④ 不著撰人：《天妃显圣录·广州救太监郑和》，载《台湾文献史料丛刊》第九辑，《台湾文献丛刊第七七种》，台北，大通书局，2000。
⑤ （万历）《顺德县志》卷十六，《胜迹略·祠庙》。

岭南其他地方的妈祖也多以类似的原因而得到崇祀，如香山县的妈祖庙，"尤喜司孕嗣，妇人有未育者，咸于此祈而得之"①；东莞棠梨涌的天后庙，建于明万历三十四年（1606），其时，监生梁廷和妻子何氏为"益寿生男事"向天后祈愿，后得还所愿，遂"设斋施钟酬神"②。据曾昭璇先生研究后指出："在广州附近，直到民国，向天妃求子风俗，仍有保留。"③

第四，佑人生意兴隆。佚名《崇福夫人神兵》云：

> 南船往来，无不乞灵于此。……凡贩海之人，能就庙祈筊，许以钱本借贷者，纵遇风涛而不害，获利亦不赀。庙有出纳二库掌之。船有遇风险者，遥呼告神，若有火轮到船旋绕，纵险亦不必忧。④

可见，妈祖显灵在岭南可谓无所不在，无处不灵，诚如李祖旦记所云："天后之神灵无不在，而海疆之覆庇有所依。……况粤与闽连疆，为天后居近之乡，共呵护而佑庇之也，有不遍且遍哉？天后之功在海宇，而灵更著于南徼也。"⑤

（2）妈祖显灵做法简便。

妈祖在岭南显灵的方式多样，做法简便。主要有：

第一，船舶显灵。郭棐《广东通志》称：

> 祈求必应。凡下东西二洋造舶，别为一舶如其制而小，置神前，凡覆溺倾欹，兆必先见。⑥

就是说在天妃庙制造形制相似的小船舶，放于天妃神前，可预测吉凶。

第二，竹子显灵。《弼教元君古庙碑》载：

---

① （光绪）《香山县志》卷六，《建置·坛庙》。
② （民国）《东莞县志》卷九十五，《金石略七·明四》。
③ 曾昭璇：《天后的奇迹》，香港中华书局，1991，第87页。
④ 佚名：《崇福夫人神兵》，载蒋维锬《妈祖文献史料汇编》第一辑，散文卷，中国档案出版社，2007，第9页。
⑤ （光绪）《化州志》卷三，《建置志·坛庙》。
⑥ 郭棐：《广东通志》卷七十一，《杂记》。

胜国之末，草昧之世，海寇劫掠，村岸以栅自卫，吾乡独否。将肆荼毒，则见万竹挺竦，千神庄严，随风飘摇，蹑此竹末，各执兵刃，光如虹霓，交指贼舶。江波壁立，贼乃逃遁。厥竹之笋或迸道路，折之不可食，食辄得疾，此其验者，简以为元君之神。[①]

在信徒的认知中，竹子的灵异就等于妈祖的灵异。

第三，灵芝显灵。《南澳志》云：

康熙二十七年，天后宫尚未修建，忽夜半雷雨，产一灵芝，紫色金茎，长约七寸许。时总兵杨嘉瑞以灵芝之瑞为天后著灵，因建庙。[②]

灵芝兆瑞，天妃显灵，为南澳天后宫的再建提供了合法性。

正因为妈祖在岭南显灵的方式多样，操作方便，容易为岭南民众所接受和推广。

5. 妈祖俗信道化的作用

林友兰说过："天妃之英灵非独著于江淮已也。上而国家之大事，下而草野之细故，凡竭诚致敬而祷者，如影之随形，响之随声。……是功德不在一方，而在天下，不在一时，而在万世。"[③] 妈祖俗信的作用是多方面的，诚然，在岭南地区，最为突出的作用主要表现在如下两个方面。

（1）慰藉心灵。

俗语说：信则灵，不信则不灵。由于科学知识的贫乏和医学的落后，人们对自然现象无法解释，对生命不无担忧，自然对具有超自然力量的神灵产生幻想和祈盼，正如费尔巴哈所说："人的依赖感是宗教的基础。"[④] 广人素来讲求实际，民间信仰也讲究实惠，妈祖知人祸福，神功广大，威灵

① 黎简：《弼教元君古庙碑》，见（民国）《顺德县志》卷十五，《金石略》。
② （乾隆）《南澳志》卷七，《庙祀》。
③ 林友兰：《天妃显圣录·序》，载《台湾文献史料丛刊》第九辑，《台湾文献丛刊第七七种》，台北，大通书局，2000。
④ 费尔巴哈：《费尔巴哈哲学著作选集》下卷，荣振华等译，商务印书馆，1984，第436页。

昭赫，有祷必应，自然成为祈福禳灾的对象，广人崇拜妈祖，尤其是疍民，出海前一定到妈祖庙进香膜拜，航行时将妈祖神像带到船上坐镇护航，返航后再到妈祖庙谢神庇佑，实际上是将妈祖奉为精神支柱，为着航海顺利和自身安全，他们在精神上无不依赖妈祖的庇护，在与狂风恶浪作斗争中，他们心中有妈祖，相信妈祖有灵，祈求妈祖救助，逢凶化吉，转危为安。如《香山县志》称：

> 四面皆海，出入必以舟，亦为山泽之薮，群盗乘以出没，而妃之相之者，纤悉不遗，故其间，或宦、或士、或农、或商，或往、或来，有于海上遇危难者，群匍匐号泣呼妃，妃来则有火光从空而下，止于樯，无墙止于舟之背，或其橹柁，众乃起，鸣金伐鼓而迎之。须臾，舟定，火将往，众又鸣金伐鼓而送之。诸如此类，岭南人在在可据，大与寻常。①

大凡海难，必祈祷妈祖救助。海康《重修天妃龙应宫记》也云：

> 天妃于海神最灵，诸渡海者必走谒祠，问吉凶，或中流难起，则舟人匍匐叩神，望亦光荧荧，薄帆樯，则神来也，舟人无恐矣！以故滨海在在置祠。②

只要拜过天妃，求得神来，人们便心中无恐无惧了。《海丰县志》也载：

> 嘉庆乙丑，海氛大炽，贼艘数十泊近三江洋下村，民窘猝无措，咸吁诸神，神示琰以免恐，众乃奉天后像出以御灾。维时，贼铳如雷，未到岸而铳子皆坠。我众乘风放炮，辄毙巨酋，贼以主帅无人，携贰遁去，人遂得安，神之力也。③

---

① （光绪）《香山县志》卷六，《建置·坛庙》。
② 《重修天妃龙应宫记》，谭棣华等《广东碑刻集》，广东高等教育出版社，2001，第535页。
③ （同治）《海丰县志续编》不分卷，《杂记》。

面对海盗贼人，他们捧出妈祖神像，壮己声势，安定民心，最终在妈祖的"庇护"下，合众人之力，将海贼击败。妈祖形象越来越高大，威灵越来越显著，功能越来越多，崇拜越演越烈，信众越来越多，妈祖从护航神变成万能神，不但可以救难护航，除病却祸，御灾捍患，而且可以助人生养，生意兴隆。妈祖的无所不能，有求必应，这对务实的广人而言，在难以抗拒的大自然面前和科学不甚昌明的年代，无疑具有巨大的诱惑力和驱动力，人们崇拜信仰妈祖，或通过祈祷的方式，透过香火的缭绕，诉说内心希望，以求妈祖的庇护；或通过妈祖节庆的活动，表达心理需求，从而在心理上获得一种依赖和平静，缓解来自方方面面的心理压力，起到精神寄托和慰藉心灵的作用。

（2）厚风化俗。

妈祖在岭南神化，神格魅力通过口头和行为代代相传，本身就是一种潜移默化的教育。《崇福夫人神兵》曰：

> 凡过庙祈祷者，无不各生敬心。宋朝大姨山有强盗扰攘，久而未获。捕将入祷，事急不暇祷告，乃书："厌境妖氛无计扫，全凭帷幄授鸣筹"二句，投于帷幄其中而去。其将引兵前往，宿于大姨山之下。夜梦一人如今之直符，手持一白旗，上题曰："总领鸷兵三十万，一心报国效公忠。"明日，其将引兵亟攻，兵刃既接，忽见云雾四起，隐隐有旗出于中，上有"无极夫人报国"六字。贼见之，惊惧奔溃，悉为掩捕。①

乾隆《海丰县志》也云：

> 大德港天妃庙，海舶出入必祷。春冬二时，守庙者舁神像至乡落抄化，各投钱米为香资，有一无赖与神争道，挥拳毁像，后病，其家闻卧内唉语声，入视之，惟见空床。仰视屋上缺一瓦，举家惊惶，踪

---

① 佚名：《崇福夫人神兵》，载蒋维锬《妈祖文献史料汇编》第一辑，散文卷，中国档案出版社，2007，第9页。

迹竟无觅。后数日，守庙者报，庙前有一尸跪水中，家人往视，舁
归葬。①

凡祷过妈祖的人，都会生出敬畏之心；凡做过伤天害理之事的人，都会遭
到妈祖的惩罚，它告诫人们要从善从良。妈祖善良勇敢、助人为乐、护国
庇民，折射出来的是真、善、美的文化精神，其主流思想是诲人"多行善
事"。

另外，妈祖宫庙的修建，也是一项厚风化俗的工程，"夫庙之设，虽以
栖神，亦以固人心而厚风俗。嘉庆初年，海氛不靖，集州兵为堵御者于此，
阙后土匪充斥，设团练以剪凶者于此。今则海邦无事，窃愿乡先生游息于
此，与诸弟子敦诗说礼，砥砺廉隅，执酳称觞，兴行齿让庶人心，由此固
风俗，由此敦即，一旦有事，自可奋忠勇，负穰锄勉力，而奔父兄之急，
将见小之获，市井之安，大小且为国家之卫为益，岂浅解哉？"② 广州南沙
天后宫（见图4-9）庙内的妈祖塑像（见图4-10）凤冠霞帔，慈眉善目，
仪态端庄，妈祖形象深入民心，妈祖信仰渗透社会，人们信仰妈祖时，通
常带着敬畏心理，一方面敬重妈祖的善举，弘扬妈祖的功德；另一方面畏
惧自己的恶行或者无能，害怕妈祖的惩罚，这从某种程度上促使信仰妈祖
的人调整心态，端正自己的行为，弃恶从良，在一定意义上对人的言行有
一定约束作用。所以，大凡发生船只失事，路过的船只都会出手相助，或
救人，或捞尸，安顿生还，告慰亡灵，妈祖信仰，起到整肃社会风化的作
用，正如恽代英在《论信仰》所指出："信仰之引人向上，……其功用能使
怯者勇，弱者强，散漫者精进，躁乱者恬静。"③

（六）何仙姑崇拜与八仙信仰

何仙姑是道教八仙之一，关于她的籍贯出处说法甚多，如广东的增城、
湖南的永州、安徽的桐城、浙江的昌化，还有福建等地④。在众多的何仙姑

① （乾隆）《海丰县志》卷十，《杂志·附载》。
② （光绪）《吴川县志》卷三，《建置·坛庙》。
③ 恽代英：《恽代英文集》（上），人民出版社，1984，第44页。
④ 参见《古今图书集成·神异典》《东轩笔录》《独醒杂志》《集古录跋尾》等相关记载。

图 4-9 广州南沙天后宫（笔者摄）

图 4-10 妈祖
（笔者摄自广州南沙天后宫）

传说中，应以增城何仙姑为正宗版本。

1. 增城何仙姑原型及其传说

何仙姑乳名素女，原名琼，别名秀姑，因家中排行第二，又被称作何二娘，是广州增城小楼新桂村（后更名仙桂村）人，生于唐开耀二年（682），其父何泰以做豆腐为生。《增城县志》载：

> 何仙姑，邑人何泰女也。开耀二年，仙姑始生，性凝静简淡，所居与罗浮山相望。尝告其母曰："将游罗浮。"父母怪之，私为择配。结缡之夕，忽不知所在。明旦，惟余井侧双履而已。顷之，有道士从罗浮来，自言见仙姑踞麻姑石上，谓曰：而之增城，嘱吾亲收拾井上履，由此乡人称为仙云。仙姑生时，紫云绕室，顶有六毫。所居地产云母石，尝梦异人授服饵法。久之，觉身轻，往来如飞，遂辟谷。①

《博罗县志》也有相关记载：

> 何仙姑，增城人何泰女，生而紫云绕舍。唐天后时住云母溪。年十四五，一夕梦神人教食云母粉，可得轻身不死。因饵之，誓不嫁。常往来山巅，其行如飞。每朝去暮回，则持山果归遗其母。后遂辟谷，语言异常。唐天后遣使召赴阙，中路失之。唐中宗景龙中，白日升仙。②

何仙姑从小聪明伶俐，孝敬父母。在她14岁那年，她在郊外游玩，遇到了云游四海的仙人给她吃了一些云母片，使她终日不觉肚饥，并且可以预卜人间祸福。她还经常邀集几个相好的姐妹，外出"问仙"，一去就是十天半个月。她回来后，说是到了罗浮山，见了葛仙翁、黄野人等，还带回许多野果。其父母听了，心里十分焦急，就给她找了一个姓冯的婆家，择定了良辰吉日，但何仙姑不肯嫁人，就跳进家门口的水井，母亲赶来晚了一步，只抓住了她的一只花鞋。后来，她的尸体从福建省莆田县的江河里漂出来，

---

① （民国）《增城县志》卷二三，《人物六·仙释》。
② （康熙）《博罗县志》卷三，《献纪·仙释》。

原来那口井和河是相通的。她的一只绣花鞋遗留在西园寺（今挂绿园）的一棵荔枝树下，一根绿色丝线挂在树上，后来这棵荔枝所结的果实，都有一条绿色彩带，这就是增城挂绿荔枝。后人为纪念何仙姑而修建了祠堂，据不完全统计，在全国各地以祭祀何家姑为主的祠堂有上百个，而称何仙姑家庙的就只有广东省增城小楼这一间。

关于增城何仙姑传说，有一个演变过程。戴孚《广异记》：

> 广州有何二娘者，以织鞋为业，年二十，与母居。素不修仙术，忽谓母曰："住此闷，意欲行游。"后一日便飞去，上罗浮山寺。山僧问其来由，答云："愿事和尚。"自尔恒留居止，初不饮食。每为寺众采山果充斋，亦不知其所取。罗浮山北是循州，去南海四百里。循州山寺有杨梅树，大数十围，何氏每采其实，及斋而返。后循州山寺僧至罗浮山，说云："某月日有仙女来采杨梅。"验之，果是何氏所采之日也，由此远近知其得仙。后乃不复居寺，或旬月则一来耳。唐开元中，敕令黄门使往广州，求何氏，得之，与使俱入京。中途，黄门使悦其色，意欲挑之而未言。忽云："中使有如此心，不可留矣。"言毕，踊身而去，不知所之。其后绝迹不至人间矣。[①]

上文说明三个问题：一是当时只称何二娘，而未称何仙姑；二是何二娘在广州出名，未提及是增城人；三是这一传说中之何二娘尚属佛道不分，即有飞升之仙风道骨，又居于佛寺愿事和尚，这种佛道不分的情况，正是民间造神的特点。据民国廿三年博罗修志局长曾焕章考证说："《太平广记》载：广州有何二娘者，辞其母，飞去罗浮山寺，为寺众采山果充斋。《广东通志》录之。其按语谓二娘与《舆地纪胜》所载，增城何氏女何仙，乃一人。即世俗入仙中之何仙姑也。"[②]

及至南宋的《舆地纪胜》，明确提到增城何氏女，且称之为"何仙"，其"何氏女"下注引《孔氏六帖》云："增城何氏女，有神仙之术，持一石措小石楼之上，远观其石如画罗浮山。有大、小石楼。"其"何仙"下注引

---

① 李昉：《太平广记》卷六二，《何二娘》引戴孚《广异记》。
② （民国）《博罗县志》卷七，《人物六·女仙列传》。

《会仙观记》云：“昔有何仙居此，食云母，唐景龙中白日升仙。”① 可知增城何氏女食云母，有仙术，似是仙女。

关于增城何氏女的成仙，《罗浮志》有一段记载：

> 何仙姑，广州增城县何泰之女也。唐天后时，住云母溪，年十四五。一夕，梦神人教食云母粉，可轻身不死。因饵之，誓不嫁，常往来山顶，其行如飞……中宗景龙中，白日升仙。②

道书亦有详载，赵道一《历世真仙体道通鉴后集》卷五：

> 何仙姑，广州增城县何泰之女也。唐天后时，住云母溪，年十四五，一夕，梦神人教食云母粉，可得轻身不死。因饵之，誓不嫁。常往来山顶，其行如飞，每朝去，暮回，则持山果归遗其母。后遂辟谷，语言异常。天后遣使召赴阙，中路失之。③

上述记载均称之为广州增城县何泰之女，可知何仙姑是广州增城人；从她“食云母粉”升仙，“后遂辟谷”，乃道士所为，是为道姑。

何仙姑“升仙”后，不断“显灵”，《广东通志》载：

> 至玄宗天宝九载，都虚观会乡人齐，有五色云起于麻姑坛，众皆见之。有仙于缥缈而出，道士蔡天一识其为何仙姑也。代宗大历又现身于小石楼，广州刺史高鍪具上其事于朝。④

道书也有载，《列仙全传》卷六：

> 何仙姑，广州增城县何泰女也……景龙中白日升仙。天宝九载见

---

① 王象之：《舆地纪胜》卷八九，《广南东路》。
② 陈梿：《罗浮志》卷五，《何仙姑》。
③ 赵道一：《历世真仙体道通鉴后集》卷五，《何仙姑》，《道藏》第 5 册，第 478 页。
④ 黄佐：《广东通志》卷六四，《外志一·仙释》。

于麻姑坛，立五色云中。大历中，又现身于广州小石楼，刺史高翚上其事于朝。①

何仙姑于景龙（707～710）中"白日升仙"，天宝九载（750）和大历（766～779）中现身显灵，既有道士蔡天一所识，又有广州刺史高翚上奏于朝，时间、地点和人物俱齐，可见官民都在不断地造神，使何仙姑在增城成为久祀神灵。

明成化《广州志》卷二五"会仙观"条下注云：

> （会仙观）即何仙姑旧祠，在县南凤凰台。唐大历间道士蔡乙改创，于观左立仙姑祠。②

唐大历为唐代宗年号，即766～779年，道士蔡乙在增城县南建仙姑祠。可见，增城何氏女成仙的传说在中唐已成形，并有庙祀，何仙姑崇拜成为当地民间的一种俗信，由此反映出增城何仙姑俗信有着悠久的历史和深厚的民间社会基础。这位地道的粤产何仙姑，成为岭南民间流传最早、最广泛的女仙，道教八仙之一。

2. 何仙姑俗信道化的表现

第一，何女师从麻姑，得授道经和道术。

> 何二姑，道号贞阳，广州增城人也。父讳泰，母安氏。二姑生时，紫云绕室，顶有六毫。年十三，随女伴入山采茶。失侣迷径，见东峰下有一道士，修髯绀目，冠高冠，衣轻绡。二姑亟拜之。道士曰："吾王方平也，观子体态，当为上仙。"出一桃饲之，并授以经书一卷。谓之曰："食此桃者，必能升天。欲解经义，须候麻姑。"二姑如其教，自是不饥不渴。惟经书文字，茫然不解。方平归蓬岛，为麻姑道其事。如即降增城教之，命食云母粉，并为解经书曰："太上作《黄庭经》，先传颛顼，凡五十卷，以合河图之数。继授蓣姑，约五十卷为一卷，

---

① 王世贞：《列仙全传》卷六，《何仙姑》。
② （成化）《广州志》卷二五，《会仙观》。

名内景。继授东华。又因内景之义，再约一卷以传之，名曰外景。"东华传魏夫人，夫人广传于后。后人将内卷作三十六章，外卷作二十四章。内外首章，即东华开经赞也。历年既久，遂以赞为第一，而不知黄庭经真文。实从第二章起，但太上作之，东华述之，亦可以赞为首耳。经中有"太上告我者，太上隐还，太上微言"等语，此太上以前之太上，非东华称老子也。其书与《道德经》相为依辅。道德多言妙，黄庭多言窍。子熟读之，其升天汉不难也。二姑闻言，欣然信受。久之，往来山谷，轻身飞行，朝出暮归。心明鲜桃遗母，则天长寿间，诏命起行至中途，黄门使见其容貌，意欲挑之。二姑早觉，曰："中使奉命而来，有心如此，吾不复往矣。"踊身而上，不知所之。其后在豫章南城，累现于麻姑坛上，封清灵变化元君。①

她受神仙王远（字方平）的点化，拜麻姑为师，取道号"贞阳"，得授道经《黄庭经》真文，得食云母粉，"轻身飞行""往来山谷""不知所之"，实际上就是得传道教的"飞天术""遁地术""隐身术"和"尸解术"，最后超度成仙，得封"清灵变化元君"，完成了从一名村姑到一名道姑的转变。

第二，何女收入神祇系统，成为"八仙"之一。

道教八仙缘起于唐宋时期，但其组合，直到元代，甚至在明代前期尚无定论。如元人马致远杂剧《吕洞宾三醉岳阳楼》中就没有何仙姑而有徐神翁。岳百川的杂剧《吕洞宾度铁拐李》中，仍无何仙姑，而有张四郎。明代小说《三宝太监西洋记演义》中的八仙，有风僧寿、玄虚子，却无张果老、何仙姑。直到明中吴元泰写的《八仙出处东游记》，才确定了沿袭至今的八仙队伍，何仙姑跻身于定型的八仙行列，为民间的八仙造神选神画上了句号。从目前所见的各种史载可知，何仙姑传说在增城流传已久，从何二娘，到何氏女、何仙、仙姑，再到何仙姑，经历了一个演变过程，内容不断得到充实和丰满，最终成为道教八仙之一，如阮元《广东通志》所云："窃疑何二娘、何氏女、何仙乃一人，即世俗八仙之中何仙姑也。"② 何女何以成为道教八仙之一？

道教八仙是道教对民间传说俗神长期演化选择的组合。神仙信仰是道教

① 《黄庭经征验·何二姑》。
② 阮元：《广东通志》卷三二九，《古迹略十四·寺观》。

的基本信仰，离开神仙信仰，道教便成了无源之水、无根之木。道教的神仙，首先来源于中国传统的民间信仰，道教在中国传统信仰的沃土中，形成了一个十分庞杂，但又秩序井然的神仙系统，其中八仙为道教重要的神仙代表。八仙有男，有女，有老，有少，有富，有贵，有贫，有贱，有文，有武，具有广泛的代表性，明人王世贞在其《题八仙像后》中指出："八仙者，钟离、李、吕、张、蓝、韩、曹、何也。……以是八公者，老则张，少则蓝、韩，将则钟离，书生则吕，贵则曹，病则李，妇女则何，为各据一端作滑稽观耶？"① 他们均为凡人得道，道术高超，为民间喜闻乐见和津津乐道。八仙信仰最大的特点是有异常离奇怪诞的传说作为信仰基础，他们的出身家世有完整的动人故事，其仙化过程的仙灵特征十分典型，从而具有可信性的吸引力。

何仙姑是八仙群体中唯一女性，也是最晚进入八仙的成员，她具有典型的代表性。其一，她出身低微，其父"以做豆腐为业"，自己"以织鞋子为业"②。其二，何仙姑为女性，不仅年轻美貌，"十七八许，缤发圆面，绿衣红裳，玉颜秀异"③，而且道术高超，"其行如飞"④、"能逆知人祸福"⑤，还会凭箕授算，据《重修何仙姑庙碑》载：明万历年间，总督两广军务刘继文出兵端州剿匪时，就得到何仙姑授诗："将军稳卧九霄宫，进士高登万岁楼。明公若欲谈兵事，莫外区区一女流。用兵勇往是良图，惧敌全身岂令谋。将相协心同赞事，何愁山寇不消除。"刘继文按照签意带兵，结果"我师大捷，遂草薙禽狝，岭南宁谧，悉符仙忏。"⑥ 其三，她能诗善书，如《铒云母》诗："凤台云母似天花，炼作芙蓉白玉芽；笑杀狂游勾漏令，却从何处觅丹砂。"⑦ 道出服食云母修炼成仙的真谛；又《将游罗浮》诗："麻姑笑我恋尘嚣，一隔仙凡道路遥；飞去沧州弄明月，倒骑黄鹤听吹

---

① 王世贞：《弇州山人续稿》卷一七一，上海商务印书馆影印，1986。
② 李昉：《太平广记》卷六二，《何二娘》引戴孚《广异记》。
③ （康熙）《增城县志》卷一四，《外志·会仙观》。
④ 陈梿：《罗浮志》卷五，《何仙姑》。
⑤ 魏泰：《东轩笔录》卷十四，明嘉靖楚山书屋本。
⑥ 刘继文：《重修何仙姑庙碑记》。
⑦ 李调元：《南越笔记》卷二，《春冈》。

箫。"① 充满仙韵悠扬，暗含某种预兆，故范端昂称："仙姑善诗，清丽绝伦，……仙姑又善书，曾有'题黍珠庵东壁'其壁半毁，惟余'百尺水帘飞白虹，笙箫松柏语天□'十三字，其下必'风'也。字比晋人更清婉。"② 后面两句，至今无人能续。屈大均也道："越女以能诗知名者，自绿珠始，至唐初，有南海七岁女子，若仙姑，尤其清丽者也。予诗云：'绿珠艳曲先南越，争似仙灵更有才。'"③ 其四，她忠孝并存，"有孝行、性静柔简淡"④，"事母纯孝，及凭箕授算、济师殄寇，则姑之仙固以忠孝存也"⑤。何仙姑以其尊道贵德，品性柔静，能诗善书，可谓修道家之正源，遂得道成仙，最终被道教收为八仙之一，如明人孟士颖所说："嗟呼！神仙之说若诞幻不足深信，如何仙姑者，询之故老，考之郡乘，历历在人耳目，抑尤有可信者焉，况何氏之族至今尚蕃衍有足征也。"⑥ 由是，何仙姑的事迹越传越神，越传越广，不仅民间在传播，官宦文人也在宣传，以致到了明代，形成信仰高潮，"道学史称：明朝繁衍何仙姑其事，号称道家文化在增城发展的第二个高潮。"⑦

第三，家庙纳入道教宫观管理。

广州增城有多处何仙姑祠庙，如小楼何仙姑家庙、正果何屋何仙姑祠、派潭何仙姑庙、仙村何仙姑佛庙、石滩沙坜何仙姑庙、石滩南㙟何仙姑坛、镇龙何仙姑庙，还有在市区荔城凤凰山下"会仙观"，建于唐代，新中国成立后拆毁，现留有仙姑井及双履痕迹。在众多的祠庙中，最大和最出名的是小楼何仙姑家庙。

小楼何仙姑家庙（见图4-11）始建于唐代，武则天有感于何仙姑的动人事迹，谕旨建祠祀之，并赐朝霞衣一袭，唐玄宗天宝十年（751）敕赐牌子一个。南宋嘉熙元年（1237）改祠为庙，并赐紫霞衣一袭。明代曾作大规模的修缮，清咸丰八年重修（1858），纳入道教宫观管理，由道长任住

① 邓淳：《岭南丛述》引《黄氏志》，清道光十年（1830）刻本。
② 范端昂：《粤中见闻》卷十九，《人部七·何仙姑》。
③ 屈大均：《广东新语》卷三，《山语·春冈》。
④ 孟士颖：《何仙姑井亭记》。
⑤ （康熙）《增城县志》卷一四，《外志·会仙观》。
⑥ （康熙）《增城县志》卷一四，《外志·会仙观》。
⑦ 赖邓家：《何仙姑》（上册），香港天马图书有限公司，2005，第19页。

图 4-11 何仙姑家庙（笔者摄）

持。家庙大门对联为"千年履舄遗丹井，百代衣冠拜古祠"，道出何仙姑成仙的故事和世人对何仙姑的敬仰以及家庙的历史悠久。现在大门正面按照道教习俗，在庙宇入口设有镶着由广州市道教协会高奇居士所作"护法大天王"画像的屏风，以作驱邪护道之用。家庙正堂神龛之上是何仙姑神像（见图 4-12），像高 1.5 米，用樟木雕塑而成，通体漆金，灿若明霞，神像端坐莲花台，手持荷花法器，身着唐装，体态雍容，神态安详，金童玉女辅以左右。

相传农历三月初七是何仙姑诞辰，农历八月初八是成仙之日。诞期一般都要唱大戏贺寿，少则三五天，长则十天半月，期间"仙姑井"的井水特别受欢迎，据井边碑文载："此井历代不枯，井水清澈甘甜，沁人心脾，以之沏茶，香醇清润，常饮强身健体，延年益寿。"还有庙内的"仙汤"（实际上是庙中道士加了红枣冰糖熬的井水）也特别走俏，据说喝了可治百病。各地的人都赶来敬香还愿，祈求何仙姑保佑。据庙中的道士介绍，很

167

图 4-12　何仙姑神像（笔者摄）

多马来西亚和新加坡等地的海外华侨也常慕名来此拜祭，人山人海，络绎不绝。

综言之，增城何仙姑传说始于中唐时期，源远流长，在道教神仙体系中具有重大意义，在民间传说中也具有重要影响，成为当地相当重要的宗教信仰内容，与人们日常生活、民间俗信密切相关。

二　岭南祭祀俗信呈现道彩

岭南俗信中用以祭祀鬼神的方术很多，其中符术和咒术最具道教色彩。

（一）岭南符术与道教符箓

符术，即画符，是岭南盛行的方术。宋人《东轩笔录》云："或云蛮人多行南法，畏符箓。"① 明代李时珍《本草纲目》也称："今闽、广、蜀人、巫家收其符字，以收惊、疗疮毒也。"② 民国初刻印的《省躬草堂符学秘旨》专门讲述岭南符法，作者自称其书传自"祖师"，光绪"戊戌春间，羊城疫症盛行，蒙祖师特赐教缮"，书符派送，"以资普遍"③，足见岭南符术的普及和与道教符箓关系密切。

符箓，是道教法术，又称道符、符文、符书、符术、符图等，其由来有多种传说④。产生的原因也有多种说法，有学者认为：主要是由于"秦汉以降，术数家言与儒道二家相杂，入儒家者为谶纬，入道家者为符箓"⑤。也有学者指出："符箓，道家秘文也。符者屈曲，作篆籀及星雷之文；箓者素书，记诸天曹官属吏佐之名。符箓谓可通天神，遣地祇，镇妖驱邪，故道家受道，必先受符箓。"⑥ 道教声称，符箓是天神的文字，是传达天神意旨的符信，用它可以召神劾鬼，降妖镇魔，治病除灾，如《三洞神符记》称："以却邪伪、辅助正真、召会群灵、制御生死、保持劫运、安镇五方。"⑦ 可见符箓的功能极大。

道符始自东汉末年的五斗米道和太平道，张道陵"造作符书"⑧，张角"为符祝"⑨。及至魏晋，道符种类繁多，《抱朴子内篇·遐览》云：

　　　　诸符，则有《自来符》、《金光符》、《太玄符》三卷、《通天符》、《五精符》、《石室符》、《玉策符》、《枕中符》、《小童符》、《九灵符》、《六君符》、《玄都符》、《黄帝符》、《少千三十六将军符》、《延命神符》、《天水神符》、《四十九真符》、《天水符》、《青龙符》、《白虎符》、《朱雀符》、《玄武符》、《朱胎符》、《七机符》、《九天发兵符》、《九天符》、《老经符》、《七符》、《大捍厄符》、《玄子符》、《武孝经燕

① 魏泰：《东轩笔录》卷七，明嘉靖楚山书屋本。
② 李时珍：《本草纲目》卷四九，《啄木鸟》。
③ 潘慈：《省躬草堂符学秘旨》不分卷，民国九年（1920）自刻本，第20页。
④ 刘晓明：《中国符咒文化大观》，百花洲文艺出版社，1995，第1~6页。
⑤ 刘师培：《周末学术史序》，见《刘申叔先生遗书》第十四册，宁武南氏，1936，第1页。
⑥ 李叔道：《道教大辞典》，浙江古籍出版社，1987，第503页。
⑦ 《道藏》第2册，第143页。
⑧ 范晔：《后汉书·刘焉列传》。
⑨ 陈寿：《三国志·魏书·张鲁传》注引《典略》。

君龙虎三囊辟兵符》、《包元符》、《沈羲符》、《禹跻符》、《消灾符》、《八封符》、《监乾符》、《雷电符》、《万毕符》、《八威五胜符》、《威喜符》、《巨胜符》、《采女符》、《玄精符》、《玉历符》、《北台符》、《阴阳大镇符》、《枕中符》、《治百病符》十卷、《厌怪符》十卷、《壶公符》二十卷、《九台符》九卷、《六甲通灵符》十卷、《六阴行厨龙胎石室三金五木防终符》合五百卷、《军火召治符》、《玉斧符》十卷，此皆大符也。其余小小，不可具记。

仅是"大符"就有五十多种，符箓成为种种方术功能的综合，它与经戒、服饵、房中术并称道士四宝。①

岭南符术有多种，或用于治病禳灾，或用于驱邪降魔，或用于娱神乐鬼，都渗透着道教斋醮科仪。

1. 水符

水符，为岭南治病方术，通常包括两种含义：一指以手指向水中画符；一指画符烧成灰烬放在水中搅拌吞服。道教在创教之初已使用这种道术，《后汉书·皇甫嵩列传》云："初，巨鹿张角自称'大贤良师'，奉事黄老道，畜养弟子，跪拜首过，符水咒说以疗病。"太平道和五斗米道都曾以符术治病，《典略》云：

熹平中（177～178年），妖贼大起，汉中有张修。……角为太平道，修为五斗米道。太平道者，师持九节杖为符祝，教病人叩头思过，因以符水饮之。得病或日浅而愈者，则云此人信道，其或不愈，则云不信道。（张）修法略与角同，加施净室，使病人处其中思过。②

同时期的道士多会作符，《江表传》云："时有道士琅邪于吉，先寓居东方，往来吴、会，立精舍烧香、读道书，制作符水以治病，吴、会人多事之。"③可见，符水治病在道教创立之时已经比较多用。

---

① 胡应麟：《少室山房笔丛·经籍会通二》引《仙道录》。
② 陈寿：《三国志·魏书·张鲁传》注引。
③ 陈寿：《三国志·吴书·孙策传》注引。

道教为何选以取水符施咒作为载体呢？《道门通教必用集》卷七释道："水无定形，以咒为定，在吾手中，号曰神水，噀天廓清，噀地永宁，噀人长生，噀鬼灭形。"① 故有学者指出："主要是因为水无形体，富有流动性，能将祝咒的法力通过水渗入被咒的对象。"② 水符的最大功效就是治病，"病在内饮之，在外者洗之，皆立愈"③。

岭南较早就流行这种水符治病，汉末吴初，侯官（今福州市）人董奉（字君异）来到岭南，就用过水符法救活时任交阯太守的士燮，两人因此结下生死之交，葛洪《神仙传》云：

> （燮）得病死，死已三日，奉时在彼，乃往与药三丸，内在口中，以水灌之，使人捧其头，摇而消之，须臾，手足似动，颜色渐还，半日乃能起坐，后四日乃能语。④

董奉会医术，救过士燮一命，被冠以仙人之称，后来道书加以发挥，《历代神仙史》云：

> 董奉，字君异，福州侯官县（今福建福州）人，有道术，形容不老，善救人疾苦，已死复生。吴孙权时，杜燮为交州刺史，得病死已三日。奉以三丸药纳口中，食顷，燮开目动手，日中能起坐，遂活。后四日，乃能语。云：死时奄然如梦，见是有数十乌衣人来收之，遂载露车上去，入大赤门，径以付狱，狱各一户，户哈容一人，以燮纳一户中，以土从外封之，不复见外。恍惚间，有人言，太乙遣使者来召杜燮。急开出之，闻人以插掘其所居户。引出，见有车马赤盖，三人共坐车上，一人持节呼燮上车，将还至门前而觉。又一人少病癞，垂死，自载诣奉，奉使病者坐一室中，以五重布韬其目，戒勿动，敕家人莫近。病人觉有一物来舐之，痛不可堪，无处不咂，度此物舌长

---

① 《道门通教必用集》卷七，《威仪篇》，《道藏》第32册，第40页。
② 刘晓明：《中国符咒文化大观》，百花洲文艺出版社，1995，第396页。
③ 李昉：《太平广记》卷五，《玉子》。
④ 葛洪：《神仙传》卷六，《董奉》。

一尺许，其气息大如牛。良久，奉乃解其巾，以水与饮，遣去云：不久当愈，且勿当风。病者身体通去无皮，得水浴即不痛，十余日皮生疮愈，肤如凝脂。奉居山间，不耕种，日为人咒水治病，亦不取钱物。①

董奉"日为人咒水治病"，与太平道创始人张角的"跪拜首过，符水咒说以疗病"② 一样行的是水符（见图4-13）。

图 4-13　水符
（引自张君房《云笈七签》卷四五，《道藏》第22册，第143页）

及后，岭南一直流传此术，清人张渠《粤东闻见录》说："书符咒水，日夕不休。"③ 道光《新宁县志》也云："寻常有病……师巫咒水书符。"④ 可知岭南符法之流行和受用。民国及近代以来，岭南仍沿用符水治病，如粤中广人每以七月夕鸡初鸣，汲江水或井水存放起来，称之为"七夕水"，此水经年不变质，反弥久益甘，且有治疗热病之功效，民间称为"圣水"。粤北乐昌瑶族也多用符水治病，"瑶族事无大小，听其（瑶甲）公断，有疾病瘫疽，乞其符水治之"⑤。广西凤山瑶巫作法，"不用文字，但画符教道，或以口手足三部势，时而口念，时而各个瞠目，时而扼腕，踯足而已，或

① 王建章：《历代神仙史》卷一，《董奉列传》。
② 范晔：《后汉书·皇甫嵩列传》。
③ 张渠：《粤东闻见录》卷上，《好巫》。
④ （道光）《新宁县志》卷四，《舆地略·风俗》。
⑤ （民国）《乐昌县志》卷三，《地理志三·风俗，附瑶俗》。

画符于水，使病人饮之"①。岭南这些符水治病作法起到"以却邪伪、辅助正真"② 的功能，足见其道教色彩之浓烈。

2. 井符

井符，为岭南降神方术，流行较广，袁枚《子不语》云：

> 粤西有"降庙"之说。每村中有总管庙，所塑之像，美丑少壮不同。有学降庙法者，法将成，则至庙卜卦降神。初至，插一剑于庙门之中。神降，则拔剑而回；神不降，则用脚踢倒之。如随足而起，则生。如不起，则为神诛矣。其法：将一碗净水，写一"井"字圈绕之；地上亦写一"井"字圈绕之；八仙桌中间，亦写一"井"字圈绕之。召童子四人，手上各写一"走"字圈绕之，将桌面反对碗口之上，四童以指抬桌。其人口念咒云："天也转，地也转。左叫左转，右叫右转。太上老君，急急如令转。若还不转，铜叉叉转，铁叉叉转。若再不转，土地、城隍代转。"念毕，桌子便转。然后请药方，无不验者。③

降庙，即降神，粤西民间在做祭祀、占卜、治病等活动中，常常伴有降神仪式，"写一井字圈绕之"，有学者指出："其实就是井字符，所谓'圈绕之'，即符箓中习见之'云脚'，亦即'神炁'符号，这是施符者运动自身的先天之炁与天神感通的标志，从而使符有灵。"④ 井符实际上就是道教符箓的一种。

道教早有"画井为狱"法术，葛洪《神仙传》云："其有邪魅作祸者，遥画地为狱，因召呼之，皆见其形，入在狱中。"⑤ 葛洪《抱朴子内篇》也曰："因以物抑蛇头而手萦之，画地作狱以盛之，亦可捉弄也。"⑥ 这里的

---

① （民国）《凤山县志》第二编，《社会风俗》。
② 张君房：《云笈七签》卷七，《道藏》第22册，第41页。
③ 袁枚：《子不语》卷二二，《降庙》。
④ 刘晓明：《试论以巫啸、符法为中心的岭南民间信仰》，载《世界宗教研究》2001年第3期。
⑤ 葛洪：《神仙传》卷三，《王遥》。
⑥ 葛洪：《抱朴子内篇·登涉》。

"画地作狱",就是将邪魅、蛇头之类放入狱中,亦就是放入井中,使其不能作祸,可知这种井符道术在葛洪时已经较为流行,是道教常见的一种道术。及至近代,道教中仍盛行画地为井以关邪祟的法术,如台湾道教的禁坛科仪中,道士要"执剑画地为井",将"奴邪入井",使"万鬼伏藏"①。近人天师张恩博解释道:"狱者禁也。古人画地为牢,所以囚禁鬼邪。故下开井埕,上燃明烛,以象天牢贯索之牢也。"② 这番话道出道教井字符的功用。

岭南其他地方也有井字符,如海南岛:

> 绘一符如井字形,中书明对方之姓名年岁出生日时,念了一回咒,焚此符,将灰入于小陶瓮中,紧封其口,埋于地下,其人必死或大病。③

这是一个用于厌胜仇家的井字形符,与道教"画井为狱"功能一样,《正一玄坛元帅六阴草野舞袖雷法》云:

> 就地画一井字,念咒云:天火雷神,地火雷神,五雷齐降,锁鬼关精。画井毕,递一收上官符,收则以手掐,口念云:收上年官符、月官符、日官符、时官符,以手轮十二宫抛下井中,再念云:收上官符、赤口白舌之神,摄入万丈枯井之内,无动无作,急急如律令,急急收疾。④

《道法会元》卷二四〇也曰:"凡行用先召元帅指挥收捉邪巫邪兵,赴坛押入狱中,作一井狱。"⑤

井与狱为何关系?按《地祇温元帅大法》有"立狱",其形正面为一"井"字(见图4-14)。

① 刘枝万:《中国民间信仰论集》,台北,三民书局,1974,第255~256页。
② 张恩博:《道教问答录》,载台北《道学杂志》第12期,1968。
③ 王兴瑞等:《琼崖岛民俗志》,载《民俗》(复刊号)第一卷,第一期,国立中山大学,民国二十五年(1936)九月五日。
④ 《道法会元》卷二百四十引,《道藏》第30册,第487~488页。
⑤ 《道藏》第30册,第485页。

图 4-14　"井"字正面图

（引自《道法会元》卷二百五十五，《道藏》第 30 册，第 572 页）

立狱为井，井即为狱也，可见道教的"画井为狱"，实为专门用来收捉邪巫邪兵之道术。

岭南粤北瑶族也有井字符，符形见图 4-15：

图 4-15　粤北瑶族的井字符

［引自江应樑《广东瑶人宗教信仰及其经咒》，《民俗》（复刊号）第一卷，第三期］

它由井、天、地、火四个汉字构成，符分上、下两道，上符由天火围着井字，下符由地火围着井字，"其意为将邪魔收入井内，用天火和地火烧之"①。岭南这种井字符与道教的画地为狱何其相似！《夷坚甲志》载：

---

① 江应樑：《广东瑶人之宗教信仰及其经咒》，《民俗》（复刊号）第一卷，第三期，国立中山大学，民国二十六年（1937）六月三十日。

　　　　宣和中，有宫人得病谵语，持刃纵横不可制。……有程道士者，
　　从龙虎山来，或以其名闻，命召之。……道士以刀划地为狱，四角书
　　"火"字，叱之曰："汝为何鬼所凭，尽以告我，不然，举轮火焚
　　汝矣。"①

将上文的"狱"还原为井，四角书上"火"字，就是岭南的井字符，可见
岭南瑶人的井字符带有浓厚的道教色彩。

　　3. 桃符

　　桃符，为岭南却鬼方术。大凡农历新年民间都会在自家门上贴桃符，
却百鬼，正月一日，"有挂鸡于户，悬苇索于其上，插桃符于傍，百鬼畏
之"②。桃符通常用作门符，"立大桃人，门户画神荼、郁垒与虎，悬苇索以
御。凶魅有形，故执以食"③，据说有门神看守门户，可以禳灾除邪。

　　汉晋之后，道教将桃符纳入道术（见图4-16），其用途更广泛，功效
更多样。葛洪《抱朴子内篇·登涉》载：

　　　　上五符，皆老君入山符也。以丹书桃板上，大书其文字，令弥满
　　板上，以著门户上，及四方四隅，及所道侧要处，去所住处，五十步
　　内，辟山精鬼魅。户内梁柱，皆可施安。

在桃板上写上丹书，挂在门户上，可以"辟山精鬼魅"；悬在梁柱上，可以
"施安"。

　　道教桃符不仅可供道士们入山修道之用，也可以置于宅门上、宅之四
隅、宅内梁柱等地方，不仅供人辟鬼驱邪，而且还能去三尸、除病患，如
《云笈七签》称："用桃板为符，书三道埋于门阃下，即止矣。每以庚申日
书带之，庚子日吞之，三尸自去矣。"④《正一玄坛元帅之阴草野舞袖雷法》
有"预攘官横法"，其法曰：

---

① 洪迈：《夷坚甲志》卷十二，《宣和宫人》，中华书局，1981，第102页。
② 宗懔：《荆楚岁时记·第一部宝颜堂秘笈本》。
③ 王充：《论衡·订鬼》。
④ 张君房：《云笈七签》卷八十一，《去三尸符法》，《道藏》第22册，第582页。

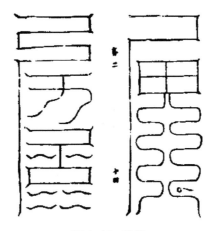

图 4-16　桃符

（引自张君房《云笈七签》卷八十一，《道藏》第 22 册，第 582 页）

　　凡行则宜在新春前期，用桃木一尺二寸长，闰月加一寸，书本身符于上，却就官符方上先召将，想到指挥收三天官符九天朱雀，然后就地画一井字，念咒云：天火雷神，地火雷神，五雷齐降，锁鬼关精。画井毕，遂一收上官符，收则以手掐，口念云：收上年官符、月官符、日官符、时官符，以手轮十二宫抛下井中，再念云：收上官符、赤口白舌之神，摄入万丈枯井之内，无动无作，急急如律令，急急收疾。①

只要桃符一挂，便可锁鬼关精，自除病患。

　　岭南流行桃符，明显带有道教色彩，《岭表记蛮》也载有一苗族木板符（见图 4-17），其做法是将桃木锯成六寸长板，用墨和朱砂画成，上面书符，有星云符、三星符、北斗符，下为咒文，用作厌胜的"井"字，这与道书所讲的"以丹书桃板上，……辟山精鬼魅"② 的做法和功效不无二样。

---

① 《道法会元》卷二百四十引，《道藏》第 30 册，第 487～488 页。
② 葛洪：《抱朴子内篇·登涉》。

图 4-17　苗族木板符

（引自刘锡藩《岭表纪蛮》，上海书店据商务印书馆，1934 年影印，第 188 页）

4. 变蛇符

变蛇符，为岭南役蛇护身之方术，道教称之为"断带为蛇"术，《万法秘藏》卷五云：

> 于五月五日，将蛇丝儿一条，阴干。于己日为末，用青带二十四根，将蛇丝儿末装入内，祭于六甲坛下，脚踏"魁罡"二字，两手掐蛇诀，取东方炁一口，念蛇咒七遍，焚变蛇符一道。四十九日毕，前带缝衣襟上，依前作用，念咒掐诀，将带拔一根于地下，吹气一口，用袖一拂，即变为一条蛇矣。[①]

画此符（见图 4-18）的关键是："向东方取炁一口，吸入腹内，流至脐下一寸三分为止。复上升到口，对笔一呵，黑在圈内，各为祖气。"[②] 如此做法，可以役蛇护身。

岭南较早就援引这种符咒役蛇道术，裴渊《广州记》载：

> 晋兴郡蚺蛇岭，去路侧五、六里，忽有一物，大百围，长数十丈。行者过视，则往而不返。积年如此，失人甚多。董奉从交州出，由此

---

①　袁天罡：《万法秘藏》卷五，《底襟集天文秘旨》。

②　袁天罡：《万法秘藏》卷五，《底襟集天文秘旨》。

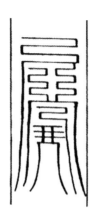

图 4-18　变蛇符
（引自袁天罡《万法秘藏》卷五，《底襟集天文秘旨》）

峤，见之大惊。云。"此蛇也。"住行旅，施符救。经宿往看，蛇已死
矣。左右白骨，积聚成丘。①

晋兴郡就是今天的广西南宁，董奉是汉末吴初人，其时道教已传入岭南，
他"施符救"，将蛇弄死，可知其时岭南已有以符咒役蛇的道术。

这种变蛇符术，一直沿用下来，《清稗类抄·方伎类》云：

> 南宁地卑湿，多烟瘴，蛇虫繁殖，土人强以其形名之，有草鞋蛇，
> 作枯草色，扁如人掌；有圆蛇，如鹅卵，伏沙中，斑斓类文石，一触
> 人气，即暴长，皆能螫人立毙。有巫善持咒役蛇，可以招之来，挥之
> 去。其施术，恒在夜半，先择旷僻之地，列炬于其四周，裸体被发，
> 足践二雄鸡，拔剑划地，喃喃诵咒。其徒四人环立四隅，分执鼓角钲
> 钹。欲观者，则各佩一符于襟，含一丸药于口，潜立其后。俄而大小
> 异蛇联络奔赴，绕地三匝，始去。②

南宁位于广西南部，今广西壮族自治区首府，古称邕州，属"南蛮"之地，

---

① 李昉：《太平御览》卷九三四，《鳞介部六·蛇下》引。
② 徐珂：《清稗类抄·方伎类·南宁巫能役蛇》。

其人称"蛮人",或称"土人",他们"善咒役蛇",面对毒蛇猛兽,"拔剑划地",实行役蛇护身。

及至乾隆时期,南方仍流行这种符咒役蛇术,甚至有巫师到过京城进行表演活动,《清稗类抄·方伎类》云:

> 乾隆时,有南客馆京师,巫也,自言能拘蛇。其居停主人欲观其法,不可,强之至再,允焉。乃命竹工削竹签百枝,长三尺许,锯其两端,如箭锥。至期,约主人及外客,以麻绳束竹签,捆载而行,同赴西山石佛庙。踞石台上,步罡书符,口喃喃作词。俄顷,微风起,草中索索作声,蛇果大至,先小后大,盘旋回绕,有若锦者,有若花者,众咸诧为未见。最后有一蛇至,不甚大,遍体光黝如漆,昂其首,向前视客。客色遽变,怃然曰:"殆矣。"急书符退之。众蛇皆散,独黝黑者不去,吻舌张口,似有怒态。客披发跣足,持咒,啮舌血喫之,始去。顾众曰:"君等可归矣。此蛇来,与吾较法,我不可去,去则贻祸主人。"乃命众人以绳束其身,捆于石佛背上,以所携竹签置手旁,促众人去。次日客归,众询所以,云:"是夜风雨大作,蛇乘空而来,张口吸气,似欲相吞。予望其气来,乃以竹签一枝投之,签为气蹑入其腹。如是数十次,气渐衰,签亦将尽。俄闻庙门外有崩撼之声,蛇毙于地,风雨亦息。"①

施术的南客,显然是南方巫师,他表演的是"书符"拘蛇,方法是脚行"步罡",口念咒语,披发跣足,凸显南蛮特色的通灵仪式,与道教断带为蛇术接近。经他这一表演,岭南符咒役蛇术得以大行其道。

5. 五鬼符

五鬼符,为岭南役鬼方术。古代巫师就是鬼,直到唐宋,南方少数民族的宗教领袖仍被称为"鬼主",《新唐书·南蛮传》云:"夷人尚鬼,谓主祭者为鬼主,每岁户出一牛,或一羊。"《宋史·黎州诸蛮》也载:"黎州诸蛮,凡十二……夷俗尚鬼,谓主祭者鬼主,故其酋长号都鬼主。"由于鬼主是宗教领袖,巫师即是鬼师,他们驱使的便是诸鬼卒,这种鬼卒,后来演

---

① 徐珂:《清稗类抄·方伎类·巫拘蛇》。

变为道教的值日神、功曹、六丁六甲、土地等小鬼。

其实，早在汉晋时期，道教已使用役鬼符术，干宝《搜神记》卷一云：

　　刘根，字君安，京兆长安人也。汉成帝时，入嵩山学道，遇异人授以秘诀，遂得仙。能召鬼，颍川太守史祈以为妖，遣人召根，欲戮之。至府，语曰："君能使人见鬼，可使形见，不者，加戮。"根曰："甚易。"借府君前笔砚书符。因以叩几。须史，忽见五六鬼，缚二囚于祈前。祈熟视，乃父母也。向根叩头曰："小儿无状，当分万死。"叱祈曰："汝子孙不能光荣先祖，何得罪神仙，乃累亲如此！"祈哀惊悲泣，顿首请罪。根默然忽去，不知所之。

刘根为汉末人，他使的役鬼术主要是利用画符来召遣诸鬼，使之现于阳间，为活人服务。

后来五鬼符作为道符法术之一（见图4-19）时，更明确用骷髅五枚，旨在通过骷髅与阴间的五鬼进行交感，召遣五鬼。

图4-19　五鬼符

（引自袁天罡《万法秘藏》卷二，《阴魂报宗》）

《万法秘藏》卷二云：

　　此法预先下骷髅五枚，于五癸日五更时分收来，上书五鬼姓名。

每遇癸日，烧一枚。用符各另包起，祭六甲坛下干净处。脚踏"魁罡"二字。左手雷印，右手剑诀，取五方真炁五口，念《混天咒》七遍，焚五鬼符五道，于四十九日夜，写祭文一道。为（某）事所求，仍前作用，呼五鬼名氏，各鬼应声现形于前。就以前角印望各鬼虚印一印，法毕，各令盟誓于天，任意驱用。如耳有所闻可察，目有所见可取，事有未来可报，成败祸福可预知。凡欲远行，切忌日昼，不宜动用。至夜将轿子一张，系二杠于上，令五鬼扛抬，不时千里，任意往返。假行中途，孤村野馆，要歇之处，名为小死，恐人物所伤，令五鬼守护无碍。凡百所事，若欲希求，无不搬运遂意。秘之秘之。非人勿示。

以上诸符俱是五鬼姓名，书此符，呼此名，遂一骷髅，包放坛下，敕五鬼搬运。焚香正符势，念真言里，先烧焚召九灵符一道，后焚正符，遂一呼召，速至速来，有事驱用，烧符一道，呼叫一次，五道五次。如现形时，各与立誓，随吾役用，呼五鬼立至矣。常不离左右，动止相随。凡食先与之，若炼毕，祭礼赛之念。①

在祭礼时，行五鬼符，呼唤五鬼，达到役五鬼的目的。

明清以降，岭南仍有行五鬼符，《留青日札》卷二十八云：

世有采生摘割之法，今越人亦能之。有宋文元者，以教书在余杭徐家，能役使鬼，每呼仙童，则其鬼即至，但无形声耳。命之移桌椅，则桌椅行动，自能整齐。命移置庭中，自能出户。命之斟酒，杯盘自行，或剪纸为神形贴于壁上，以水一碗，命之手执，则其碗自吸于壁，而水不倾覆。一夕有锡工同寝，宋恶之，命击其床，则飞砖走石，魂惊魄丧，乞哀移寝而止。②

通过杀人来取得鬼魂，带有道法色彩的役鬼术亦是越人所能之事。

6. 护身符

护身符，又称护生符、保身符，是岭南抵御鬼魅伤害、保护人身安全

---

① 袁天罡：《万法秘藏》卷二，《阴魂报宗》。
② 田艺蘅：《留青日札》卷二十八，《使鬼法》。

的符术。据《琼崖岛民俗志》载：旧时海南岛有病者出门就医，要请道士绘符贴满全身，又书"姜太公在此""北方真武玄天上帝斩妖治邪""三十三天华光大帝持剑在此"[1] 等纸条随行。这种贴在身上的符就是护身符，其中姜太公、真武帝、华光大帝都是道教驱鬼辟邪的神将。

　　道教早就有用护身符一事，现存最早的护身符是公元 551 年左右的吐鲁番护身符（见图 4-20）有图、有符、有文和咒，是一个典型的道符，画面主题部分是一左手持大刀，右手持三叉戟的人形，人形的下面为一"黄"字，此人就是护身之黄神，也就是该符的符神，他身兼招魂招魄和护身辟邪两大职能，如葛洪说"古之人入山者，皆佩黄神越章之印，其广四寸，其字一百二十。以封泥著所住之四方各百步，则虎狼不敢近其内也。"[2] 又说："戴佩符印，伤生之徒，一切远之。"[3]

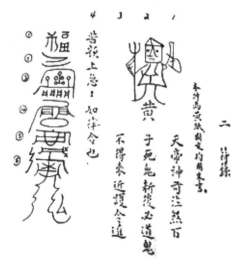

图 4-20　吐鲁番护身符
（引自《吐鲁番出土文书》第二册）

图 4-21　灵符
（引自袁天罡《万法秘藏》卷二，《金刚灵宝通剑法》）

　　《万法秘藏》卷二有"灵符"一道（见图 4-21），用作护身，其符神便

①　王兴瑞等：《琼崖岛民俗志》，载《民俗》（复刊号）第一卷，第一期，国立中山大学，民国二十五年（1936）九月五日。
②　葛洪：《抱朴子内篇·登涉》。
③　葛洪：《抱朴子内篇·至理》。

是北方黑杀神，即真武帝，真武帝是岭南对北帝的称号，道教五老君之黑帝，是道教守护神。符旁有咒语云："谨请北方黑杀神，急来正好护我身形。"①

直到近代，岭南还流行护身符。萧一山先生的《近代秘密社会史料》中录有一个流传于南方的"保身符"（见图4-22），符的下半部分写着"六甲在左"，显然是要招来六甲神将护身。胡耐安先生的《说傜》一书，也载有广东八排傜的"九龙符命"护身符一道（见图4-23），图形中有神人、有鬼状、有神禽、有神兽，还有星图和云图等等，图、符、文、咒俱全，是一道典型的道符，足见带有道味的护身符在岭南地区的流行程度。

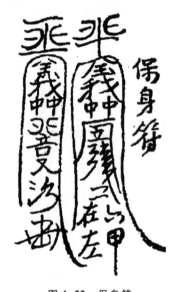

图4-22　保身符

（引自萧一山《近代秘密社会史料》卷六，《杂录第十·符咒》）

图4-23　广东八排傜护身符

（引自胡耐安《说傜》）

7. 疮痈符

疮痈符，岭南人用于治疗各种疮肿痈疽的符术。

道教早就有疮痈符，《万法秘藏》卷一收有疮痈符（见图4-24）。

---

① 袁天罡：《万法秘藏》卷二，《金刚灵宝通剑法》。

图4-24　疮痈符
（引自袁天罡《万法秘藏》卷一，《葛仙治病法符》）

该符实际上是道巫创制的九个字：齺齱齰齺齺齰齰齱齺组成，道教认为：将此九字秘书在疮上，即消肿，去疮痈。行符要求在大年的五更时分，或端午时候，边施符，边念咒：

> 日出东方，苍苍皎皎，杳杳茫茫。金童玉女，委我收疮。一收不要疼与痛，二收不要肿与血，三收不成疮与疖，急散急消，莫待来朝。急消急散，急待来旦。神书到处，万病消汗。吾奉太上老君急急如律敕令。①

在疮痈上画符，施用太上老君的律令，疮痈便可消退。

岭南海南岛上黎族人中就流行移疮符（见图4-25）。

————————————

① 袁天罡：《万法秘藏》卷一，《葛仙治病法符》。

图4-25 移疮符

［引自王兴瑞等《琼崖岛民俗志》,《民俗》(复刊号) 第一卷, 第一期］

符内为一"疮"字, 外面由炁符所包围, 符意是通过炁将疮包裹起来, 然后行符术, 将疮痈移置它物身上, 使人的身上不再留有疮痈。具体做法是由道巫绘灵符数道, 分贴中堂及病者房中。然后念咒, 咒毕, 引患者入山中一树下, 用红笔在疮上绘一符, 又在剥去外皮的树上画同一符, 再持刀砍树身数次, 据此, "此疮就由人体移到树上去了, 人身上的疮自然也就没了"①, 这种移疮符由道巫施行, 与道教所称主治疮痈的方法是一致的。

8. 端午符

"端午符", 为岭南辟邪治鬼方术。古代中国视农历五月为"毒月"。《清嘉录》卷五:

> 释氏、羽流 (道士), 先期印送文疏 (愿文) 于檀越, 填注姓字。至朔日 (初一), 焚化殿庭, 谓之修善月斋。是月, 俗又称为毒月, 百事多禁忌。②

---

① 王兴瑞等:《琼崖岛民俗志》,《民俗》(复刊号) 第一卷, 第一期, 国立中山大学, 民国二十五年 (1936) 九月五日。
② 顾禄:《清嘉录》卷五,《修善月斋》。

为何视五月为毒月呢？因为五月夏至时，太阳位于北回归线，日照时间最长，过了夏至正午，日照开始变短，古人称之为"阴阳争，死生分"[1]。日本学者中村裕一认为：人们之所以在端午有许多厌胜习俗，"是因为端午一过阴气逐渐增长，再加上气温上升，恶疫极为猖獗，生活上不顺利的事情的发生率增高"[2]。其实，在古代，阴是鬼的生存环境，端午以后，阴长阳消意味着鬼的势力的增长，人作为阳物抗御鬼邪的力量逐渐减弱，病害容易发生，故需在端午这一阴阳力量对比发生转折的时候，用种种厌胜方法对阴鬼加以遏制，以保一年平安。

道教多用端午符（见图4-26）。该符由"日、力、吉、鬼"等字组成，其中"日"字最多，从上到下，层层叠叠，中间加"力"字，把"鬼"字压在最下面，使阴鬼处于被压制的状态之中，使鬼不得作祟，保佑一家大小全年平安无灾。

岭南流行这种端午符，每年端午节当天中午，广州几乎家家都贴"端午符"（见图4-27）。

图4-26　端午符驱鬼符
（引自敦煌写卷伯三八三五背面）

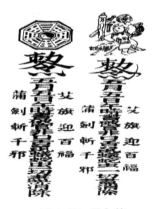

图4-27　端午符
（引自《民俗》第七十一期卷首）

---

[1]　《礼记·月令》。

[2]　中村裕一：《道教和岁时节日》，《道教》第二卷，上海古籍出版社，1992，第318页。

这种符，由图、文字、符和咒四部分组成，图分左右，左边是太极八卦图，右边是上书"正门气传人"的天师像，两边文字一样，中间写着："敕令五月五日午时书破官非口舌鼠蚁蛇虫一切尽消除。"两边文字分别是："艾旗迎百福，蒲剑斩千邪。"艾和蒲在广州白云山有产，颇有岭南特色。整个符，仅有一个三清符号，表示三清下达敕令，各路诸神听候调遣。该符用黄纸书写，符合道教的做法，道教称"黄纸朱书，合口闭炁"①，依道教看来，黄纸有通灵降神和禳灾驱鬼的作用。行符时，用水果、粽子拜神，烧艾草以薰蚊，撒雄黄酒以杀虫。另外，还用雄黄酒调朱砂，涂在小孩的额头、胸口和手心上，可以辟邪治鬼，很有道味。

综上所述，岭南符术俗信或是通过文字，即将信仰对象名字直接书写在符上，或是通过绘形，即画上写实图画，或是符号会意，即画上某种象征符号表现出来，体现道教符箓"符者，通取云物星辰之势；书者，别析音句铨量之旨；图者，画取灵变之状。然符中有书，参似图像；书中有图，形声并用"②的形式和功能，是岭南民俗符术道化的表现。

（二）岭南咒术与道教祝咒

咒术起源较早，最早的咒是祝，从甲骨文和金文看，均从儿从口，像巫师跪地以口朝天状，表示巫师用口向神明祝颂，以语言交通神明。后来人们还发现，通过神明不仅可以祈福，还可以加殃，于是恶意的咒术出现了。由于巫是人神交往的专司人员，故咒语通常是由巫承担，在念咒时往往加入一定的仪式和法术而成为咒术，故咒术成为人们通过巫师向神明表达某种语言信息，以实现某种愿望的方式，《周礼·春官》载："大祝掌六祝之辞，以事鬼神示。祈福祥，求永贞。……小祝掌小祭祀，将事侯禳祷祠之，祝号，以祈福祥，顺丰年，逆时雨，宁风旱，弥灾兵，远罪疾。"祝咒由国家官属专人专司，足见古人对祝咒的重视。

道教创立后，多行祝咒术，《云笈七签》卷四六云：

凡修行洞法及太一帝一之事者，常至黄昏时入室烧香心拜经前，

---

① 《道法会元》卷一二二，《太上三五邵阳铁面火车五大法》，《道藏》第29册，第587页。
② 张君房：《云笈七签》卷七，《道藏》22册，第41页。

因叩齿二七通，乃微咒曰："太一帝尊，帝一玄经。五云散景，郁彻三清。玉童玉女，烧香侍灵。上愿开陈，与我合形，使我神仙，长享利贞。"咒毕，又叩齿二七通。[①]

上文中的烧香祝，延请的神是人格化的道教神"太一帝"，祈祷的是"使我神仙"，与先秦的祝咒请天神和祖宗神以及祈福延寿等明显不同。

岭南俗信流行的咒术多带道教祝咒色彩。

1. 直呼神名

过去，岭南多个地方在每年正月间，都要请道巫施行赞星咒术，以求一年的平安。如流行于广东顺德的一段咒语：

> 一剔吉神常拥护，
> 二剔患祸永不逢，
> 三剔流年无嫉剋，
> 四剔寿命自……
> 五剔驱邪出外去，
> 六剔引福入家中，
> 七剔灯花开灿烂，
> 牡丹富贵总无穷，
> 内有霹雳雷神……[②]

施咒的仪式是，先呼神祇名号，即请神，然后将祈祷者的姓名住址向神崇告，并说些求福的话，再剔灯念咒。所呼神祇名号上至天皇大帝、观音菩萨，下至井泉地脉龙神、龙图阁大学士包丞相，共达九十三位之多，所辖范畴，几乎包揽了普通百姓日常生活的所有方面。

直呼神名是道教施咒时的主要交神方法，随着道教的勃兴，神鬼队伍不断扩大，分工和职能越来越细，道教认为有必要直呼神名以具体化，所

---

① 张君房：《云笈七签》卷四六，《道藏》22 册，第 327 页。
② 胡吉甫：《赞星之仪式及咒语》，《民俗》，第七十一期，国立中山大学，民国十八年（1929）七月三十一日。

以，咒语的第一句一定是某神的名号，所呼诸神与咒语内容也要一致，否则无效，如漏念了"五方土五谷龙神"，则有可能收成不好，漏念了"神荼郁垒把门大将"，则难以驱邪出外，故一定要直呼神名，如《著衣咒》云：

> 旦起叩齿著衣咒曰：
> 左青童玄灵，右青童玉英，
> 冠带我身，辅佑我形，
> 百邪奔散，鬼贼摧精，
> 敢有犯我，天地灭形，
> 急急如律令。①

一早起床穿衣时念咒语，第一句就是直呼青童玄灵、青童玉女这两位与著衣有关的神祇。《外台秘要》也载：

> 一名蒿枝，一名薄之，傍他篱落，螫他妇儿，毒气急去，不出他道你愚痴，急急如律令。②

蒿技和薄之是要厌胜的对象，直呼其名，使其原形毕露，故使用的也是"呼其名以厌之"的克制方法。

晋代道士葛洪精于此术，在他的《抱朴子内篇》中就搜罗了多种山精、物怪等名，以供人呼而厌之。《抱朴子内篇·登涉》云：

> 山中山精之形，如小儿而独足，走向后，喜来犯人。人入山，若夜闻人音声大语，其名曰蚑，知而呼之，即不敢犯人也。一名热内，亦可兼呼之。又有山精，如鼓赤色，亦一足，其名曰晖。又或如人，长九尺，衣裘戴笠，名曰金累。或如龙而五色赤角，名曰飞飞，见之皆以名呼之，即不敢为害也。

---

① 张君房：《云笈七签》卷四十七引，《道藏》第22册，第331页。
② 王涛：《外台秘要》卷四十，《蜈蚣螫方八首》。

山中有大树，有能语者，非树能语也，其精名曰云阳，呼之则吉。山中夜见火光者，皆久枯木所作，勿怪也。山中夜见胡人者，铜铁之精。见秦者，百岁木之精。勿怪之，并不能为害。山水之间见吏人者，名曰四徼，呼之名即吉。山中见大蛇著冠帻者，名曰升卿，呼之即吉。

在葛洪看来，遇上鬼怪之类时，只要直呼其名，便可以使之现出原形，逃之夭夭，人自然躲过灾祸，即可大吉。

道教这种直呼神名的厌胜方法，在岭南民间颇为常见，如广府地区在小孩夜啼时，民间常用《小儿惊啼咒》：

天皇皇，地皇皇，
我家有个夜啼郎，
过路的君子念一遍，
一觉睡到大天亮！

天皇和地皇是民间的俗神，专管小孩夜哭，故要制止小孩哭啼就要直呼神明天皇和地皇。

广西瑶族人认为生病是因鬼邪作祟而导致的，所以病重时要请巫师念咒，直呼神名"太岁星君""十保星君"和"唐兵大王"，以祈神禳鬼。其请神仪式如下：

天将亮时，巫师在厅（设有神龛者）之门外东边，设一小桌，桌后设灯台一架，上燃小土灯一盏，其光如豆。灯前以碗盛腊肉一方。置一空碗，燃香五根，左方设酒一坛以祭阴神。桌之右方，悬纸旗一，旗以白纸五张制成，宽约寸许，纸各相连，其长达二三尺。另有长约八寸、宽约五寸的木板一块，及长约七寸的细木桩二只，置于台后。巫师以矮凳坐于桌右，口念咒语，约一小时左右。接着时而占卦，时而酌酒，备极狂惑。将毕时，焚白纸十余张，又以白一条上书"某某年某月某日，许愿鸡一只、鸭一只、纸马一百二十份，太岁星君、十保星君、唐兵大王"，书毕，内裹白纸少许，卷成长约二寸，粗如中指的圆棒，外以白线束之，取台所置木桩二枚，平钉于台后之壁上，与檐同高，上搁木板，称为"神座"。移灯于板上，置空碗于灯前上搁，燃香三根，前列茶杯两只，内注黄酒以祭阳神。然后将纸旗移挂于神座上，距神座约二尺，然后取卷束的纸棒，插入纸旗与神座正中的墙穴，整个仪式到此结束。病愈后要许愿的鸡鸭纸马诸物祭神一次。[①]

广西壮族地区流行的师公，在法事中也使用多种咒语，有驱邪用的，"北斗紫光，夫人在此，姜太公在此，诸煞凶神朝天，急急如律令"；也有驱鬼用的：

> 马少不能装鞍，屋少不能住客（指鬼）。此马不能装，此房不能住，赶快走！赶快走！赵元帅上屋顶，关元帅入栏（指屋）下，邓元帅走前面，马元帅过后面，五鬼、五怪、五猖，统统要滚开！哪个不走脚就断，哪个不滚胸就破！赶快走！赶快走！准吾奉请太上老君急急如律令。[②]

此等咒语，直呼道教神灵太上老君，可谓气壮山河，令妖魔鬼怪统统滚开。

2. 吹角招神

牛角是岭南巫师施咒时常用的一种法具。在岭南地区，牛角一般为水牛角，长二十英寸左右，牛角的开口处用牛皮镶口，角尖有孔，吹孔可以发声。牛角所以能作为法器，就是因为它能发出一种浑厚、低沉，又传播得很远的呜呜声，有助施咒者与神鬼交通，请神降鬼。此法在岭南多个地方可见，如兴宁县巫觋替人除病殃时，都要"鸣锣吹角，咒鬼令他适"[③]；粤北乳源地区也借吹角，招使天神下降：

---

① 庞新民：《两广瑶山调查》，中华书局，1935，第66页。
② 参阅杨树喆《壮族民间师公教：巫傩道释儒的交融与整合》，载《中央民族大学学报》2001年第4期。
③ （嘉庆）《兴宁县志》卷八，《风俗志·习尚》。

一声鸣角去云云，打开天门及地门，
打开天门天兵降，打开地府地兵行。
口吹牛角真宝角，声声吹到老君门。
老君即时差兵到，兵头付上小师童。①

正由于牛角有这种交神功能和法力，遂成为巫师举行通神咒仪的辅助工具。

牛角不仅可以交神，还可以召鬼和送鬼。广西瑶族人病亡后，往往请巫师施咒，巫师便携带牛角、短剑、卜具、铜铃等法具来病亡人家中，举行法式，吹响牛角，念起咒词：

一声鸣角去哀哀，
去请梅山殿上来，
亡师无命归阴府，
请迎鬼魄下灵来。②

显然，巫师吹牛角号的目的是要召唤鬼魂，最后送其回阴府。

瑶族巫师吹牛角施法的习俗源自葛洪。《抱朴子内篇·登涉》中有一种"通天犀角"的法物：

得真通天犀角三寸以上，刻以为鱼，而衔之以入水，水常为人开，方三尺，可得炁息水中。又通天犀角有一赤理如綖，有自本彻末，以角盛米置群鸡中，鸡欲啄之，未至数寸，即惊却退。故南人或名通天犀为骇鸡犀。以此犀角著谷积上，百鸟不敢集。大雾重露之夜，以置中庭，终不沾濡也。此犀兽在深山中，晦暝之夕，其光正赫然如炬火也。以其角为叉导，毒药为汤，以此叉导搅之，皆生白沫涌起，则了无复毒势也。以搅无毒物，则无沫起也。故以是知之者也。若行异域有蛊毒之乡，每于他家饮食，则常先以犀搅之也。人有为毒箭所中欲

---

① 梁钊韬：《粤北乳源徭民的宗教信仰》，载《民俗》（复刊号）第二卷，第一、二期合刊，国立中山大学，民国卅二年（1943）五月。
② 胡起望等：《盘村徭族》，民族出版社，1983，第244页。

死，以此犀叉刺疮中，其疮即沫出而愈也。通天犀所以能煞毒者，其为兽专食百草之有毒者，及众木有刺棘者，不妄食柔滑之草木也。岁一解角于山中石间，人或得之，则须刻木色理形状，令如其角以代之，犀不能觉，后年辄更解角著其处也。

"通天犀角"的法力在于能"辟恶解毒"，鬼魅却退。

瑶巫使用的正是犀牛的角，《广东傜人之宗教信仰及其经咒》云：

> 吹角便问角根源，此角不是非凡角，角是犀牛头上生……五师吹起上天庭，一吹东海龙王动，二吹西海犀牛惊；一吹上界百鬼哈哈笑，二吹上界有鬼断踪由。①

瑶巫吹角先问角的来由，用上犀牛角，一吹使百鬼笑，二吹鬼魂断，足见其厉害。

3. 飞锣驱鬼

飞锣，为岭南驱鬼方术，在治病施咒术时，往往是先请神、请鬼，然后是贿鬼，最后迫不得已行驱鬼之术——飞锣。

飞锣是因锣声具有升空通神的功能而称为飞锣。锣是从古代的铜鼓演变而来的，铜鼓的作用在于"鼓之舞之以尽神"②，由于铜鼓较为贵重，有些少数民族经济不甚发达，故用造价较低又具有相同功能的铜锣。事实上，铜锣就是铜鼓的简化，截取铜鼓的面部而成。③古代南越人多用之，如《粤东笔记》称：

> 永安俗尚师巫，人有病，辄以八字问巫。……巫作姣好女子，吹牛角，鸣锣而舞。④

---

① 江应梁：《广东傜人之宗教信仰及其经咒》，载《民俗》（复刊号）第一卷，第三期，国立中山大学出版，民国二十六年（1937）六月三十日。
② 《易经·系辞上传》。
③ 参见徐中舒《论巴蜀文化》，四川人民出版社，1982，第37页。
④ 李调元：《粤东笔记》卷一，《俗尚师巫》。

> 琼州有黎金，似铜鼓而扁小，上三耳，中微其脐，黎人击之以为号，此即铛也。……富者鸣铜鼓，贫者鸣铛。①

铜铛就是铜锣，中山大学文物馆藏有海南岛黎族铜锣，锣的边缘有三个虾蟆。这和铜鼓鼓侧有耳，纹面有虾蟆是一致的。

飞锣的宗教功能与铜鼓一样，主要用以祀神通神。《宋史》云："溪峒夷僚疾病，击铜鼓、沙锣，以祀神鬼。"②

岭南各地以不同形式进行飞锣活动，旨在祀神通神，《兴宁县志》载："病鲜服药，信巫觋，鸣锣吹角，咒鬼令他遁，名曰跳茅山。"③《广东省连阳八排风土记》也云：

> 十月谓之"高堂会"，每排三年或五年一次行之，先择吉日，通知各排，届期至庙宰猪奉神，列长案于神前，延道士坐其上，每人饭一碗，肉一碟，口诵道经，瑶人拜其下，以筊卜吉凶。……击锣挝鼓，赛宝唱歌。④

意在通过击锣挝鼓，取得通神的作用和功能。

综上所述，岭南民间流行的咒术，诸如直呼神名、吹角招神和飞锣驱鬼等均有通神降神和辟邪驱鬼等道教祝咒形式和功能。岭南无论是符术，抑或是咒术所表现出来的祭祀俗信，均体现其道化的色彩，是岭南祭祀俗信与道教文化结合的产物。

三　岭南节庆俗信饱含道韵

节庆俗信是人们在一年中特定时日举行的某种习惯性行为，其内容主

---

① 李调元：《粤东笔记》卷六，《琼州铛》。
② 脱脱等：《宋史·西南溪峒诸蛮》。
③ （嘉庆）《兴宁县志》卷八，《风俗志·习尚》。
④ 李来章：《广东省连阳八排风土记》卷三，《风俗·节序》台北，成文出版社，1967年影印本。

要是岁时节日庆典，一般有娱乐和祭祀以及祈禳等活动。岭南由于受道教文化的熏染较深，不少节庆俗信带有崇道韵味。

（一）岭南岁时节庆与道教神诞

在岭南传统岁时节庆中，有不少是道教神诞，岭南各路神仙的诞日或祀日约定俗成地成为民间节庆。

1. 三元节（诞）

三元节是上元节、中元节、下元节的合称，《唐六典》卷四载："正月十五日天官为上元，七月十五日地官为中元，十月十五日水官为下元，皆洁身自忏愆罪焉。"[①] 原本是道教的重要节日，又称三官司诞日，道教认为：天地万物是由天、地、水三个基本元素组成，天、地、水三官成为道教初创时信奉的三位神灵，故将三官的诞辰定为三元节，《太上三元赐福赦罪解厄消灾延生保命妙经》云："天官赐福，地官赦罪，水官解厄。"[②] 天官紫微大帝赐福，诞于正月十五，称上元节；地官清虚大帝赦罪，诞于七月十五，称中元节；水官洞阴大帝解厄，诞于十月十五，称下元节。三元节时，三官下界巡游，履行职务。

在岭南民间有过三元节习俗，"三元节"与传统节日中的灯节（元宵节）、鬼节和消灾日结合起来，成为全民参与的节庆盛典。

上元节，农历正月十五，也是岭南民间元宵节、灯节，相传起源于西汉文帝时，因为正月又称元月，"夜"在古语中又叫"宵"，故汉文帝遂将正月十五日定为元宵节，"汉家常以正月上辛祠太一甘泉，以昏时夜祠，到明而终"[③]，"太一"也称"泰一"，是北极神的别名，《史记·天官书》载："中宫天极星，其一明者，太一常居也。"张守节《正义》释道："泰一，天帝之别名也。刘伯庄云：泰一，天神之最尊贵者也。"故元宵节就是源于对汉代太一神的祭祀。道教创立后，继承古代神祇信仰祭祀传统，以"太一神"为自己的尊神，并确定为道教的节日。唐朝奉道教为国教，为祭祀道教三官中的上元天官正月十五的诞辰举行庆祝活动。

---

① 李林甫：《唐六典》卷四，《祠部郎中·员外郎》。
② 《道藏》第34册，第735页。
③ 司马迁：《史记·乐书》。

北宋以后，遂成习俗。每年正月十五这一天，岭南各地都有相关活动。如：广州人习惯白天到三元宫和五仙观去上香祈福，晚上放烟花、爆竹，一边举各种灯饰，一边奏音乐游行，所奏音乐初时称"打十八闲"，后发展为"八音锣鼓柜"。游行者有舞狮、舞鸾、舞象等，还有以童男童女扮演民间传说故事里的人物，如"八仙过海""哪吒闹海""天女散花"等，在娱乐中体现和领悟道教的真谛。古镇佛山人家，素以灯色著称，元宵之夜人们高举灯笼，倾城而出，去"行通济桥"，传说通济桥为仙人所赐，民谣"行通济，无闭翳"，无论何人，只要走过通济桥，就会一辈子无忧愁了，体现岭南人对神灵的虔诚。粤西徐闻地区闹元宵，主要有两项活动：一是白天的"上军坡"，二是晚上的赛灯和游灯，期间建"迎龙坛"，请道士"做参"（念咒），道士身穿道袍，手拿牛角、郎刀等道具，做斋醮科仪。

中元节，农历七月十五日，岭南民间俗称鬼节、烧衣节，七月自古有鬼月之称，相传七月初一"开鬼门关"，七月三十日"关鬼门关"，这一个月里，所有的无祀孤魂全从阴间出来，到人世间各处徘徊找东西吃，因此各地都纷纷在此月举行"普度"的祭仪，即"普遍超度孤魂"。是日又是道教地官诞，即中元赦罪地官神诞，由于民间将七月十五与地狱联系起来，而地狱是由三官大帝中的地官主管，故民间在这天必须祭祀地官，祈求地官主持正义，驱恶扬善，为祖先祭献，给野鬼和孤魂慰藉，岭南各地如广州、佛山、潮州、电白等地通常从七月十四晚开始过此节，当晚剪纸为衣，在家烧"祖先衣"，在门口烧"过往衣"；点燃香烛，用鸭、猪肉、花生、生果设祭。在门口拜祀时，除烧"衣"外还撒龙眼、零钞、赈济鬼魂。是日，延请道士"打太平醮"，设坛作法事，超度亡灵，期间，道教还有一个对亡魂"炼化"的过程，即道士以自己内炼所得的能量（阳）去炼化鬼魂身上的阴，从而成为全阳，全程拜诵《玉皇忏》《地宫忏》和《普门品》等道经，最后举行水陆超幽，法事才告结束。

下元节，农历十月十五日，岭南民间称消灾日，是日又是道教下元水官节，即下元解厄水官洞阴大帝诞辰。岭南人认为：下元诞这天，水官下凡巡查人间善恶，为人们解除灾难，于是他们祭祀亡灵，通过焚"金银包"等祭拜祖先亡灵的活动，祈求下元水官排忧解难。是日，人们折红绿纸为仙衣，折锡箔为银锭，叩拜后焚化。同时张灯三夜，在正厅上挂着一对提灯，并在灯下供奉鱼肉水果等，煮汤圆拜神，祈求解厄，"食斋"的信男信女必到三官庙烧香，"拜祭下元水官，道观做道场，为民众解厄除困，三元宫香客如云"①。广州及其周边南海、番禺和顺德一带水乡，更是举行"水色""出色"和"飘色"等与"水官"有关户外活动，色彩丰富，期间配以游神、摆醮、醒狮、点炮等，热闹非常。

除了三元节庆，岭南人家还把道教三元神化为日常供奉的"天神"，将"天地水三界尊神"供于院墙上或屏门后，"朔望三叩首，晨昏一炷香"。又有供于大门墙上，谓"天官赐福、地官赦罪、水官解厄"②，道教色彩相当浓厚。

2. 先贤祖师节（诞）

先贤祖师节是岭南民间出于对先哲、圣贤、祖宗或老师的怀念和感激，在其诞辰之日设诞祭祀，成为岭南岁时节日，其中掺杂很多与道教有关的信仰活动。下面选其中典型的以时序简要述之。

（1）天公诞（玉皇大帝诞）。

农历正月初九，岭南民间称作拜天神，或叫拜天公，祭拜玉皇大帝。玉皇大帝的祭祀源自上古的天地崇祀，与古人敬天重地思想有密切关联，古人认为天是宇宙万物的主宰，也是万物生长化育的本源，所以不可不敬天畏命，顺天行道，因此联想自然界中有一位最高的神明在支配万物，这位神灵就是玉皇。道教称玉皇为众神之王，在道教神阶中地位极高，神权最大，他布天之德，造化万物，济渡群生，权衡三界，统御万灵，无量度人。岭南民间视之为至高无上的天神，统管天地人三界，又称天皇、天帝或上帝。是日，广州民众必祭拜天神玉皇大帝，上香行礼，祭拜诵经，祈求赐福；潮州民众则"拜天公"（潮州人称玉皇大帝为天公），一家老小，斋戒沐浴，上香行礼，祭拜诵经，唱戏娱神。

（2）天穿日（长春邱真人诞）。

农历正月十九日，岭南民间称作"天穿日"，又是全真道教邱长春的诞辰，道教叫燕九节，此节日在北方自元朝起就非常热闹，自从清代全真道

---

① 广州市地方志编纂委员会：《广州市志》卷十七，《风俗志·岁时节令》，广州出版社，1998，第61页。

② 叶春生：《岭南民间文化》，广东高等教育出版社，2000，第220页。

在广州中兴后，燕九节在广州也兴盛起来，《南海百咏续编》云：

> 浅碧稠青拂不开，红棉花里现楼台。胡麻一饭清凉界，为访长春燕九来。都门正月十九群游西顶白云观，以谒长春真人邱处机，名曰"燕九"。自元迄今习俗相沿。两藩将卒，皆北产，亦于是日共登三元宫，以当"燕九"。香车宝马，络联若云。①

两藩将军指平南王尚可喜、靖南王耿精忠，从文献记载来看，广州民间燕九节从清初开始。岭南民间认为这天为"雨水"节气，视为"天穿"，故居家挂蒜于门以辟邪，以糯米粉开糖，煎成圆形薄片，名曰"薄撑"，供奉天神。还有在神位放上红线缝衣针，谓"女娲补天"，据《广州市志》记载："清末民初，白蚬一地有惠石夫人庙，即女娲庙。一到正月十九，便热闹非凡，很多人到那里拜祭。"② 可见，燕九节传入广州后，与广州的天穿日节庆相结合，成为民间盛大的传统节庆，反映道教信仰对民间影响之深。

（3）何仙姑诞。

农历四月初十日，每逢诞日，广州增城各地市民都会参加庙会，祈求安康，其参拜习惯主要是烧香、烧冥纸、放鞭炮等，尤其值得注意的是，来参拜的信众都会带一个空瓶子来注水，叫取"仙汤"，然后交庙内的道士为"仙汤"开光，据说经过这一处理的"仙汤"喝了以后能医百病，延年益寿。另外，信众还会将家庭成员的衣服带来，把衣服整理整齐后，在庙内的香炉火上用香火熏，而且是要在每个香炉上都要进行烟熏。据说这样能辟邪，能将个人或家宅里不好不干净的东西赶走，从此便家宅平安，万事顺利。除了在何仙姑家庙参拜外，信众还会去距家庙不远的何仙姑宝塔里参拜。宝塔高10层，信众在一楼供拜完何仙姑像后，便会登上塔的最高层，俗称："企得高睇得远，东南西北遇贵人。"信众必须围绕塔顶走三圈，意为告诉何仙姑知道信众已参拜过，祈求赐予平安。其中有一种令人啧啧称奇的习俗，便是在参拜的过程中口中必须不停地唱歌，念念有词，内容

---

① 樊封：《南海百咏续编》卷二，《三元宫》，光绪十九年（1893）学海堂刊本。
② 广州市地方志编纂委员会：《广州市志》卷十七，《风俗志·岁时节令》，广州出版社，1998，第53页。

多为参拜者的愿望，声音很低，没有曲调，与平常说话无异。但在参拜何仙姑的信众中，有个别虔诚的信众就会不停地唱歌，客家人用客家话唱，本地人用本地话唱，其内容是对何仙姑的歌颂，大体为何仙姑的功绩，歌词押韵，歌词以段为单位不停反复，声音高昂，充满激情，响彻庙内。歌者说之所以会唱这些歌，是神灵教，会唱的人不多，全部人都是师从神灵。在歌唱的过程中，歌者或双手合掌，或手持一根香。据说，当歌停香灭的时候，如果看到残留在香头上的灰烬弯曲如牛鼻环的话，则是何仙姑显灵。

（4）吕祖诞。

农历四月十四日。吕祖，即道教八仙之一的吕洞宾。唐朝蒲州人，名岩，号"纯阳子"。两考进士落榜，遂矢志修道，64岁师从钟离汉，得道后浪迹江湖，除害解厄。广州民间认为吕祖是积善除邪的道教神仙，他游走于民间，为民治病、除害、解难，备受民间信仰。清末广州地区的南海最出名，《南海县志》云：

> 祈仙求药者，多奉吕纯阳为祖师，西樵白云洞其最著者也。……白云洞吕祖药签尤为平稳，每方一二味至四五味，每味四五分至四五钱而止。又分别男科、女科、幼科、眼科各类，方不离宗，药无偏重，病以渐除，鲜有败事。人或一次预求三签，亦从未有忽而用寒忽而用热之谬，此盖灵签式凭非偶然也。①

体现了当时广州地区道教吕祖信仰的深广，人们节庆日少不了到吕祖庙去参拜进香，以求福寿。广州三元宫、纯阳观，均有专殿奉祀他，城乡都有吕祖庙，香火甚盛，信徒很多，尤其到了每年农历四月十四的吕祖诞，更是热闹，体现了吕祖信仰在岭南的兴盛。

（5）白云诞（郑仙诞）。

农历七月二十五日，也称白云诞，为广州民间传说秦时南来方士郑安期的诞辰。相传秦朝时，方士郑安期在广州白云山一带行医济世，为治顽疾，到悬崖峭壁上采得"九节菖蒲"。他因不愿为秦始皇采药而投崖，崖下

---

① （宣统）《南海县志》卷三十六，《杂录》。

升起白云化为白鹤，把安期托起飘然而去。后村民顺其踪迹找到九节菖蒲，治好了流行病。旧俗广州人在二十四晚登上白云山郑仙岩，致祭仙人，并往涧中沐浴，以期霞举，据《二山全志》记载："是日，游人千百为群，茶亭酒馆隘塞山中。"《广州市志》也云：

> 香烟载道，裙屐满山，而萧冈、塘下诸乡，画龙虎之旗，载犀儿之鼓，千百人香案在前，乘马在后，按彩色以相随，舁仙舆而疾走。丝竹之声与溪声竞作；沉檀之烟与云烟并凑。[1]

后来，发展为诞前一天就上山露宿，因传说中的九节菖蒲是"合则见，不合则隐"的，大概人们都想以虔诚耐心来获得这一仙草。如今，白云诞这一天广州人仍保留着这一习俗，希望成为郑仙普度的五百仙之一。

（6）盘古节（诞）。

诞期不一，岭南各地都有活动，粤北连南瑶族等地的诞期在十月十六日，广州花都狮岭的诞期则是农历八月十二。盘古是瑶族人的祖先，也是葛洪塑造出来的道教三大尊神之一——原始天王的原形，经葛洪改造后的盘古已纯道教化，有学者指出："盘古与道教共生共长，民间传说中以盘古为名的创世大神，随着道教的诞生而出现，也随着道教在民间的迅速蔓延而深入人心，尤其是在南半个中国，盘古寺、盘古庙、盘古山到处都有。"[2]有学者考证后指出："花都是在粤境内唯一真正信仰盘古的。"[3] 花都的瑶民认为盘古是他们的始祖，也是万能的伟人，于是就设诞祭祀，"盘古神坛在狮岭北四里。按此神坛屹立半山，凡祷必应，洞内烟火万家，悉奉为主，香火甚盛。嘉庆二十四年（1819）重修"[4]，因而有了拜盘古的习俗，并由瑶民的风俗转变为瑶汉共有的风俗，"每年农历八月十二日为盘古王神诞，

---

① 广州市地方志编纂委员会：《广州市志》卷十七，《风俗志·岁时节令》，广州出版社，1998，第60页。

② 张春香：《从〈黑暗传〉看盘古形象的文化内涵》，载《湖北民族学院学报》2006年第4期。

③ 欧阳晨：《花都"盘古王诞"》，《广州日报》2008年9月11日。

④ （民国）《花县志》卷三，《建置志·坛庙》。

是日狮岭五乡例演梨园，借资庆贺"①。是日，花都四乡村民带着香礼来到盘古王山，敬香、祭神，祈求来年的好运。瑶胞男女盛装打扮，跳长鼓舞，唱盘古歌，打花棍，放花炮，热闹非凡。岭南其他地区如肇庆等亦有此俗，其诞期在十月十六日，这天，民间便组织醒狮表演、歌舞、武术、抢花炮等活动，喜气洋洋。

（7）黄大仙诞。

农历八月二十三日，黄大仙，岭南民间称黄野人②，是道教传说中随缘乐助、治病救人功德深厚的道教神仙。作为岭南地方特有的仙灵，颇受岭南人崇拜，岭南有多处祭祀黄大仙的地方，著名的有广东南海西樵山赤松黄大仙庙、广州芳村黄大仙祠、广东新会叱石和广东罗浮山冲虚观以及香港黄大仙观，他们秉承黄大仙随缘乐助、救世利人的美德，免费为贫病者施医、治病、送药、施粥、济贫、救困，大行善举，惠泽社群，"有求必应"，黄大仙祠成为百姓避厄运、求救助的首选场所，每逢黄大仙宝诞，即每年八月二十三日这一天，市民扶老携幼前往仙祠祈福，求签问卜，以求黄大仙保佑，热闹非凡，久而久之，相沿成习，逐渐形成庙会，由此黄大仙诞成了岭南民间的一大重要节庆。在黄大仙庙会上，有粤剧、曲艺、醒狮、腰鼓队和群众舞蹈表演，也有民间工艺摆设，为老人诊病，向长者送米，还有客商云集，给广州、南海和罗浮山以及香港各地商业带来了很大商机。反之，黄大仙庙会的形成又加深了黄大仙在民间的影响力。

（8）九皇胜会（九皇诞）。

农历九月初一至初九，岭南俗称"九皇胜会"，源于古代星宿崇拜，古人认为："南斗主死，北斗主生"，南北斗星能保佑人间消灾延寿，所以设坛拜斗。旧俗广州市民在九月初一这天，家家户户于中堂摆上香花果品，并挂起九星灯，于子时焚点香烛，九叩拜祝后，烧爆竹，焚九王衣，吃"九皇斋"。一连九晚，最后一晚称完斗，拜后分发祭品。道观则扎起黄幡，大书"九王胜会"，诵经，民间则多往河南漱珠岗纯阳观朝斗台拜斗，诵《斗姆经》，焚香拜神求福。

---

① 《花县新报》民国37年10月1日，第三版。

② 关于黄大仙其人，目前学术界有多说，详见前述。

3. 水神节（诞）

中国的神仙很多，但水神并不多，中原地区的水神一般为龙王爷、水仙尊王、河伯、巨灵等，沿海地区主要有海神天妃。岭南因其特殊的地理环境，"广为水国"①，为此，岭南人自古便形成了敬水怕水的心理，从而产生了对"水神"的敬畏与崇拜。屈大均《广东新语》云：

> 溟海吞吐百粤，崩波鼓舞百十丈，状如雪山。尝有海神临海而射，故海浪高者既下，下者乃复高，不为民害。父老云："凡渡海至海安所，闻涛声哮吼，大地震动，则知三四日内有大风雨，不可渡。又每月十八勿渡，渡则撄海神之怒。"……然今粤人出入，率不泛祀海神，以海神渺茫不可知。凡渡海自番禺者，率祀祝融、天妃。……祝融者，南海之君也。……天妃神灵尤异，凡渡海卒遇怪风，哀号天妃，辄有一大鸟来止帆樯，少焉，红光荧荧，绕舟数匝，花芬酷烈，而天妃降矣，其舟遂定得济。②

上文提到了粤地的两位海神——祝融与天妃，特别强调了天妃保护海上安全的功力。实际上，岭南的水神海神并不止这两位。

据叶春生先生统计，岭南的水神主要有水仙尊王（即大禹）、水母（云如龙如蛇之神物，见之能长生）、伍子胥、屈原、王勃、李白（云伍子胥沉江，屈原投汨罗，王勃游南海，李白探采石等，均有水缘关系，故被民间祀为水运业的保护神）、自然水神龙王、西江水神龙母、武将马援为水神，天妃林默当海神、北帝真武大帝、南海神祝融等③。而对岭南产生重要影响的主要有：南海神洪圣大王、北帝、天妃林氏、龙王、龙母，还有华光大帝，为防火灾之神。这些水神，除了流传西江流域的龙母信仰属岭南地区本地信仰外，其余均来自外地，如天妃林默来自福建，南海神祝融、北帝、龙王等信仰均来自中原，也是道教在形成和发展过程中吸收的神仙，而华光大帝则是本地直接从道教游离出来的神灵。

---

① 屈大均：《广东新语》卷二，《地语·地》。
② 屈大均：《广东新语》卷六，《神语·海神》。
③ 叶春生：《岭南民间文化》，广东高等教育出版社，2000，第240～257页。

（1）南海神诞。

南海神诞，又叫波罗诞，诞期在每年的农历二月十三日，为期3天，从十一开始，十三为正诞。从明朝洪武三年（1370）立诞至今，已有600多年的历史了。近年来，广州市以及黄埔区共成功举办了多届广州民俗文化节暨黄埔"波罗诞"千年庙会，把南海神庙以"海不扬波"为主旨的精神追求和群众祈求风调雨顺、国泰民安的进步因素提升到更高层次，相继推出了大型仿古祭海仪式表演项目，恢复中断了60多年的"五子朝王"民俗文化活动，融入了俄罗斯、西班牙、肯尼亚等国际团队风情各异的民俗文艺表演，荟萃了中山醉龙、南海十番、番禺舞龙等极具代表性的非物质文化遗产项目等，吸引了众多国内外游客，既彰显了岭南民俗文化不朽的生命力，促进了广州乃至珠江三角洲地区非物质文化遗产的保护、传承和发展，也充分显示了历史文化传承对活跃群众文化生活、促进国际文化交流、推动和谐文化建设的积极作用。

（2）北帝诞。

农历三月初三，又称"真武会"，庙会活动非常精彩，有参神、进香、唱八字，更有慈善活动，成为岭南地区民众主要的宗教活动场所，如广东顺德桂州建有真武庙，其碑记云：

> 始弗可考，代著应灵……万历辛巳春，适神诞，乃祥光煜，恍现龟蛇，托言现氿，四民被心濯虑，卷矗自新，谆若严父兄之训子弟者。然其有功于彝教甚大。嗣是水旱火盗疾疫困厄者必祷，辄应如音。①

在岭南众多的真武庙中，尤以佛山真武庙（俗称祖庙）规模最大，影响最广，屈大均《广东新语》载道：

> 佛山有真武庙，岁三月上巳，举镇数十万人，竞为醮会，又多为大爆以享神。……观者骈阗塞路，或行或坐，目乱烟花，鼻厌沉水，簪珥碍足，箫鼓喧耳，为淫荡心志之娱，凡三四昼夜而后已。②

---

① 《桂州真武庙记》，谭棣华等编《广东碑刻集》，广东高等教育出版社，2001，第411页。
② 屈大均：《广东新语》卷十六，《器语·佛山大爆》。

在奉神出巡的仪仗中，有三组仪仗，其中一组是铜铸佛道八宝仪仗，以道教"暗八仙"，即"扇、剑、渔鼓、玉板、葫芦、箫、花篮、荷花"和佛教"八吉祥"，即"轮、螺、幢、伞、花、鱼、罐、结"相配成八对，用道教的法器作仪仗，体现浓厚的道教色彩。

至清末，"此风近且无处不然"①，如四会县花炮会盛行，常因"有纠党争夺以期必得者"②，而互相致伤。民国前，赤溪县城元宵前后亦举办花炮会③。番禺一带祀北帝之风亦十分盛行，北帝庙曾多达90间，居县内各类神庙首位，其中以沙湾玉虚宫规模最大，其供奉之北帝铜像亦十分精美。神诞期间，村镇都有相当规模的酬神活动，沙湾多举办盛大的飘色赛会，飘色多达24板。东莞乡民则组织良以社、福禄社等神会，制扎色台、灯屏，准备迎神出游，还有北帝的契男契女，身穿道服，手执尘拂，背着银制的小龟跟着巡游。各家各户必烧香秉烛，恭候銮舆，祈求神佑。平时乡人有病，还有去求北帝神水来喝以治病的，这当然是一种不可取的迷信，但是也从一个方面反映了北帝信仰在当时的东莞深入民心。三水的卢苞祖庙，亦是以祀北帝为主的。

此外，广州许多地方均建有北帝庙，如位于龙津路泮塘前街的仁威庙、黄埔古港的北帝庙、从化市街口镇环城路的北帝庙、萝岗区萝岗新城的北帝庙等。可见，北帝在岭南各地民众信仰中占有很大比重。

（3）天妃诞。

农历三月二十三天后诞又叫天妃会，《广东新语》云：

> 三月二十三日为天妃会，建醮扮撬饰童男女如元夕，宝马彩棚亦百队。④

旧俗广州的水上居民视为大节，大肆拜祭。乡村有天后庙的均打醮庆贺。每年诞前必求神"问杯"，卜到某街就把像送到某街的公所或祠堂供

---

① （光绪）《四会县志》编一，《舆地志·风俗》，台北，成文出版社，1967年影印本。
② （光绪）《四会县志》编一，《舆地志·风俗》，台北，成文出版社，1967年影印本。
③ 王大鲁：《赤溪县志》卷一，《舆地志·风俗》，台北，成文出版社，1967年影印版本。
④ 屈大均：《广东新语》卷九，《事语·广州时序》。

奉。是日一迎一送神像，各街均出仪仗、乐手，或舞龙舞狮，游行于各村之中。各村则在村口、祠堂备祭品迎神驾。各家亦摆香花祭品，待神像经过便放爆竹。一般三天演戏酬神，来客亦住三天，庆贺如仪。粤西阳江城内，诞日同样热闹非常，《阳江志》云：

> 十二街商众崇祀天后，以三月二十三日为神诞，每三年辄异神出游。先数日，十二街俱张灯结彩，点缀花鸟人物，旋奉神舆巡行城乡内外。金鼓喧阗，炉烟缭绕，并以女子扮演各种故事，仪从甚盛。沿途居民焚香膜拜，供张络绎，耗费以钜万计。①

建醮、游神、火爆诸项成为岭南民间盛行的主要崇祀天后方式。

（4）龙母诞。

龙母诞为广东两大诞会之一。龙母诞分为正诞（五月初八）和润诞（八月十五）。德庆县悦城镇，为传说中龙母葬身之所，现有龙母祖庙，是岭南最大的古庙，每届诞期，整个西江水系各县的民众纷纷前来拜祭，谓之"探阿嫲"，此俗由来已久，清代程鸣在《孝通庙旧志》中说："龙母，其仲也，生于楚怀王辛未之五月初八。"② 今天"龙母诞"祭祀的仪式与内容主要有两个：

一个是庙方主持的祭祀仪式。包括：其一，为龙母沐浴和为龙母圣物开光。沐浴时间一般定在五月初一晚 11 点，庙方要请龙母的"娘家"——广西藤县人为龙母沐浴。据记载，每到龙母诞日，藤县都要派出贺诞团来参拜龙母。规模最大的一次是 2004 年，藤县前来贺诞的人大约有 800 人之多。而圣物开光的时间定在当晚 12 点。所谓圣物开光就是将庙内要出售的物品装在一个个小木盆里，由开光师在鼓乐声中，念咒语、施法术。据说，经过开光以后的物品便有种特殊的法力。其二，举行隆重的龙母贺诞仪式。这是在五月初二上午 9 点 40 分，内容大致是：请龙母圣像、向龙母三鞠躬、庙方致辞、龙母娘家致贺词、父老乡亲代表献贺礼、请"五龙子"为龙母

---

① （民国）《阳江志》卷三十八，《杂志下》。
② 程鸣：《孝通庙旧志》，欧清煜编《古坛仅存——悦城龙母祖庙》，中国文史出版社，2002，第 43 页。

宝诞献贺礼、主持人读祝词、大家为龙母祝寿、鸣炮等。其三，举行隆重的"万人放生"活动。这是在五月初二 13 点 30 分，所谓"放生"，就是将活鲤鱼放生到龙母庙前的悦城河里。从初二到初八，每天上午下午，庙方都举行放生仪式，每天都有近千人参加，所以叫"万人放生"。其四，举行上"零时圣香"仪式。这是在五月初八零点，为龙母更衣后，在龙母神像前烧第一炷香的，称上"头炷香"，此后在龙母神像前烧香叫"上圣香"。由于上"头炷香"是庙方对信众的最高礼遇，而庙方又把对龙母献祭最丰厚者作为"头炷香"的首选对象，因此，要取得上"头炷香"的资格并非易事。如 1997 年 5 月，香港陈策文先生以捐款 140 万元，取得上"头炷香"资格。2001 年 5 月，陈策文先生再次捐款 100 万元取得"头炷香"资格。

另一个是群众自发组织的祭祀活动。从五月初一开始，群众自发的祭祀活动便活跃起来，那些来自悦城周边乡镇、县市或远道而来的普通香客，成了整个祭祀活动的主体。虽说是自发组织的祭祀活动，但也需要按照一定的程序进行：洗龙泉圣水、引香火、呈贡品、跪拜、祈祷、烧金银纸、装香灰、燃爆竹等。除此之外，港澳地区的参拜团还会请专业的舞龙、舞狮队前来助兴。

在"龙母诞"期间，民间民俗活动丰富多彩，人们通过各种民俗活动怀念龙母。目前，在悦城地区最盛行的民俗活动主要有摸龙床、饮圣水、服香灰、吃金猪、鲤鱼放生、盖龙母金印、烧幽、请龙母运程香、戴龙母符等。人们通过这些民俗活动来表达自己对龙母的敬仰，同时也希望通过这些民俗活动给自己带来好的运程，实现自己的愿望。

（5）华光诞。

华光大帝原为岭南火神，传说他喜欢玩火，有一次，居然把皇帝的"九龙墩"宝座烧掉了，皇帝惊慌之余，命百姓打清醮侍候他，让他着迷，没空闲玩火，故民间一直流传这一习俗。华光大帝诞期在农历九月廿八，是日举行"华光醮"，又叫"火星醮""平安醮"，或叫"保境斋戒"，是岭南民间防御火灾的一种醮会。佛山地区普遍流行，道光《佛山忠义乡志》云：

　　　　二十八日华光神诞，神为南方赤帝，火之司命，乡人事黑帝天后以祈水泽，事赤帝以消火灾。是月，各坊建火清醮以答神贶，务极奢侈，互相夸尚，用绸绫结成享殿，缀以玻璃之镜、衬以翡翠之毛，曲槛雕栏，锦天绣地，瑰奇错列，龙凤交飞。召巫作法事凡三、四昼夜。醮将毕，赴各庙烧香，曰行香，购古器、罗珍果荤，备水陆之精素，擅雕镂之巧，集伶人百余，分作十队，与拈香捧物者相间而行，璀璨夺目，弦管纷喧，复饰彩童数架以随其后，金鼓震动，艳丽照人，所费盖不赀矣，而以汾流大街之肆为首。①

建醮前，人们先行到华光庙，迎华光塑像，开坛诵经拜祭。次日中午，由一人敲响高边锣开道，道士们各持法器，为首的手持法剑，沿途诵经、舞剑，并用剑尖施洒净水，俗称"送火星"，随后是十队"八音"，飘色彩童数队。历时三四日，华光神像回庙，火星醮才告结束。开醮时，民众跟随道士行"转运"仪式，道士手持法器边诵经边绕坛走三大圈，俗称"转运"，据说经过如此"转运"后，来年晦气就能消除，即使因事不能参加"转运"的人，只要有人把他衣服捧在手中随行，也可"转好运"②。

广州也有这一习俗，《广州府志》云："重阳有祭墓者，载花糕萸酒，登五层楼、双塔，放响弓鹞。设斋禳慧，名火星醮。"③ 每年秋冬之际，风高物燥，火灾频发，广人为免火灾，纷纷跑到华光大帝庙参拜，供上元宝、香烛、油米等，请道士做法，做法是：把一堆易燃物品装在一只大纸船上，抬到江边，放火烧掉，推进江中，叫"送火船灾"，如此做法，可保一年平安，无火灾之祸。

综上所述，岭南诸多神诞节庆中的神灵均与道教有关，海神祝融、北帝真武分别是道教信仰中的赤帝与黑帝，外来神天妃以及本地神龙母信仰在发展过程中深受道教影响，而华光大帝也是本地直接从道教游离出来的神灵，这些水神的诞辰节庆也就成了岭南道俗共庆的盛大节日，显示了浓厚的道教意味。

4. 财神诞

岭南人信仰的财神主要有赵公明、关帝和五路财神等，其中关帝与赵

---

① （道光）《佛山忠义乡志》卷五，《乡俗志·岁时》。
② 刘志文：《广东民俗大观》，上卷，广东旅游出版社，1993，第707页。
③ （康熙）《广州府志》卷七，《风俗》。

公明为武财神，范蠡和比干为文财神，又有赵公明称正财神，五路神为偏财神之分。

（1）赵公明。

本名朗，字公明，又称赵玄坛，"玄坛"是指道教的斋坛，有护法之意，为岭南民众所奉拜的财神。根据《搜神记》和《真诰》所载：他原在峨眉山罗浮洞修道，因助纣攻打武王，死后被封为"金龙如意正一龙虎玄坛真君"，并统领"招宝天尊""纳珍天尊""招财使者""利市仙官"四个神仙称号，统管人世间一切金银财宝，视为正财神。岭南民间，尤其商家店户一向有供奉财神的习惯，每逢正月初五财神下凡视察人间之日，岭南民间称"接财神"，又叫财神诞，家家喜气洋洋，挂生菜、燃爆竹、贴财神，用红纸书写"都天至富财帛星君"神位，神像多为黑面浓须，骑黑虎，一手执银鞭，一手持元宝，全副戎装，故奉为武财神，朝晚祭香，夜里合家要吃汤圆，因为汤圆形似"元宝"，又叫"进元宝"，据说这象征财神爷恩赐的财宝。广东潮洲、汕头家家备好三牲、水果、鞭炮，供以香案，迎接财神；在广州，流传"财神到，财神到，好走快两步"民谣，不少市民备办香烛宝帛、三牲纷纷前往三元宫、纯阳观、黄大仙祠、城隍庙和仁威庙等道观，参加祈福法会、财神巡游和领到免费开光的财神利是，据道长说：每封开光的利是装有一道财神符和1角纸币，还有一包开光五谷米，按传统习俗，财神符可置于神台或窗台，到第二年腊月二十三谢灶时烧掉，寓意有借有还，而财神五谷就要在元宵时吃掉，寓意新一年五谷丰登；在佛山，相传有"手摸财神手，发财得心应手"一说，不少市民前往祖庙祭拜财神爷，希望新的一年发财致富，过富裕生活。同日，肇庆市民则前往拥有全国最大金身财神像宝锭山祈福，期望得到"财神"接见，请财神开金库，旨在求福求财求平安。

（2）关公。

三国时期蜀汉名将关羽，本字长生，后改字云长，民间称为关公，是岭南民间普遍信仰的大神，因其红面为"红利"的象征，故奉之为"武财神"。道教称之为"关圣帝君"，简称"关帝"，本为道教的护法四帅之一，后道教将之作为财神供奉。道教认为，人间财富无穷，并非人人可得，必须是有道之士，行善之家方可如愿。关羽一生忠义勇武，不仅能"治病除灾，驱邪避恶，诛罚叛逆，巡察冥司"，还能"司命禄，庇护商贾，招财进宝”，是一名“全能”之神，世人尤其是商贾们都敬佩关公的忠诚和信义，希望关公作为他们发财致富的守护神。另外，人们希望商贾坚守诚信进行交易，把关公奉为公正人，来维护传统的道德秩序，因此，民间各行各业对“万能之神”关帝顶礼膜拜。旧时广州各地都有关帝庙，最具规模的，有晓港关帝庙、禺山关帝庙、越秀山关岳庙（兼祀岳飞）。粤东潮汕、揭阳一带，粤西湛江以及广西等地都有关帝庙，关帝庙中的关帝多为坐像，后立其子关平，两面三刀手捧印，并有部将周仓持青龙偃月刀侍立。每值农历五月十二日关圣帝君诞日，各大庙宇多举行关帝出游，并有演戏、唱八音、抢花炮和“飘色”等活动，民间多供于神楼上，以红纸书写“忠义仁勇关圣帝君”作神位。店铺则专设神龛供奉关帝神像，有的写上对联“精忠昭日月，义勇贯乾坤”，横批“乾坤正气”，朝夕燃香，设三牲酒果祭祀。潮汕地区的商户，无论生意大小，都在农历六月二十四拜财神，这天家家户户都要大办三牲礼品，虔诚跪拜，祷告许愿。祭拜时人们常常用一截大木炭来插香，因潮语“炭”“赚”谐音，人们还把这截曾经被当香使用的木炭加上一条红绸，长期摆在自家床上，以求长发。改革开放后，一些三资企业、个体工商户，掀起一股崇奉关帝之风，在厅堂上特设神位，安奉关帝塑像。香烛台配上电气化烛、香火，闪烁摇动，以求保佑平安和聚财。

（3）五路神及利市仙官。

岭南人心目中招财进宝的偏财神。武财神是民间所谓的正财神，在正财神之外，还有偏财神，这是就财神所在的神像位置而言的。民间的偏财神经常是指被称为“五路神”的财神，所谓五路，指东西南北中，意为出门五路，皆可得财。在《封神演义》中，五路财神指的是赵公元帅、招宝天尊萧升、纳珍天尊曹宝、招财使者陈九公和利市仙官姚少司。清人姚富君说：“五路神俗称财神，其实即五祀门行中之神，出门五路皆得财也。”五路财神都是吉祥神，也是民间吉庆年画中常见的形象，他们深受人们的爱戴和崇拜。岭南人习惯在正月初五祭财神，清代顾禄《清嘉录》云：“正月初五日，为路头神诞辰。金锣爆竹，牲醴毕陈，以争先为利市，必早起迎之，谓之接路头。”① 这天天刚放亮，城乡各地都可听到一阵阵鞭炮声。

---

① 顾禄：《清嘉录》卷一，《接路头》。

为了抢先接到财神，商家多是初四晚举行迎神仪式，准备好果品、糕点及猪头等祭祀用品，请财神喝酒。届时，主人手持香烛，分别到东南西北中五方财神堂接财神，五位财神接齐后，挂起财神纸马，点燃香烛，众人顶礼膜拜，拜罢，将财神纸马焚化。到了初五凌晨，人们抢先打开大门，敲锣打鼓，燃放鞭炮，向财神表示欢迎。接过财神，大家聚在一起吃路头酒，直吃到天亮开门营业，据说可保一年"生意兴隆，财源茂盛"。

在过春节时，岭南人往往有逗利是的习俗。利是，是岭南人对"红包"的叫法，即压岁钱，也叫压胜钱，也与道教有特别关系，有学者明确指出："中国压胜钱上所反映的宗教差不多全是道教。"① 旧时，广人除把流通货币用作压胜钱外，还用道教吉语——天宫赐福，权作压胜钱（压岁钱）馈赠儿孙或晚辈，祈求来年吉祥如意。2013 年广州都城隍庙更是推出"城隍神系列压胜钱"，分别造出"羊城使者"（上羊下人）、"飞龙在天"（上龙下天）、"铁肩道义"（上铁下人）、"大明神剑"（上青下天）四字（见图 4-28）镶嵌在压胜钱上面。

图 4-28 广州都城隍庙"城隍神系列压胜钱"

据介绍，四个字是为了纪念都城隍庙历史上的四位城隍神，"羊人合体"代表"羊城使者"，是有文献记载最早的城隍神；"飞龙在天"是指南汉高祖刘岩；"铁人合体"代表"铁肩道义"，是指明代忠臣杨继盛；"青天合体"代表"大明神剑"，是指明代忠臣海瑞。最后，经过市民投票和专家论证，定音为穗、岩、浩和明。用都城隍庙住持车高飞道长的话说："这项

---

① 彭信威：《中国货币史》，上海人民出版社，2007，第 210 页。

活动,对于推广城隍文化,引导人们向善是有益处的。"

综上所述,岭南除了供奉专施财富的财神外,还崇拜众多的水神,应验了岭南人"有土斯有财""水为财"的说法,可见,无论是水神崇拜,还是财神崇拜,均体现了岭南商业社会的特点,表现了道教对岭南岁时节庆的影响深远。

5. 行业神诞

受道教祖师崇拜习俗影响,岭南几乎各个行业都有自己的行业神和祖师神,并设坛祭拜,以求神祇保平安。

(1) 农业神崇拜中的道味。

第一,谷神。岭南自古是一个以种植水稻为主的地区,崇尚谷神的风俗十分普遍。谷神一词,出自《老子》"谷神不死,是谓玄牝。玄牝之门,是谓天地根"①,在道教看来,谷神就是生养之神,是万物的本根,理应祭拜。岭南一年下来与谷神有关的农事诞期活动很多,如农历二月初二土地诞,又叫谷神诞,此时开春备耕,郊县各家各户烧香点烛备糕点,遣道士迎神,虔拜谷神降福,保佑当年五谷丰登;还有农历四月初八牛王诞,俗称牛生日,农户多蒸糍粑拜祀牛神;每年农历八月十三,有些农村设坛请道士拜祭天神,祈求晚造丰收;祈雨,若遇气候异常,农田缺水干旱,农村或到龙王庙拜祭,祈求龙王降雨,或请道士、巫师诵经求雨,还有舞龙酬神求雨等。每年十月十五日五谷神诞,潮汕话叫"五谷母生",在潮汕农村,有"尝新"的民俗,或称"留五谷",潮汕俗谚云:"十月十,新米饭,胀到目。"潮汕晚造收成时间约在农历十月初,秋收完毕,为了报答五谷神的恩德,便在每年十月十五日这天,用大米粉末儿制成扁担形状的粿品,备上三牲,挑到刚刚收割过的那块土地上,焚香点烛祭拜。他们认为有五谷神保佑,不愁庄稼不丰收。在广东揭西也有祭五谷神习俗,祭品以粿为主,还有"尖担""米箩""粟穗粿"等,此外有一钵新米饭,粘成圆锥形,锥尖添上红糖,外加鱼、肉、甜豆干、菜、粉纤蛋等"五碗头",祈求年冬不失收。特别值得一提的是,广州五仙观是现存最早的广州谷神庙,又叫广州祖庙,相传为祭祀和纪念远古衔着谷穗骑羊南下广州的五仙人而

---

① 《老子》六章。

修建，《广东新语》云："今有五仙观，春秋粤人祈谷，以此方谷为五仙所遗。……故皆称为五谷之神。"① 五仙喜降广州，令广州风调雨顺，五谷丰登，国泰民安，广州由是称羊城、穗城。五位仙人被认为是道教里的谷神，故五仙观一直是一间道观，市民到此祭祀五仙（五谷神），广州道教协会会长潘崇贤道长认为："可理解为广州人将先祖神化以进行纪念的举动。"② 显然是一种道化了的民俗事象。

第二，花神。花是天地灵秀之所钟，美的化身，赏花，在于悦其姿色而知其神骨，岭南人素爱养花赏花，遂形成花市和信仰花神的习俗，夹杂着道教信仰，广州花市和花神信仰历史悠久，早在明代已有花市，时称"花渡头"，《广东新语》云：

> 广州有花渡头，在五羊门南岸。……花谓"素馨"也。
>
> 城内外买者万家，富者以斗斛，贫者以升，其量花若量珠然。花宜夜，乘夜乃开，上人头髻乃开，见月而益光艳，得人气而益馥，竟夕氤氲，至晓萎，犹有余味，怀之辟暑，吸之清肝气。……庄头人以种素馨为业，其神为南汉美人。③

相传素馨是广州珠江南岸庄头村的种花女，后为南汉王的宠姬，她进宫后还一直爱好种花，并使之成为岭南地区的民风习俗，后人为了纪念这位王姬，就把岭南特有的一种茉莉花称为素馨茉莉，由是素馨由民女成为花神。

另外，岭南的花卉语言讲求意头，也带有道教意味，如每年除夕花市有桃花，取民众喜欢的寓意"大展鸿图""行桃花运"等，金桔象征大吉大利，水仙则寓"花开富贵"，这三种花是岭南人过年必备的。特别是桃花，有"道教教花"之称，中国古代最初的两个著名打鬼神仙门神的居所就是在一片桃花林中，教道士打鬼用桃木剑，中国古代对联的最初雏形就是画着那两个打鬼神仙的桃木板——桃符，后来演化为纸制对联后依然被称作桃符，桃树的果实在神仙仙界里被称作仙桃，桃花的一切都被神化仙化。

---

① 屈大均：《广东新语》卷六，《神语·五谷神》。
② 《五仙观：人间自觉无闲地，城里谁知有洞天》，《南方都市报》2005 年 10 月 24 日。
③ 屈大均：《广东新语》卷二十七，《草语·素馨》。

再有，吊钟以示钟鸣鼎食，代代果寓意代代繁昌，佛手果表示福寿延年，商家在桔盆景上挂上红通通的"利市"包，寓意开门利市，生意兴隆。清明节广州人拿鲜花祭拜祖先，在家门上插柳枝，以赶鬼驱邪；农历五月初五端午节，在门楣上插菖蒲一束或凤尾草一枝，以辟邪除秽；七月初七拜七姐，姑娘巧用茉莉、素馨花穿成花环、花篮或花灯，以酬谢月神七姐，等等，都体现浓浓的道味。

（2）手工业习俗中的道味。

岭南手工业历史悠久，异彩纷呈，其中"三雕"业与"三行"业颇具道教意味。

"三雕"指牙雕、玉雕和木雕。自古以来，岭南人特别是广州及珠江三角洲人视象牙为吉祥之物，认为可以"辟邪除秽"；玉器更有瑞意吉祥、定惊辟邪和脱难消灾的功效，所以三雕业十分兴盛，玉雕多选用翡翠玉，刻成花鸟虫和各种人物，其中有道教中人和道教故事图案，颇有道教情怀。"三行"指的是从事泥水、木匠、铁匠、石匠和搭棚工种，即现代建筑行业。岭南无论是"三雕"业，抑或是"三行"业，都奉鲁班为业神。鲁班为春秋战国时人，工匠世家出身，发明创造颇丰，有建筑业祖师之称，后鲁班被神化，成为道教神仙，道教《真灵卫业图》中有记载，据闻还留下《鲁班书咒语》六卷遗世。每年六月十三日鲁班诞，俗称"师傅诞"，非常热闹，行业师徒、从业人员多备鸡、鱼、猪肉三牲、香烛等到寺庙去拜祭鲁班祖师，或在住地焚香点烛拜祭后，聚餐欢宴，以示敬贺，还有派"师傅饭"，先用大铁锅煮创成白饭，后加上粉丝、虾米和眉豆等，分派给大家吃，相传吃了"师傅饭"的小孩，不仅能像鲁班那么聪明，而且健康，潮汕一带地方在贺诞这一天，请一班艺人回来唱八音，或请一台木偶戏来演出，以示隆重其事。

此外，岭南理发业也奉道教神仙吕洞宾为祖师。吕洞宾，原名吕嵒，道号纯阳子，唐代道士，后世道教奉为八仙之一，也是道教全真派北五祖之一，世称吕祖。相传明太祖朱元璋头上长疮痛苦不堪，常杀理发师泄愤，而吕洞宾化身理发师将朱元璋治好，救了不少理发师性命，故被理发业奉为保护神。岭南理发业主要因其装束潇洒而奉为祖师，每年四月十四日为其诞日，理发业举行各种祭祀活动，他们带上香、花、灯、水和果等供品，前往广州著名道场纯阳观，或到各大道观的纯阳殿参拜师傅吕洞宾，进行斋醮科仪。

（3）商业信仰中的道味。

岭南滨临大海，尤其广州是中国古代海上"丝绸之路"的起点，自古商业就很繁荣，商业习俗也很有特色。广州商业行会尊奉范蠡为祖师爷，同时广州的店铺多在正堂供奉"关圣帝"像，横批书"乾坤正气"，对联是"精忠昭日月，义勇贯乾坤"之类，有的身边还站有关平、周仓的神像。尤其是茶楼业，更奉"关圣帝"为本行业的守护神。另外，广州店铺在选址、动工时都非常重视堪舆，请道士"风水先生"测方位、择吉日，方才行事。店铺门楣，安装一面镜子或悬挂"八卦"，以祈趋吉避凶。饮食业并安奉土地神位，逢初二、十六"祃祭"（牙祭），尤其关帝诞、土地神诞节庆等，店主都要拜祭关圣帝神像和门口土地神①。此外，广州迷信职业集团"江相派"，以刘伯温为祖师爷；医药业奉唐代名医孙思邈为祖师爷；铁匠以李铁拐李老君为祖师爷；粤剧戏剧业以唐明皇、华光大帝为祖师爷等等，都颇有道味。

（4）教育业习俗中的道味。

文昌帝君是教育业的祖师，民间俗称"文昌"，古代星相学家认为它是吉星，主大贵，后被道教尊为主宰功名禄位之神，尊为文昌帝君，神诞日为二月初三，岭南人多把他作为文运通达之神而敬重，各地建有文昌宫、文昌阁和文昌祠，一般道观中都有文昌殿。旧时地方官府和当地文人学士都要到供奉文昌帝君的庙宇奉祀，或吟诗作文，举行文昌会，民间学童破蒙，科场应考前夕，多带上鲜花、水果、茶食、点心等供品前往崇祀之，小孩调皮捣蛋，成绩不理想亦要供奉文昌帝君，在供奉之时，一般选用象征聪明的"葱"、代表勤奋好学的"芹菜"、代表高中状元的"肉粽"前往，奉祀时，以香火作为沟通天界神仙的媒介，诚心诵读文昌经书《文昌帝君阴骘文》和道经《太上文昌宝忏》，诚心拜祀，以祈功名利禄。及至现当代，岭南人仍沿用此俗，拜祭文昌帝君，以期金榜题名，民间的俗信带有浓厚的道教意味。

---

① 广州市地方志编纂委员会：《广州市志》卷十七，《风俗志·岁时节令》，广州出版社，1998，第10~16页。

（二）岭南节庆活动与道教科仪

1. 尊仙拜神贯穿岭南年节

岭南传统岁时节庆浸润着尊仙拜神，斋醮酬神和神人共娱，表现出浓郁的道教意味，下面以时序分述之。

春节，岭南大多地方俗称"过年"，一般从农历腊月二十三日小年夜开始一直到来年正月十五元宵节。春节的历史很悠久，它起源于殷商时期年头岁尾的祭神祭祖活动。岭南春节风俗与中原各地大抵相似，又有其特色，主要有祭灶活动，年二十八洗邋遢，除夕，俗称"年卅晚"插桃花、摆年桔、团年饭、煮汤圆、逗利是（领红包）、行花街、开年、人日、闹元宵、游花地等，整个过程表现为尊仙拜神，除旧迎新的祥和喜庆，道教的影响非常明显。

祭灶，岭南民间叫谢灶，有"官三民四疍五"之分，即官方农历腊月二十三祭灶，一般民众是腊月二十四祭灶，而疍民即水上居民则是腊月二十五祭灶，官民共祀可见灶王爷在岭南人心中的重要性。灶神在道教中称为"东厨司命"，属于道教中俗神系统。它的起源，当然远在道教形成之前。但说灶神每年腊月二十四要上天庭向玉皇大帝报告这一家的行事善恶，然后玉帝可以根据他的报告赐福消灾，这无疑是道教后来添加的。因为这已经是道教系统化了的神仙谱系中的东西，在灶王爷要升天的前夕，要举行祭灶仪式，广州人称为"谢灶"，感谢灶王爷这一年来保佑一家老小灶火不断，饮食平安，所以要恭恭敬敬地祭送，希望灶王爷到玉帝面前多讲自家人的好话。灶神在除夕从天庭返回，也要举行接灶仪式，在广州称"接灶神"。"接灶神"对于广州人来说是一件大事，因为大家都期盼接个好灶神，保佑自家来年"五谷丰登，财源广进"。所以每年到了接灶神的时间，一家男女老少都会参加接灶仪式。这种送迎灶神的风俗，在广州各地都很盛行，尤其是在广州周边农村地区特别受重视。广东潮汕地区旧时有拜司命公的习俗，司命公是"司命帝君"的简称，即灶神，差不多家家灶间都安有"灶王爷"神位，据当地流传说"灶王爷"是玉皇大帝封的"九天东厨司命灶王府君"，负责管理各家的灶火，人们称之为"司命菩萨"或"灶君司命"，因而受到崇拜，民谣有"二十三，糖瓜粘"之说，指的就是每年腊月二十三或二十四日的祭灶。人们用糯米粉煎饼包一些糖来感谢灶神，还把厨房收拾干净，感谢灶神这一年来让大家衣食不缺，同时也希望来年甜甜蜜蜜、丰衣足食。粤北梅州客家人称"祭灶"为"送灶"，几乎家家安放灶神像，用红纸写上灶神尊号"九天东厨司命九天元皇感应天尊"，或写上"南天护福星君利济真卿东厨司命万化天尊"，神像两旁写上"上天言好事，下界保平安""上天奏好事、下地降吉祥"等，点烛焚香，供上茶酒祭品，祈祷一番。农历十二月二十三日，在粤西地区流行祭灶节，祭"王爷"，又叫敬"灶君"，俗称"小年晚"，家家户户都备以果品、甜品，祭祀灶君，请灶君尝各种祭祀食品，供奉他吃饱喝足，感谢他一年来对自己一家的关照，日子过得平安、生活过得富足，祈求灶君保佑来年丰衣足食，上天言好事，下界保平安。这种因道教渗透而粘附上神秘内容的年节风俗，一旦形成就在岭南民间绵延不绝，其间并不需要道教神职人员参与，岭南民众践行而不知，从而也反映了道教对岭南年节民俗的渗透之深，道教正是以这样的形式扩渗，加深其影响的。

接财神，在岭南特别受重视。岭南人供奉的财神主要是传说中的赵公明和关公。根据道教传说，赵公明本是终南山人，自秦时就隐居深山，精修至道，功成之后，玉皇大帝封他为"正一玄坛元帅"。他神通广大，驱雷役电、除瘟翦虐、驱病禳灾，不过他的主要职责是使人买卖得利，招财进宝，因此，在民间被称为"财神"。旧时，广州人尤其是生意人，每个店铺都供奉着财神，每天开市的第一件事情就是给财神爷上香，希望他保佑生意兴隆，财源广进。现在由于避免火灾与环境污染考虑，这种开市敬财神的行为演化为用电能模拟的灯火供财神，既小巧美观又没有火灾的隐患，同样起到了安抚保佑生意兴隆民众意愿的作用。春节期间，各种祭神活动中总少不了参拜财神，尤其是正月初五是广州民间传说中财神的诞日，广州的"接财神"仪式更隆重，很多人早早起床，准备贡品，拜祭财神，请财神爷保佑自己平安发财。拜祭完毕后，站在收银台，用手噼里啪啦地拨一下算盘或按一通计算器，寓意开门大吉、生意兴隆。在粤东潮汕地区，从正月初四开始接财神，准备各种"迎神接福"的祭品，有红桃粿，寓意"开门红"好兆头；红糖，隐含生活甜蜜之意；大米，预示来年五谷丰登。此外，关公，道教称之为"关圣帝君"，在岭南也颇受青睐，岭南人特别喜欢供奉关帝圣君在屋宅或商铺内，普通民户和商家总要买上一尊关羽像，到巫道家里念咒，再将神像请回家或到店铺祭拜，以祈求来年平平安安，大福大贵。

人日，农历正月初七为"人日"，广州俚语称"众人生日"，客家地区称作"人胜节"或"人庆节"。古时广州人在这一天会吃七种菜（芹菜、芥菜、菠菜、青葱、大蒜等）做成的"七宝羹"，及露天做的名为"熏天"的煎饼等。是日妇女上庙参神，而男的多往花地赏花。芳村花地有黄大仙庙，这一天香火大盛。如今，三元宫等道观在人日这一天特别热闹，来参神许愿的人特别多。这一天，来三元宫、纯阳观礼拜本命元辰的星宿神——本命星君的人也特别多，通过祭拜以获得其庇佑，尤其是正值本命年的人，更是虔诚礼拜，以求新的一年里平安好运①。粤东客家地区是日家家户户要吃七样菜，一般以葱、蒜、芹菜、韭菜、芫荽等凑成七样菜，一锅煮熟，全家共吃。这七样菜借谐音图吉利，取兆意。如以葱谐聪明，以蒜谐会划算，以芹谐勤，以韭谐长久，以芫荽的芫谐圆圆满满、长生福寿全等。

元宵节，如前述，这一天道俗共庆，成了岭南春节节庆的最高潮。

土地诞，二月初二在中原地区称"龙抬头节"，在广州则是土地诞，花婆诞，例有祀神之举。土地公也称福德爷、伯公、福德正神，它是古代的社神，后被道教吸收，成为道教的最基层的神，对民众生活义重大。旧时广州城有万寿宫、社稷坛、城隍庙，广州周边农村更是一村一社均有各自的土地神龛专供，节庆之日集体拜祭或各家拜祭。"有土斯有财"，由于民生日用衣食所需，皆取自土地，广州人尊称土地为"大地公"而按时祭祀，格式亦不一。俗云："土地老爷本姓张，有钱住大屋，无钱顶破缸。"豪华的土地庙可以同关帝庙、天后庙看齐，简陋的甚至可以用石片四块，一片作顶三片作墙，或用一只破缸覆在地上也称为土地公神位，更有甚者，天天在自家大门侧插香拜祭，问拜何神，则曰"土地公"。但无论是堂皇还是简陋，在广州人心中它总会尽其守护之责，能镇宅卫土保一家平安，甚至保求财求福无所不能。土地公是广州一年中被祭祀得最多的神祇，旧时，每月初二、十六均有祭祀，称作祃，又作"迓"②。粤东潮汕地区土地神诞日，农民家家户户必须备办牲礼祭祀。此外，每个农忙季节里，农民收割

---

① 广州市地方志编纂委员会：《广州市志》卷十七，《风俗志·岁时节令》，广州出版社，1998，第 52 页。

② 广州市地方志编纂委员会：《广州市志》卷十七，《风俗志·岁时节令》，广州出版社，1998，第 56～57 页。

和播种的时候，总要带上一些祭品置于田头，并焚香祈告。粤西茂名和吴川一带，是日"祈年巫师遍至人家除襀"，香火无虚日。

三月三，是广州人上巳节、北帝诞，别的地方则叫花朝节。相传三月三是黄帝的诞辰，中国自古有"二月二，龙抬头；三月三，生轩辕"的说法。农历三月三，还是传说中王母娘娘开蟠桃会的日子。而王母娘娘是民间东皇公之妻室，也是道教尊神。传说西王母原是我国西部一个原始部落的保护神，她有两个法宝：一是吃了可以长生不老的仙丹，二是吃了能延年益寿的仙桃——蟠桃。此后，又把西王母说成是福寿之神，"相传西王母为人注寿注福注禄，诸弟子亦以保婴为事，故人民事之惟恐后"[1]。据《广东新语》载："广州多有祠祀西王母，左右有夫人，两送子者，两催生者，两治痘疹者，凡六位，盖西王母弟子。"[2] 有这样一批能力出众的弟子，西王母受到了广州人的热捧，香火旺盛。农历三月三日，也是道教真武大帝的寿诞，岭南家家户户也有各种带有道教色彩的祭祀活动。

重阳节，九月初九日，《易经》把九定为"阳数"，故九月初九称为重阳。道教一说是太上老君就诞日，"九者，老阳之数，九月九日谓之重阳。道家谓之老君九月九日生，取诸此也"[3]；另一说是斗姆星君诞辰日。广州人多有登高的习俗，是日，全家人出动，登上白云山、越秀山五层楼等广州的制高点，取"步步高升"之意。在潮汕，至迟到南宋初年，就有重阳登高宴集的习俗，《澄海县志》载："九月九日为'重阳节'。登高燕饮，簪菊泛萸，犹古人遗俗也。谚云：'九月重九，登高饮酒。'是月竞放风筝。"[4]《普宁县志》也云："重阳登高，各选胜地眺赏。文人墨客或携酒入山寺游玩为乐，小儿咸于高处竞放风筝。"[5] 岭南人重阳节"登高"，实际上是实践道教九月九日"升天成仙"思想。道教认为这一天清气上扬，浊气下沉，地势越高，清气聚集越多，人就可以乘清气而升天，道教中人大多是在这天升天的，如五斗米道创始人张道陵就是在九月九日重阳节这天升天成仙

---

① 屈大均：《广东新语》卷六，《神语·西王母》。
② 屈大均：《广东新语》卷六，《神语·西王母》。
③ 吕希哲：《岁时杂记》。
④ （嘉庆）《澄海县志》卷六，《风俗·节序》，台北，成文出版社，1957年影印本。
⑤ （乾隆）《普宁县志》卷八，《风土志·节序》。

的。岭南人相信九月九日是神仙升天的日子，选择九月九日登高，是对长寿的一种企盼，与道教的升天成仙是一致的。

乞巧节，农历七月初七，也称七夕，广东人俗称"七姐诞"，相传为牛郎织女双星相会之日，按"男不拜月女不祭灶"的风俗，这天又称为女儿节，少女相聚"拜仙"。广州乞巧节之热闹，有宋人刘克庄诗为证："瓜果跽拳祝，喉罗朴卖声，粤人重巧夕，灯火到天明。"① 可见广州七夕之盛况。《广州岁时记》云：

> 七月初七日，俗传为牛女相会期。……初六夜初更时，焚香燃烛，向空礼叩，曰"迎仙"。自三鼓以至五鼓，凡礼拜七次，因仙女凡七也，曰"拜仙"。礼拜后，于暗陬中持绸丝穿针孔，多有能渡过者，盖取"金针度人"之意。并焚一纸制之圆盆，盆内有纸制衣服、巾履、脂粉、镜台、梳篦等物，每物凡七分，名梳妆盒。初七日，陈设之物仍然不移动，至夜仍礼神如昨夕，曰"拜牛郎"。此则童子为主祭，而女子不与焉。礼神后，食品玩具馈赠亲友。拜仙之举，已嫁之女子不与焉，唯新嫁之初年或明年必行辞仙礼一次，即于初六夜间，礼神时加具牲醴、红蛋、酸姜等，取得子之兆，又具沙梨、雪梨等果品，取离别之意。惟此为辞仙者所具。他女子礼神时，则必撤去。又初七日午间，人家只有幼小子女者，咸礼神于檐前。礼毕，燃一小梳妆盒，曰拜檐前，祈其子女不生疮疥。俗以檐前之神为尪痙神也。复有一事，即于是日汲清水，贮于坛内密封之，尝久贮不变臭味，曰"七月七水"，调药，治热性疮疥，极有特效。②

不仅广州一带有此风，岭南其他地方也有此活动，如东莞乞巧节、化州乞巧节、佛山摆七夕、雷州乞巧节、五邑七夕仙拜、番禺拜七姐等，《德庆州志》云："以七月六夕为七夕，粤俗大抵皆然。女儿罗酒果祀牛女，谓之'拜仙'。"③《博罗县志》也载："女儿具瓜果乞巧。醵钱祀神宴饮，谓之'做七

---

① 刘克庄：《后村集》卷二十，《即事十首》。
② 胡朴安：《中华全国风俗志》下卷，上海科学文献出版社，2008，第615页。
③ （光绪）《德庆州志》卷四，《风俗》，光绪二十五年刊本。

姊会'，亦谓之'拜七姊'，盖俗呼织女为七姊也。"① 整个七夕活动贯穿了尊仙拜神事务。直至今日，此种"摆七夕"风俗，在广东仍有流传，如广州珠村的七娘会，就远近闻名，近年来随着民众和地方政府对传统文化的关注，珠村的七娘会已经发展成了一个闻名南粤的大规模节会活动。

此外，初七日，还有"沐仙浴"习俗。旧俗广州女子喜欢在七夕日泛舟游石门沉香浦，据《广州市志》卷十七载：游艇用素馨花、茉莉花装饰，称为花艇，少女们相信此日为"仙女淋浴日"，于是来到水质清冽石门浦泛舟，希望能看到石门返照奇观的出现，因此，姑娘们七夕游石门沉香浦"沐仙浴"成为一项节日的习俗，很是热闹②。《英德县志》也载：七夕，"沐浴灵泉。子夜汲水贮之，经年不败，谓之圣水"③。"沐仙浴"成为七夕节日的一项重要内容。

岭南节庆多与神诞结合，每个神诞节庆都有着一个神话仙话和美丽传说，都离不开尊仙拜神活动，信仰仪式系统通过神诞节庆演绎出来，体现岭南人的道教情结。

2. 道教科仪用于节庆酬神

在岭南，清明节、端午节等节庆中，多有拜神祭祖之习，在祭祀鬼神参拜祖先的同时，多用道教符法辟邪禳鬼保生人平安，显示了道教的影响。

清明节，民间于是日祭祖扫墓，岭南人把扫墓叫作"拜山"，也叫"行清"，上坟在清明节前已开始，时间止于清明后一个月，谓之"闭墓"。上坟时摆开各种祭品，点烛焚香，上坟者依长幼拜祭后，烧纸钱，放爆竹，特别的是，在祭拜完毕后，上坟的人们会分食甘蔗，蔗渣丢在坟前，把包子揉碎也掷于坟前。岭南人素重清明祭，不少远居海外的人也于清明节回乡扫墓。旧俗，广州人在清明节前四五天，便在祖宗牌位前放上一枝杨柳枝，也有挂上门口的，认为柳枝具有灵性，可以避邪，称柳为"鬼怖木"④，这大概与道教中道符却鬼一样的道理，体现道教

---

① （民国）《博罗县志》卷五，《文化三·风俗》。
② 广州市地方志编纂委员会：《广州市志》卷十七，《风俗志·岁时节令》，广州出版社，1998，第6页。
③ （道光）《英德县志》卷四，《舆地下·风俗》。
④ 广州市地方志编纂委员会：《广州市志》卷十七，《风俗志·岁时节令》，广州出版社，1998，第53页。

"子孙以祭祀不辍"① 的福报。惠州客家人清明节祭拜祖先时，还用上一种敛糕祭品，用艾叶剁烂成浆后与米粉和糖做成，吃过后，可以辟邪祛病，百病不侵，颇像道家之青精干石饲饭，"杨羲与许远游书故服饲，不即此物。陶隐居《登真诀》亦云：'太祖真人有此法。'"② 潮汕地区多行踏青春游之俗，清乾隆《南澳志》称："（三月三日）士大夫携酒遨游山水之间，谓之'踏青'，犹兰亭修禊事也。"③ 清嘉庆《澄海县志》云："（三月）三日郊游，谓之'踏青'。"④ 清光绪《潮阳县志》说："'上巳'，士民登山踏青，修兰亭禊事。"⑤ 潮汕各地清明节上坟扫墓的习俗也十分盛行，扫墓，潮人俗称为"挂纸"，据清乾隆《揭阳县志》称："松楸丘陇间遍悬楮钱，谓之过纸。"⑥ 岭南各大道观更举办"清明普度黄箓法会"，打醮三天三夜，为民众提供清明祭祀祖先，祈福禳灾，上供、度桥、解冤、释结、燃灯、施食、上表等法事，祈求道教神灵太乙救苦天尊，发大慈悲，使祖先早日超升，表达对先人最大的孝敬。我们说，岭南人清明节流行的出游、嬉春、法事和扫墓等风俗，不仅蕴含着传统时令伦理的精神，而且与道教提倡回归自然的生命伦理深刻地融合一起，表现道教的"守善学，游乐而尽者，为乐游鬼，法复不见愁苦"⑦ 意蕴。

端午节，为农历五月初五，俗称五月节，道教"五腊日"之一——"地腊日"⑧，是道教祭祀祖先、集会建斋的重要日子。端午时节，广州人家家贴午符，符是用黄纸条做，宽约一寸，长约一尺，用朱砂写上"五月五日午时书，官非口舌，疾病，蛇虫鼠蚁，定皆消除"等字样。庙观里有印制好的午时符出售，供人们买回张贴，《岁时广记》有端午帖云："钗头艾虎辟群邪，晓驾祥云七宝车。"⑨ 民间多在大门上挂菖蒲、艾叶、凤尾草等，

① 《老子》五十四章。
② 张萱：《疑耀》卷五，《寒食》，丛书集成初编本。
③ （乾隆）《南澳志》卷十，《岁时》。
④ （嘉庆）《澄海县志》卷六，《风俗·节序》。
⑤ （光绪）《潮阳县志》卷十一，《风俗·岁时》。
⑥ （乾隆）《揭阳县志》卷四，《岁时》。
⑦ 王明：《太平经合校》，中华书局，1960，第73页。
⑧ 《赤松子章历》卷二。
⑨ 陈元靓：《岁时广记》卷二十一，《丛书集成初编本》。

并扎一蒜头以红色涂之，谓可避邪。艾，名艾蒿，一种多年野生的菊科植物，梗有棱，叶背有白绒毛，叶有清清的艾香，分布很广，各地山坡田埂都有生长。艾，形状平淡，一无华丽的外表；二无鲜艳的花枝，但在端午节日期间显示独特的价值魅力，《荆梦岁时记》记述：五月五日"采艾以为人，悬门户上，以禳毒气"①。五月五日插艾枝，佩艾虎，广州承中原的传统习俗相沿已久，墙上贴上用黄纸写的对联，云："艾旗迎百福，蒲剑斩千邪。"午时，用生果、粽子拜神，烧艾草以熏蚊，谓"驱蚊出邪魔"，还用雄黄酒调朱砂，在孩子的额头、胸口、手心点一点红点，意可辟邪。粤北新兴县端午，"家家裹糯米角，泰门插蒲艾，切以泛酒雄黄午饭里。又书朱符贴门首，妇女以五色丝绸裹艾，……华水洗涤之，门外曰送灾"②。粤东潮汕端午节插艾挂蒲的习俗，明陈天资《东里志》称："（五月五日）仍悬蒲艾于门，以迎祥避恶。"③ 清顺治《潮州府志》曰："（五月五日）插艾蒲于门。"④ 清乾隆《南澳志》云："端午日，昔人取艾悬户，挂蒲泛酒。今合艾与蒲共悬之，谓蒲似剑也。"⑤ 清嘉庆《澄海县志》记载更为详细："（端午节）以艾叶、榴花簪发，童稚用彩绸缝小荷包，裹雄黄末并道符佩身上，谓可辟邪。"⑥ 这些都是道教符法在岭南民间的使用。岭南有些人家还延请道士到家举行驱鬼祈福仪式，先由道长在祭祀仪式上念"急急如律令"的魔法咒语以驱鬼除魔，然后由道长画符镇鬼驱鬼，将道教科仪用于酬神活动之中。此外，岭南水乡还有"划龙舟"活动，这与道教祭祀水神或龙神而举行神祭有关，是日，粤中珠三角等地有划龙舟比赛，赛前有请龙、祭龙仪式，与道教神祭不无二样。

冬至日，农历十二月二十二日或二十三日，道教三清元始天尊圣诞日。道教认为，元始天尊象征混沌未分，道气未显的第一大世纪，是道教最高尊神，也是天地万物的创造者。《史记·律书第三》也云："气始于冬至，

---

① 宗懔：《荆梦岁时记·第一部宝颜堂秘笈本》。

② （民国）《新兴县志》卷五，《舆地五·风俗》。

③ 陈天资：《东里志》卷三，《风俗·俗节》，汕头市地方志、饶平县地方志编纂委员会办公室印行，1990。

④ （顺治）《潮州府志》卷十二，《风俗·岁时》。

⑤ （乾隆）《南澳志》卷十，《岁时》。

⑥ （嘉庆）《澄海县志》卷六，《风俗·节序》。

周而复生。"周而复生，谓元气初始，气象崭新，是个黄道吉日，象征国运绵长，故自古以来受到特别重视。广府有"冬大过年"的说法，故冬至日在广府地区有"小年"之称，各地有祭拜祖先的习俗，各家各户具备酒肉三牲、果品、汤圆在家祭拜，还有在宗祠祭祖，由宗族统一举办，举行杀猪宰牛，演戏酬神，也有追念先祖的仪式，如宣读族谱，讲述家史之类。然后，阖家吃一顿丰盛的晚宴，以庆团圆，贺丰收①。潮汕冬节也有祭祖习俗，是日，备足猪肉、鸡、鱼等三牲和果品，上祠堂祭拜祖先，中午前祭拜完毕，沿海地区如饶平之海山一带，则在清晨便祭祖，赶在渔民出海捕鱼之前，意为请神明和祖先保佑渔民出海捕鱼平安。此外，潮汕冬至还有"卜九"习俗，卜取预测之义，揭阳榕城有谚云："冬节在月头，寒冻年夜交，冬节在月中，无冻又无霜，冬节在月尾，寒冻正二月。"又有"冬节乌，年夜酥，冬节红，年夜淋。"潮人运用占卜术，预测"冬至交九"气候颇验。

祈年节，农历八月十三至十六日，粤西四邑地区如台山、化州、廉江、罗定、郁南、开平等地都要举行跳禾楼活动，民间称为祈年节。每年的中秋前后，也就是稻子扬花之时，人们搭起禾楼，设一祭坛，坛上供着一些神像，备上斋菜，全村男女老幼斋集于祭坛周围，由道士身穿道袍，手持铃、剑、号角、令牌、木笏等法器，主持祭神祈祷，俗称"跳禾楼"，整个过程包括造楼、锁楼、辟非、抢扇、灵鸡语、按圣、土地、倒楼。造楼全称"招兵造楼"科，即招请天兵天将辅助，属道教斋醮内容之一，灵鸡语是整个活动的核心部分，祭坛时，唱道：

> 灵鸡、灵鸡，头顶红冠足踏泥，你是凤凰三太子，发落凡间作灵鸡。雨雪霏霏无乱语，星头沉沉不乱啼，今晚将来何所用，将来坛下作灵鸡。当坛请出一只灵鸡，说来灵鸡有来路：自古广南无鸡种，张赵二郎带将来，吩咐广南人家养，朝朝便向五更啼。自古美名叫五德，广南人叫五更鸡。日里成群食五谷，两足抓沙不惹泥。今晚当坛来请出，坛前鬼祟尽消除。足踏宝剑来听讲，吾师说来收

① 广州市地方志编纂委员会：《广州市志》卷十七，《风俗志·岁时节令》，广州出版社，1998，第55页。

邪怪，有道之神来听法，无道之鬼不敢来，汝在广南人家养，交转好运你就啼。①

"自古广南无鸡种，张赵二郎带将来"，其中"广南"当指广州，"张郎"是指五斗米道教首张天师，"赵郎"是指财神赵公明，"带将来"明显是说由他们传入。"当坛请出""鬼祟消除""足踏宝剑"和"来收邪怪"，都是道教驱邪降魔的道术，活像道教天师派的祭坛仪式。

岭南岁时节庆的酬神方式，为节日增添了神奇、欢乐和喜庆，一些道教科仪已经演变成一种深层的心理意识沉淀在民间节庆中，如今我们在岁时节日中仍然能够看到的燃放烟花爆竹、悬挂桃符、贴门神春联、踏青戴柳、悬艾挂蒲、张挂印符等习俗，实际上都是道教的禳灾祛邪、驱鬼避瘟等法术的施用和体现。

3. 神人共娱凸显节庆效果

"粤俗尚鬼，赛会尤盛"②，岭南传统岁时节庆中养成赛会习俗，每逢神诞或祀日，都要游神赛事，打醮念经，禳灾祈福，娱神娱人，达到神人共娱的节庆效果。

粤中广府地区，赛会庙会无月不有，"所称会者，无月无之"③。佛山地区也多有游神赛事，如全镇性的农历三月初三北帝诞，乾隆《佛山忠义乡志》："乡人士赴灵应祠肃拜，各坊结彩演剧，曰重三会，鼓吹数十部、喧腾十余里，神昼夜游历。"④ 又如九月二十八日华光神诞，"神为南方赤帝，火之司命。乡人事黑帝、天后，以祈水泽，事赤帝以消火灾"⑤。这些祀神习俗，都具有娱神娱人色彩。粤中东莞石龙镇，每年都抬神祇出游乡境，陈伯陶《东莞县志》卷十八云："嘉庆后每岁八月十一日迄二十一日，奉神游镇境及水南乡，祈赛之盛冠于一邑。"⑥ 石龙镇神祇出游成了当地的节庆，

①　费师逊：《"跳禾楼"——远古稻作文化的遗存》，载《中国音乐学》（季刊）1997年第1期。
②　（光绪）《广州府志》卷一五，《舆地七·风俗》。
③　（光绪）《广州府志》卷一五，《舆地七·风俗》。
④　（乾隆）《佛山忠义乡志》卷六，《乡俗志·岁时》。
⑤　（民国）《佛山忠义乡志》卷十，《风土志·月令》。
⑥　陈伯陶：《东莞县志》卷十八，《建置略二·坛庙祀》，东莞县养和印务局，宣统辛亥年（1911）印本。

抬道教神祇出游,是希望神灵保佑其所经过的地方风调雨顺,收到娱人娱神的效果。

粤东潮汕一带,整个春节期间的节庆活动几乎都带有道教色彩。旧时,在潮汕流行一句俗话"游神正二月",《澄海县志》云:每年正二月间,"各乡社演戏,扮台阁,鸣钟击鼓以娱神,极诸靡态。"① 每年农历十二月初一,潮汕民间开始"谢神",酬谢神对人间"恩情",在众多春节习俗当中,"庆春傩"是潮汕地区独有的,它是潮人岁末"酬神"和年初"游神"活动,从正月持续至二月,潮汕乡村先后进行着各种"游神赛会",有的仅有赛会,有的是游神、赛会兼有;有的只是祈福活动,有的是祛祸、驱邪和祈福、招财兼有,旨在向神灵谢恩、祈祷。人们先把神庙供奉的神像"老爷"请出庙宇祭祀,然后开始游神赛会,其中以潮州府城青龙古庙的安济圣王(当地称"大老爷")出游规模最大,"花灯美景,百戏杂陈,鼓乐喧天,爆竹震耳,游人达十余万,全城如醉如狂"②,成为潮汕的民间狂欢节,如有学者指出的:"迎神赛会不单是作为祭祀、酬神和驱除邪煞的仪式,也成为民众的主要娱乐。"③

总而言之,在岭南,围绕传统岁时节庆的风俗几乎都掺有道教的成分。个别节日,虽然没有明显的道教含义,但因受道教神仙信仰的影响,增加了一些美丽的仙话传说,使得这些风俗长盛不衰,沿袭成自然,人们也就不再明了其中的道教意味了。

(三) 岭南节庆艺术与道教意蕴

伴随着岭南节庆酬神仪式而产生发展的是岭南丰富多彩的节庆民俗艺术,有游艺民俗艺术、庙会民俗艺术以及家摆神位艺术等。

1. 岭南游艺竞技的道教色彩

岭南地区自古以来就重巫俗鬼,尊神拜仙,在发展过程中产生了丰富多彩的节庆民俗,而无论是传统的节庆民俗或是各类神诞庙会,节庆中都

---

① (嘉庆)《澄海县志》卷六,《风俗·节序》。

② 沈敏:《潮州年节风俗谈》,武汉中南书局,1937,第12页。

③ 杜荣佳:《明代中后期广东乡村礼教与民间信仰的变化》,载《中国社会经济史研究》1992年第3期。

少不了各种娱神的民间曲艺，由此也带动了民间游艺艺术的产生、发展和
延续，其间道教宗教意味浓郁，如民间游艺中的艺术舞龙、醒狮舞、新造
鳌鱼舞、饶平马色、增城麻车火色、佛山秋色灯色，特别是番禺飘色，包
括员岗跷色、沙湾飘色、潭山飘色、市桥水色、沙头马色、紫坭春色、会
江夜色等等，这里的"色"，不仅仅是一般的"景观"和"景象"，而是
以艺术品形式展现，达到竞技、庆丰和娱神娱人的目的，有学者指出：
"这个'色'字，其内涵相当广泛。"① 其中，包含了宗教含义，颇具道教
色彩。

　　首先，飘色契合道教崇尚五方五行五色和飘然若仙的文化心理。道教
崇尚红色，红色类似于太阳、血液的颜色，既象征着吉祥和生命力，可以
趋吉避凶，又能够体现宗教的庄严、权威和神秘，道士做符箓斋醮时用的
桃木剑、朱砂、朱印和画符用的朱笔都是红色，炼制丹药时用的汞、丹砂、
雄黄等原料多为红色或紫色。道教崇尚紫色，紫色是高贵身份的象征，老
子当年出函谷关时，天象呈现为"一团紫气东来"，道教神仙居住的地方为
"紫宫""紫台""紫房""紫清"，仙人穿的是"紫衣"，仙书为"紫书"。
道教崇尚黑色，《老子》云："上善若水。"② 水就是黑。道教信玄武，玄武
也是黑。北方上帝也就是黑帝，代表北极星。道教崇尚青色和蓝色，东方
属木青色，为青阳之气；东方也是道教信仰中的"十洲三岛"之所，是道
教徒向往的理想境地，故闵一得《清规玄妙全真参访集》载："凡全真服
色，唯青为主。"③ 蓝色，是大海和天空的自然色，《庄子·逍遥游》曰：
"天之苍苍，其正色邪！"因此，道教服色又尚蓝色。番禺"飘色"是广东
传统民间艺术的一枝奇葩，它结合戏剧、绘画、杂技、造型等多种艺术，
运用力学原理，巧妙地把人物固定于华丽的"色板"上，飘然欲飞，达到
神奇惊险的境界。每逢元宵节，来自四面八方的村民，以"板"为单位组
成多个板色，开始酬神活动，整个场面色彩艳丽，五彩斑斓，体现道教崇
尚五方五行五色和飘然若仙的文化心理。

　　其次，飘色演绎出道教独有的精神世界和宗教情怀。岭南民间游艺竞

① 叶春生：《岭南民间文化》，广东高等教育出版社，2000，第168页。
② 《老子》八章。
③ 闵一得：《清规玄妙全真参访集》第一章，《清规玄妙全真参访外集》。

技中的"色"早在明清时已广泛参与到岭南节庆，游艺内容大都与迎神赛会有关，多是演绎道教的八仙过海、八仙祝寿等故事，表现出飘逸脱俗的神仙意境，集中体现了民众驱邪祈福的心理诉求，让表演者与观赏者都感受到了道教神仙的宗教魅力，起到了娱神娱人的作用。如紫坭春色，盛行于番禺沙湾镇紫坭、三善一带，一般在正月初十至十五元宵节期间举行，所以称为"春色"。紫坭春色分两类：一类叫作"锣鼓柜色"，用 4 条木柱扎成一个装载八音锣鼓的支架，扮演故事的女孩站在里面，由 4～8 人抬着游行；另一类叫"树头色"，以大茶仔树桩头插在方台之上，枝干间站上两三个 10 岁左右的女孩，扮演各种故事人物，并用各种纸花纸叶装饰，也是由人抬着游行。从正月初十晚起至元宵节夜，每晚每坊出色一至两板不等，共约 20 板春色游行，还有醒狮开路，鱼灯火把掺杂其中，鼓乐齐奏，热闹非凡。值得注意的是，队伍中扮演故事中的女孩都作神仙打扮，站在枝干间，犹如道教中借以飞升成仙、交通鬼神的"跷"，实现"驾跷升仙"，它以其独特的方式和功能述说着道教对苦难的人们奇特而难能可贵的人文关怀和宗教召唤，透露和演绎出道教所具有的独特的精神世界和宗教情怀。

从岭南节庆游艺民俗中，我们可以看出，游艺的目的大都与道教祈福禳灾有关，而其中的形象也不乏道教影子，整个游艺过程体现了飘逸自由的神仙意境和得道成仙的追求。

2. 岭南神位摆设的道教形象

岭南祖先崇拜之风很盛，宗祠建筑之多，冠于全国。宗祠，又称家祠，岭南民间俗称"祠堂"，专为奉祀某一地区氏族列祖列宗，是"家庙"式建筑物。堂上设阶梯形神龛，按世代尊卑序列神位，专人燃香，节时祭祀。每年春秋二祭，春为清明，秋为重阳。节时宗人集中祠内拜祭，称拜"太公"，场面盛大、隆重，如《番禺县志》所云："俗最重祭，缙绅之家多建祠堂，以壮丽相高。每千人之族祠数十所，小姓单宗族人不满百户者亦有祠数所。"①

岭南民间在家摆设的神位很多，有学者统计后指出，仅广州人家供的

---

① （同治）《番禺县志》卷六，《舆地四·风俗》。

神有 40 多位[1]。旧俗广州市民家中都建有"神楼",除了供"祖先"神位外,还供奉着与道教有关的尊神,如福禄寿三星、财神爷、北帝等等,福禄寿三星形象为道教所创造,常见的造像是:福星手拿一个"福"字,禄星捧着金元宝,寿星托着寿桃、拄着拐杖,表达福、禄、寿的含义,年节时一家老小隆重参拜三星神位,虔诚上香,岭南民间神台供奉福禄寿三星,表现岭南人对人生福禄寿全的期盼。财神是道教俗神,岭南民间流传着多个,赵公明被奉为正财神,钟馗和关公被奉为赐福镇宅的武财神,尤其是商家,必有财神位,表现岭南民众求财纳福的心理与追求。岭南水上人家的神台多供奉道教水神,如北帝、天后、南海神、龙母等,凡是出航前或航海回,一定到神台前祭拜,祈愿或还愿。近代新建房屋已无神楼之设,则在墙上钉木架以祭祀,也有用红底金字镜架取代红纸书写,配以香炉、烛台,平时早晚燃香,有些人为了防火灾安全起见,还用电能燃灯照明模拟香烛,同样起到了尊拜神仙的效果。

另外,岭南民间在神位的摆设上也非常讲究风水。在家神位一定向着大门,就像大小庙宇道观,所有神像均是面向大门一样;神位前视野广阔,有藏风聚气之势,神位通常靠在墙壁上,谓有靠山,好似道教所讲的前朱雀,后玄武,反映岭南人重风水,契合道教堪舆学说。

除了在正厅堂设神位,岭南许多人家,尤其是农村的人家,一般还在院子里设道教三官神位,寓意"天官赐福、地官赦罪、水官解厄",在门前设土地神位,每月初一、十五焚香拜祭,年节或有事酬神时更是隆重拜祭。

随着社会的发展与人们思想水平的提高,岭南节庆中对道教鬼神崇拜的风气有所改观,取而代之的是求避灾免祸、求吉祥求福的节庆意头文化的盛行,其间各种行为禁忌、辟邪神器佩戴和"讨口彩"现象仍隐约再现道教信仰的印痕。

综上所述,道教与岭南节庆民俗的互动使道教信仰深入民间,这种影响从古至今延续不绝,深含道味而成为岭南节庆民俗的一种特色;道教也通过对节庆民俗的渗透而实现了本地化,表现了岭南道教的地方特色。

---

[1] 商承祚:《广州市人家的神》,载《民俗》第一卷,第四十一、四十二期合刊,国立中山大学出版,民国十八年(1929)一月九日。

四　岭南婚丧俗信契合道旨

（一）岭南婚俗和合与道教和谐理念

和是道教的主旋律，道教倡导和合，早期道教经典《老子》云："道生一，一生二，二生三，三生万物。万物负阴而抱阳，冲气以为和。"① 认为道蕴涵着阴阳两个相反方面，万物都包含着阴阳，阴阳相互作用而构成和，和是宇宙万物的本质以及天地万物生存的基础。《太平经》也曰："和合夫妇之道，阴阳俱得其所，天地为安。"②《太上老君内观经》更强调："父母和合，人受其生。"③ 可见，所谓"和"，就是指阴阳的平衡、和谐、合生的和合状态。道教讲求和合，有一种专门用于作合男女、喜结良缘的和合符（见图4-29）。

图4-29　和合符

（李淳风：《万法归宗》卷五，《月老配偶章第八》）

符术见《月老配偶章》载：

凡取大丹，审实女子，真正洁白，又无疾病，年庚月日时，生人的确。剪成纸女子一个，书女子姓名，亦剪男子一个，书自己年庚姓

---

① 《老子》四十二章。
② 王明：《太平经合校》，中华书局，1985，第17页。
③ 张君房：《云笈七签》卷十七，《道藏》第22册，第127页。

名，用桃符一块，刻成方圆五寸二分纸人，上用印一颗，仰合抱定，以绒系之。祭六甲坛下，脚踏"姻缘和合"四字，左手雷文，右手和合剑诀，取东方炁一口，念咒七遍，焚符一道，四十九日毕，将前纸人焚六甲坛下。但凡作用，剪纸男女，书年月姓名用印于上，左手雷文，右手五龙合珠，诀□；纸人用印系之，其女自来成就，系印自缓。忽然女子来了露圭角。和合咒曰："乾男坤女，前世姻缘，月老配偶，百岁美全。吾奉：三山九侯先生律令摄。"①

以书人姓名、八字的方式进行交感，五行相配，念咒、焚符，四十九天后，和合则为"姻缘相和"，可以结合。道教也有通过测字看姻缘，如测"吝"字，认为"上有交欢之象，下有和合之形，姻缘可谓美矣，必成"② 等等。道教还有用图像表示的，笔者到广州仁威庙考察，偶尔在墙壁上发现一个和合图像（见图4-30），上面是炁符，下面是男女相拥状，此符由道长亲手所书，蕴含道长的精气神，视为正宗天师灵符。

　　岭南民间嫁娶习俗不同程度上受着所谓生辰八字观念的影响，讲求"八字"和合。所谓"八字"和合，就是指男女双方"八字"中所属阴阳五行要相配，相配即吉，相克相冲则凶。人们相信：如果男女双方的"八字"相克相冲，日后夫妻便不和。因此，"八字"不和合是不能成婚的，只有"八字"和合才能订婚，如广西灵川婚俗在婚姻缔结前，媒人将女子年庚送给男家，请星士合八字，"相合或卜之吉，始择吉，以酒、肉、槟、饼、簪环等物为礼，谓之下定；加于此者，猪、羊、银币，谓之大定。亦有仅以槟榔为先者，谓之吃准口，仍于成婚补定礼"③。广西壮族男方要提前向女方报告婚期，报告婚期须有《课单》。《课单》须向女方家说明双方生辰八字，天干地支，金木水火土如何配合，择吉年吉月吉日吉时迎亲进洞房之内容，以便双方遵守，如何迎亲、闹陪郎等。广东普宁旧俗婚嫁要经过"合婚"程序，即凡求婚者要托媒说合，媒人取女方生辰庚帖送到男

① 李淳风：《万法归宗》卷五，《月老配偶章第八》。
② 程省：《测字秘牒》卷七，《至理测法》。
③ 李繁滋：《灵川县志》卷四，《人民一·礼俗》，民国十八年（1929）石印本，台湾成文出版社，1975年影印本。

图 4-30 和合符
（笔者摄自广州仁威庙）

方，男方便将议婚男女双方生辰请星家合婚，经推算后认为双方生肖不会"相冲"，便把庚帖放于"灶神"前。三天过后，若双方家庭诸事无损，认为吉祥，可相合，否则将女方庚帖送回，谓之不合。粤西徐闻婚俗中有纳采、问名、纳吉、纳征、请期、亲迎等六道婚俗，问名和纳吉俗称"合命"，就是将女方的"命书"（生辰八字）交媒人送到男方家中，置于神龛上或米缸里，听候三天，若男方家中人畜平安，则被认为"命合"而可以订婚。广东翁源一带农村，新婚之夜，一对新人还要吃"和合蛋"，象征夫妻和好百年，具体做法是：将两个煮熟的鸡蛋，放在一个盛有热姜酒的小碗中，由一位命好的妇人捧出，给新郎和新娘食用，吃的时候，要一口咬到蛋黄，且边吃边念道："一口咬到黄，两公婆有商量；一口咬到白，两公婆商恰恰。"岭南人在祝贺新婚时，一定奉上"和合双全"；赞誉夫妻恩爱一定是"和如琴瑟"。广州也流行"夹八字"，即女方家长接受提亲后，将新娘出生年月日及三代资料交给媒人，媒人将这些写在红纸上交给男方占卜吉凶，以防近亲及是否适宜，俗称"夹八字"。如今，岭南还流行婚礼花车巡游，如广州地区的新人，会将迎亲花车开到吉祥路、如意坊、长寿路、多宝路、同福路、万福路、恒福路、盘福路、永福路、百子路、观绿路等马路上巡游，象征吉祥如意，福禄寿全；然后是合卺交杯，寓意和睦美满。

（二）岭南婚俗哭嫁与道教自由精神

道教追求自由，《庄子·逍遥游》云："彷徨乎无为其侧，逍遥乎寝卧其下。"在乎自得，《庄子·让王》也曰："逍遥于天地之间而心意自得。"成玄英疏："逍遥，自得之称。"[1] 王先谦解："义取闲放不拘，怡适自得。"[2] 向往自在，《玉皇经》云："逍遥自在，与道长存。"[3] 道教追求自得自在的自由精神，在岭南婚俗哭嫁中有所体现。

哭嫁，俗称"开叹情"，或"喊嫁歌"，是岭南百越民族的婚俗。哭嫁喜多于忧，多为羽调式，旋律下行，节拍自由，歌声悠悠，语言质朴，如歌如哭，且唱且哭。哭嫁的方式有自己哭，也有对唱哭，多与伴嫁姐妹或亲属（嫂、姑等）互相哭诉。哭时，有以哭声强弱、长短、快慢的节奏韵律，表达出嫁离开父母亲人的难舍难分之情，如流行于粤西郁南地区的哭嫁歌：

> 女儿今天梳大髻，双亲恩典记心上，今日出嫁情难舍，三朝携郎拜爹娘。双亲教诲儿明晓，勤耕恳种建新家，来年元宵去村耍，少个娇女做年宵。二月白花摆酒地，少个娇女耍花园，三月春耕插田紧，少个娇女插田心，四月瓜苗露瓜花，少个娇女摘瓜芽！五月

---

① 郭庆藩：《庄子集释》卷一上，《逍遥游第一》。
② 王先谦：《庄子集解》，《内篇校正·逍遥游第一》。
③ 《玉皇经·报应神验品第五》。

> 龙船泼水花，泼开船前少枝花，六月观音贺寿诞，少个娇儿烧
> 香还。①

有以哭声作歌词，祈求出嫁后家庭幸福，如流行广东南（海）番（番）顺
（德）一带的哭嫁："一梳梳到脚趾尾，二梳梳到白发齐眉，三梳梳到儿孙
满地。"有以哭声诉说封建买卖婚姻不能自主的悲痛之情，《南越游记》云：

> 广州女子于归时，邻里戚党咸来送嫁，每一人至，相对噫呜流涕，
> 若歌若哭，移晷乃罢。已复自詈媒妁并及其夫，情辞愤惋，满座累嘘，
> 俗谓之"开叹情"。其平日盖皆有人教之使然，甚或一二不善哭者，众
> 反以为不祥。儿女离厥父母，娇痴之态，发于自然。《诗》所云："女
> 心伤悲，殆及公子同归"，不其然乎？②

广州女子在出嫁当日，以哭的形式，宣泄心中的种种情愫，表达对将逝去
的女儿自由生活的眷念和对为人妻、人媳的不自由生活的担忧，悲喜交加，
或喜中带忧。《中华全国风俗志》也称："顺德尤为特异，迎娶时新娘登彩
舆后，必沿途放声大哭，俟将到男家时，其声始辍。"③ 他们发自内心，哭
得自然，哭得痛快，他们以哭抒情，通俗上口，雅俗并陈，浓淡相宜，既
有传统的质朴，也有道教追求自得自在的自由气息。

（三）岭南丧俗豁达与道教乐生思想

1. 岭南人对死的称谓，契合道教"长生成仙"追求

长生成仙是道教的教义，道教坚信神仙实有，仙人可学，仙人长生，
仙人的生活逍遥自由，"餐朝霞之沆瀣，吸玄黄之醇精，饮则玉醴金浆，食
则翠芝朱英，居则瑶堂瑰室，行则逍遥太清"④，显然，仙人的长生不死和
逍遥快乐是道教的重要追求。

---

① 丘均：《肇庆民间歌谣》，广东人民出版社，1988，第56~57页。
② 陈徽言：《南越游记》卷二，《开叹情》。
③ 胡朴安：《中华全国风俗志》（下篇），卷七，《广东》。
④ 葛洪：《抱朴子内篇·对俗》。

岭南民间常言："除死字无大碍。"人们不愿意死，畏惧死，对死，岭南人有很特别的称谓，如称死人为"百年"，棺材叫"寿板"，或称"长生木"。有关死的店铺和行当也冠以雅号，如棺材铺，美其名为"长生店"，殡葬行叫"别有天"。"别有天"是"别有洞天"的简称，洞天和长生契合道教的长生成仙追求。岭南人甚至把死看作是成仙，如粤东山区的客家人，在亲友死后使用的挽联多用"仙去""仙游""仙驾""仙乡"等与神仙有关的词语，若男性死，挽联为："道风千古、驾鹤归天、乘鹤去矣。"女性死，挽联是："一梦登仙、驾鹤仙游、仙去难留、驾鹤瑶池、仙驾瑶池、玉楼赴台、远赴仙乡。"① 又如粤北山区的客家人，使用的挽联也多用"驾鹤归仙"② 等语句，契合道教"得道成仙"的追求。

2. 墓地的选址，符合"风水"学说

风水术是指对居住环境包括阳宅、阴宅即墓地进行选择和处理的一种方术，其中混杂着中国古代的"气"、阴阳、五行、八卦和太极等理论，辅以巫术行为，后成为道教的一种道术。从前的风水大师几乎无一不是由道士兼任，如有风水术祖师爷之称的郭璞就是晋代著名的道士，他的《葬经》被后世奉为风水理论经典，其主要内容是在《老子》"负阴抱阳"环境选择观念的基础上阐发了"鬼福及人"的风水理论和提出了"得水为上，藏风次之"的相地原则，明确指出"葬者乘生气"③，"生气"即阴阳冲和之气，具体到山川地形则表现为：山必开阳而后生气聚，水必弯曲而后生气留；山必有起伏波折而后有生气，水必有停留之处而后有生机。有关风水的另一部经典《黄帝宅经》也收入《道藏》之中，经云："宅者，人之本。人以宅为家，居若安即家代昌吉。若不安，即门族衰微。坟墓川冈，并同兹说。"④ 故人死后，必须选择一个风水宝地作为墓地，"置宅图墓，以避祸求福"⑤，为此，不少道徒善于图墓，精于风水，代人相地作墓，图墓成为道士的业务之一，并由此表现出道教

---

① 参见钟向阳《从大埔民俗看道教在客家地区的影响》，载《中国道教》2002 年第 4 期。
② 曾汉祥：《粤北、粤东客家丧葬风俗》，载《韶关大学学报》1995 年第 7 期。
③ 郭璞：《古本葬经内篇》，见《津逮祕书》。
④ 《黄帝宅经》卷上，《道藏》第 4 册，第 979 页。
⑤ 李百药：《北齐书·陆法和列传》。

与民间迷信的混合。①

岭南墓穴十分讲究风水，"粤人筑坟必冈于阜。生聚既蕃，松楸累累无隙地，又酷信风水"②，其用意是让死者有一个祥和的安身之所，永远安生。民间流传有"十不葬"的谣诀："一不葬粗顽石块；二不葬急水滩头；三不葬深沟绝壁；四不葬孤独山头；五不葬神前庙后；六不葬左右休囚；七不葬山冈缭乱；八不葬风水悲愁；九不葬坐下低小；十不葬龙虎尖头。"考古发现，两广地区的墓穴多葬在小山丘或缓坡之上，墓地的四周有群山怀抱，附近还有河流流淌，如广西永福县寿城南朝墓，位于距离寿城北面的山丘上，东面是东江，墓向南面③。又如广西壮族自治区融安县的两座南朝墓，位于融安县北部的矮坡上，东面为融江，一墓向东南，一墓向西南④。这些墓地，称得上是"山冲"宝地，符合风水的要求。

3. 随葬的器物，充满道教色彩

岭南重视死后生活，对待死人，事死如生，体现道教"善吾生者，乃所以善吾死"⑤的思想。从考古发掘的材料看，随葬品道教色彩浓厚。如将一些铜镜和石俑用作随葬品，并在铜镜和石俑以及墓砖上刻上一些铭文，冀望死者成仙后，可以如同仙人一样逍遥快乐，如1980年考古工作者在梧州富民坊发掘的一座南朝墓穴，内有一铜镜，镜上刻有"尚方作竟真大巧，上有仙人不知老，渴饮玉泉饥食枣，寿而金石天之保，游浮名山敖四海，乐未央"⑥铭文，铭文中的"玉泉"和"枣"都是长生仙药⑦，"游浮名山敖四海"与道教的"乘云气，御飞龙，而游乎四海之外"⑧的快乐人生追求是一致的；又如1972年在广西梧州出土的晋代墓砖上发现印有"康平"

---

① 参见宫川尚志《道教成立期诸问题》，载宫川尚志《中国宗教史研究》，京都，同朋社，1983，第131页。
② 张渠：《粤东闻见录》卷上，《停柩》。
③ 广西壮族自治区文物工作队：《广西永福县寿城南朝墓》，载《考古》1983年第7期。
④ 广西壮族自治区文物工作队：《广西壮族自治区融安县南朝墓》，载《考古》1983年第9期。
⑤ 《庄子·大宗师》。
⑥ 梧州市博物馆：《广西壮族自治区梧州市富民坊南朝墓》，载《考古》1983年第9期。
⑦ 参见葛洪《抱朴子内篇》之《金丹篇》、《杂应篇》和《云笈七签》卷三十二《杂修摄部一》、卷十四《三洞经教部·经五》。
⑧ 《庄子·逍遥游》。

"富且寿考"① 等字样；再如 1980 年考古在广西合浦上窑发掘出土刻有
"福、寿、长、命"等字的器物②，这些铭文既是一种美好的祝愿，也体现
道教对福寿安康的追求。

更为重要的是，岭南墓穴中用作随葬的镇墓券，颇具道教色彩。镇墓
券，又称为镇墓文，属买地墓券之一种，罗振玉在《蒿里遗珍考释》中指
出："地券之制，前籍未详，以传世诸刻考之，殆有两种：一为买之于人，
如建初、建宁二券是也；一为买之于鬼神，则术家假托之词，如此券。"③
前者称为"买地券"，后者称作"镇墓券"。有学者指出："东汉以前，买地
墓券多仿照真实的土地买卖文书，用作向冥府登记购买土地。"④ 东汉以后，
买地墓券渗入方术成分，具有镇墓解适之功效，道教又将之吸收，加入符
箓、咒法而成为道术之一种，其用意是让死者有一块名正言顺且安全清静
的地方安息。前些年，岭南不少地方出土了此类镇墓券，如 1983 年考古工
作者在广西桂林市（即南朝时的始安，属始安郡）北郊观音阁挖掘的一方
石质镇墓券，券文为：

> 宋泰始六年（470 年）十一月九日，始安郡始安县都乡都唐里没故
> 道民欧阳景熙，今归蒿里。亡人以钱万万九千九百文，买此冢地，东
> 至青龙，南至朱雀，西至白虎，北至玄武，上至青天，下至黄泉，四
> 域之内，悉属死人。即日毕了，时王侨、赤松子、李定、张故分券为
> 明，如律令。⑤

青龙、白虎、朱雀、玄武古称四灵，后为道教所吸收，葛洪称祖师老君居
于天上，"左有十二青龙，右有二十六白虎，前有二十四朱雀，后有七十二
玄武"⑥ 作护卫，四灵成为道教守护神。券文中用上道教的青龙、白虎、

---

① 参见梧州市博物馆《广西梧州市晋代砖室墓》，载《考古》1981 年第 3 期。
② 广西壮族自治区文物工作队：《广西合浦上窑窑址发掘简报》，载《考古》1986 年第 12 期。
③ 罗振玉：《蒿里遗珍考释》，西泠印社出版社，民国 3 年（1914），第 2 页。
④ 参见仁井田陞《汉魏六朝的土地买卖文书》，载《中国法制史研究·土地法·取引法》第
一部第二章，东京大学出版社，1960。
⑤ 《桂林市志·文物志》第一章，《古遗址·古墓葬》，第二节《古墓葬》。
⑥ 葛洪：《抱朴子内篇·杂应篇》。

朱雀、玄武四神作守护；又搭上王侨、赤松子、李定、张故等道教神仙或道教虚拟的神灵作陪伴，以示神威，实际上是人们对死者的安慰。

又如广东客家地区在每年的清明和上元诞为死者进行祭祀时，也会用上镇墓券，其券文也多使用"遇着仙人""沉醉归仙""昆仑山下""逍遥自在""寻龙仙师""张坚固"和"李定度"等饱含道教思想和人物的文字，如有一张地契文就写道：

> 天地混沌之初，盘古论阴阳置乾坤已万春。人有三皇五帝，上居星宿，下居人民，养男育女，永为黄帝子孙。今据中华国广东省××县××乡××地名，有吉地一穴，中人张坚固，见人李定度。今年故父（母）显孝（妣）×公（×氏）在南山采茶，北山采果，遇着仙人赐酒三杯，回家沉醉归仙，停留棺柩未葬。今有孝子××、孝孙××等愿出白钱九千九百文，问到地主武夷王收买黄龙一所，自龙脉在于昆仑山下派出、凤凰一条迢迢而来，结成牛眠大地，东止甲乙木，南止丙丁火为定，西止庚辛金，北止壬癸水为界，中央安葬×公（×氏）逍遥自在往天堂，若有强神野鬼，四山竺木妖精，并古墓往尸，如有此等妄行争占，我奉金刚律法、仰差九牛将军，寸斩不留，务要荫佑×氏子孙世代昌盛，金榜标名，状元及第。今恐无凭，用立地契壹纸，交付×公（×氏）幽宴居住，永远为照。借问契书何人写，白鹤飞来写一张。借部契书何人读，龙王读了入长江。
>
> 　　　　　　　　　大岁×年×月×日，主契书武夷王示
> 　　　　　　　　　　　寻龙仙师杨救贫示
> 　　　　　　　　　　　见人李定度示
> 　　　　　　　　　　　中人张坚固示。①

这种镇墓券自汉朝流行，沿用至清末，它是以地契形式置于墓中的一种明器，内容大多包括死者及其所买墓地的四至、地价、证人和神圣不可冒犯等语，初时与社会上通行的契约相同，后来逐渐加入神秘内容，再用道教

---

① 钟向阳：《从大埔民俗看道教在客家地区的影响》，载《中国道教》2002 年第 4 期。

的神灵和符箓来维护它的"合法性"，逐渐演变成压胜之物，因此，这种镇墓券，既是生人对死人的祝福，祝愿他们在天堂上逍遥自在；同时，也是生人对死人的拜托，祈望他们对子孙的荫庇。

透过上述种种事象，可以窥见道教的意味深蕴其中，不难发现，岭南的生死观，与道教"乐生恶死"① 思想有着异曲同工之妙，它体现道教在岭南的地位及其与岭南俗信的融合。

五　岭南衣食俗信蕴涵道味

（一）岭南衣俗与道教品味

1. 衣饰素朴自然

道教崇尚自然，倡行素朴，认为"素朴而民性得"②。反之，则是无道的表现，"服文采，……非道也哉"③，古代道服多用粗布和蕉布缝制而成，苏辙《答孔平仲惠蕉布二绝》诗云："更得双蕉缝直掇，都人浑作道人看。"④ 张择端《清明上河图》中道士所穿着的常服有道巾、道裙、道鞋等等，制作都相对粗糙，外形宽大，叶梦得《石林燕语》卷十云："近岁衣道服者，绡以大为美。"⑤ 周锡保《中国古代服饰史》也说：褐衣由"麻布或毛布制作，比短褐长而宽大，为文人隐士及道士所服。"⑥ 岭南人的衣着，无论是衣料，或是服饰，又或是足下之物，大多采用粗布制作，宽大简便，古朴无华，体现道教衣品。

首先，惯用天然物作衣料。《南越志》云："桂林丰水县有古绦藤，俚人以为布。"⑦《广州记》载："蛮夷不蚕，剥古缘藤，绩以为布。"⑧ 明确岭

---

① 王明：《太平经合校》，中华书局，1960，第18页。

② 《庄子·马蹄》。

③ 《老子》五十三章。

④ 苏辙：《栾城集》第十四卷，《苏辙古诗八十五首》。

⑤ 叶梦得：《石林燕语》卷十，侯忠义点校，中华书局，1984，第150页。

⑥ 周锡保：《中国古代服饰史》，中国戏剧出版社，1984，第316页。

⑦ 李昉：《太平御览》卷八二〇，《布帛部七·布》引。

⑧ 见骆伟等《岭南古代方志辑佚》，广东人民出版社，2002，第88页。

南土著削古缘藤纺织成布。张渠《粤东闻见录》也云：

> 古云：北有姑绒，南有女葛。颜师古《汉书》注：精者为绖，粗者为纻。绖，即葛；纻，即麻也。至汉始有白氎布，即今之绵布也。然其用尚未广。至宋元乃盛行。广东麻葛之类甚多，其外或以蕉，或以竹，或以芙蓉皮。①

葛为粗布，用蕉皮、竹或以芙蓉皮而成，可知粤人衣着之素朴。

其次，喜用简便服饰。如着衫，短袖、短衣、短裤是岭南人的服饰特征，短袖短衣为贯头衣雏形制作十分简易，"民皆服布，如单被穿中央为贯头"②，"方五尺，当中心开孔，但容头入，名曰思便"③，"身衣短衫，裙不蔽膝"④，特别是妇女的服饰，多是衫长袖宽，所谓"衣长可过膝，袖宽可藏身"，既方便穿着，又方便行动，《赤溪县志》云：

> 县属妇女尤崇尚节俭，不施脂粉，不戴花朵。衣服，夏苎冬棉，自织自染，色皆黝黑，不尚绘彩，衫长至膝，袖不逾掌，质朴无华，操作尤便。⑤

妇女着装质朴，行动方便、自如。

再次，自制布鞋。过去，广人习惯自制布鞋，男式叫"阿公鞋"，女式叫"阿婆鞋"，布底用旧布糊成几十层"布泊"，布面普通人家用"家机布"，有钱人家用绸缎，鞋面颜色多为黑色。鞋式是宽口船型，不用鞋带，俗称"懒人鞋"，穿着十分简便省事。

还有，广人尚屐。刘恂《岭表录异》卷中云："今广州宾从诸郡牧守，

---

① 张渠：《粤东闻见录》卷下，《诸布》。
② 《广州图经》，见骆伟等《岭南古代方志辑佚》，广东人民出版社，2002，第286页。
③ 胡朴安：《中华全国风俗志》上篇，卷八，《广东》。
④ （同治）《韶州府志》卷三十八，《列传·猺蛮》。
⑤ 丁世良：《中国地方志民俗资料汇编》（中南卷）（下），书目文献出版社，1991，第820页。

初到任，下檐皆有油画枹木履也。"① 人们平时走路、洗澡、乘凉或就寝前都喜欢用屐，皆因屐穿着方便。《广东新语》载：

> 今粤中婢媵，多著红皮木屐。士大夫亦皆尚屐，沐浴乘凉时，散足著之，名之曰"散屐"。散屐以潮州所制拖皮为雅，或以枹木为之。枹木附水松根而生，香而柔韧，可作履，曰"抱香屐"。潮州人刳之为履，轻薄而软，是曰"潮屐"，或以黄桑、苦楝亦良。香山土地卑湿，尤宜屐，其良贱至异，其制以别之。新会尚朱漆屐，东莞尚花绣屐，以轻为贵。②

人们以衣襟低敞，足蹬木屐，悠游自得为时尚。

不但平民百姓穿屐，就连富家大族也穿屐，穿屐成为岭南一道风景线。清代周恒重修《潮阳县志》云：

> 屐有五便：南方地卑，屐高远湿，一也；炎缴虐暑，赤脚纳凉，二也；所费无几，贫子省履，三也；澡身濡足，顷刻遂燥，四也；夜行有声，不便为奸，五也。③

"便"就是方便，舒适、自由。前人不少诗作也提及岭南人穿屐的习俗，如清人徐乾学《潮州杂兴》诗云："天无情雨穿高屐，岂是风流学晋人。"这岂止是晋朝中原旧习，它更是道家遗风，"以跂跷为服"，本是墨者的服饰打扮，如《庄子》云："使后世之墨者，多以裘褐为衣，以跂跷为服。"④墨者与道教有关，他们这种在服饰上的轻捷自适逐渐衍化为道教的自由超脱，岭南人的着屐正是道教崇尚自然，追求自由的特色体现。

由上可见，岭南人这些朴实、简便的衣着，蕴涵了道教崇尚自然、返朴归真的本色。

---

① 见骆伟等《岭南古代方志辑佚》，广东人民出版社，2002，第210页。
② 屈大均：《广东新语》卷十六，《器语·屐》。
③ 周恒：《潮阳县志》卷十三，《纪事·杂录》，清光绪十年刻本。
④ 《庄子·天下》。

2. 装扮寓意吉祥

凤凰装是岭南畲族的主要装扮，寓意吉祥，它用红头绳扎成长辫高盘头顶，象征着凤头；衣裳、合手巾上用大红、桃红、杏黄及金银丝线镶绣出五彩缤纷的花边图案，象征着凤凰的颈项、腰身和羽毛；扎在腰后飘荡不定的金色腰带头，象征着凤尾；佩在全身的叮当作响的银饰，象征着凤鸣。据民间传说：已婚妇女一般头戴"凤冠"，冠上有一块圆银牌，下垂3个小银牌于前额，称为"龙髻"，象征当年高辛帝后给"三公主"出嫁衣裳，送上祥瑞的祝福①。另有一种说法是，凤凰装的凤冠，是龙麒学到真法后戴在头上用于降妖魔的头冠，《高皇歌》云："龙麒自愿官唔爱，一心闾山学法来，学得真法来传祖，头上又何花冠戴。当初天下妖怪多，闾山学法转来做，救得良民个个好，行罡作法斩妖魔。"② 穿上这种服饰，步罡做法，妖魔自会投降。由于凤凰是吉祥神鸟，畲族便借用"凤凰"鸟的美名和美羽，设计出凤衣（花边衫）、凤带（彩带）、凤围腰（拦腰）和凤鞋（花鞋）等一系列与凤冠匹配的服饰，寓意富贵吉祥。

五色衣是岭南瑶族的衣饰，"衣斑斓布褐"③，实际是模仿盘瓠的形状及颜色制作衣物，穿戴五色服，与瑶族崇拜"盘瓠"有关，《广东新语》云："盘瓠诸子织绩木皮，染以草实，好五色衣服，制裁皆有尾形。干宝言：'赤髀横裙，盘瓠子孙是也。'盘瓠毛五彩，故今瑶峒徒衣服斑斓。"④ "五色"为红、黄、青、绿、白，"斑斓"即绚丽，寓意喜庆和吉祥。

潮汕人自古着装有"尚红"习俗，这与潮汕地区气候温暖、四季如春、繁花似锦不无关系。潮汕人特别钟情一种俗称红花的红色石榴花，认为红色石榴花是花王，能给人带来吉祥，因此，旧俗潮汕家家都种上一株红石榴，形成"无榴不成乡"的潮俗，无论是民间祭祀、宗教活动或衣着装扮上钟爱红色，象征着热烈、喜庆、祥和、兴旺、繁荣昌盛。

---

① 蒋风等：《畲族民间故事选》，上海人民出版社，1993，第48~67页。

② 《遂昌文史资料》第七辑，《畲族民歌专辑》，中国广播电视出版社，1995，第9页。

③ 戴璟：《广东通志初稿》卷三十五，《猺獞》，明嘉靖十四年（1535）刻本。

④ 屈大均：《广东新语》卷七，《人语·瑶人》。

（二）岭南食俗与道教风味

岭南食俗重生养生。重生恶死是道教思想的重要特征。道教重人贵生，视生如同天地之大，如作为五斗米道的重要秘典《老子想尔注》就把《老子》十六章中的"公乃王，王乃大"和二十五章中的"道大、天大、地大、王亦大，域中有四大，而王居其一焉"的"王"字统统改为"生"字，并加注云："生，道之别体也"①，强调生与道合一。道教畏死乐生，《太平经》云："凡天下人死亡，非小事也。一死，终古不得复见天地日月也。"②人死不能复生，在道教徒看来，死亡是十分可恶和可怕的，"生可惜也，死可畏也"③，因为"人在世间，日失一日，如牵牛羊以诣屠所，每进一步，而去死转近。此譬虽丑，而实理也。"④因而道教认为，畏死乐生是人的共性，"道设生以赏善，设死以威恶。死是人之所畏也，仙王士与俗人同知畏死乐生，但所行异耳"⑤，这是说，无论是仙士或是俗人，同样都畏死乐生。面对死亡的威胁，道教明确提出"上士忿然恶死乐生，往学仙，勤能得寿耳，此上士是尚第一有志者也"⑥，可见，重生、乐生、养生乃是道教思想的一个重要内容。为了追求长生乐生，道教除采用吃药、炼丹和服气诸法外，还特别注意饮食养生，认为"食为性命之基"⑦，明确提出"乐生而恶死，悉皆饮食以养其体"⑧的养生思想和"身得长保，饮食以时调之"⑨的养生之道，以及节食、淡味、服饵等养生大法。道教这种由乐生恶死直接引发出来的饮食养生思想和方法，随着道教在岭南的传播发展，为岭南人所接纳，在岭南饮食文化中有充分反映。

岭南人向来热爱生命，珍重生命，他们"生以唱歌为乐"⑩。为了有一

---

① 饶宗颐：《老子想尔注校证》，上海古籍出版社，1991，第33页。
② 王明：《太平经合校》，中华书局，1960，第298页。
③ 葛洪：《抱朴子内篇·地真》。
④ 葛洪：《抱朴子内篇·勤求》。
⑤ 饶宗颐：《老子想尔注校证》，上海古籍出版社，1991，第25页。
⑥ 王明：《太平经合校》，中华书局，1960，第161页。
⑦ 刘词：《混俗颐生录》，《道藏》第18册，第512页。
⑧ 王明：《太平经合校》，中华书局，1960，第393页。
⑨ 王明：《太平经合校》，中华书局，1960，第466页。
⑩ 胡朴安：《中华全国风俗志》上编，卷八，《广东》。

个健康而长寿的身体,人们特别注重饮食养生,对于饮食尤其讲究,表现如下。

1. 岭南饮食讲究少而精,符合道教"节食"原则

道教主张节食,《文子·守易》云:"老子曰:古之为道者,量腹而食。"所谓量腹,就是要有所节制,如《黄帝内经素问》云:"食饮有节"①,葛洪也提倡"节量饮食"②,因此,"食不过饱""饮不过多"是道教一向的主张。岭南饮食讲究少而精,日常以吃好为原则,决不求多,宁可少食多餐,决不求过量,更不会暴饮暴食,即便是宴客,也不例外,席上菜肴精致而量少,以客人吃饱、吃好为准则,适可而止,符合道教"节食"原则。岭南饮食讲究火候,也与道教"炼丹"方法注意火候是一致的,岭南人烹饪时,注意控制火力的大小和加温时间的长短,火候分有猛火、中火、慢火和微火四种,如炒青菜,就用猛火,熬汤则用微火,煲粥需用慢火。岭南人根据火候的大小,制作出各种名菜佳肴,如《酉阳杂俎》所说:"物无不堪吃,唯在火候,善均五味。"③

2. 岭南饮食讲究清淡,适合道教"淡味"要求

道教主张淡味,源于老子的"恬淡为上"④,葛洪也认为:"恬愉澹泊",乃"学仙之法"⑤。《保生要录》云:"淡胜咸"⑥,《备急千金要方》卷二十七也称:"咸则伤筋,酸则伤骨,故每学淡食。"⑦《云笈七签》卷三十二也指出,食要"去肥浓,节咸酸"⑧,无不体现道教崇尚淡味。岭南饮食讲究清淡,徐珂《清稗类钞》饮食类也称:"粤人嗜淡食"⑨,《上林县志》也说:乡民"饮食均极淡素"⑩。淡,是指用料清雅而不俗,用味清淡而不浓,如岭南人爱吃白粥就是一个典型的例子。白粥是补充水分的上好

---

① 《道藏》第 21 册,第 4 页。
② 葛洪:《抱朴子内篇·杂应》。
③ 段成式:《酉阳杂俎》前集卷七,《酒食》。
④ 《老子》三十一章。
⑤ 葛洪:《抱朴子内篇·论仙》。
⑥ 《道藏》第 18 册,第 520 页。
⑦ 孙思邈:《备急千金要方》卷二十七,《道林养性第二》。
⑧ 张君房:《云笈七签》卷三十二,《杂修摄部一》,《道藏》第 22 册,第 231 页。
⑨ 徐珂:《清稗类钞·饮食类·各处饮食不同》。
⑩ 丁世良:《中国地方志民俗资料汇编》中南卷(下),书目文献出版社,1991,第 895 页。

食品，宋朝张耒在《宛丘集·粥品》中阐述了吃粥的好处："每日起，食粥一大碗，空腹胃虚，谷气便作，所补不细，又极柔腻，与肠胃相得，最为饮食之妙诀也。"苏东坡曾与好友潮人吴子野谈过食粥问题，后写下《养生论》："吴子野劝食白粥，云能推陈致新，利膈益胃。粥后一觉，妙不可言也。"① 南宋诗人陆游甚至以为食粥可以致仙，其《食粥》诗云："世人个个学长年，不悟长生在目前。我得宛丘平易法，只将食粥致神仙。"② 陆游谓食粥可致神仙，虽然有点夸张，但经常吃用，确能起到养生延年的作用。道典《云笈七签》卷六十也载："每日平旦食少许淡水粥，或胡麻粥，甚益人，治脾气，令人足津液。"③ 岭南人嗜食白粥，《清稗类钞》饮食类称（白）粥"为南人所常食者"④。岭南白粥讲究选料和制作，粥法是：先将米洗净，然后用少许花生油和精盐拌匀，待水煮开后，把米下锅，煮时用明火，让粥不停地开滚，直至不见米粒，故有"明火白粥"之称，有时还可以加入腐竹、白果、白豆、毛根等同煮，煮出来的粥香滑可口，还有清热去湿、治疗脾虚之功效，令人百吃不厌，食用极富营养价值。岭南饮食讲究清淡，不光体现在味道上，在烹饪上也多用蒸、汆、灼等方法，保持食物的原汁原味，力求在清中求鲜，在淡中求美，例如岭南人吃鸡，要食白切鸡；食鱼，要食清蒸鱼；食蔬菜，要食白灼时蔬。近年来，岭南还兴起"田基美食""田园时蔬""绿色食品""山水泡茶"等美食，呈现一种崇尚自然，返璞归真的岭南食风和品味。

3. 岭南食肆建筑，吻合道教崇尚自然品格

道教崇尚自然，以自然为美，追求"自然自在，无所拘束"⑤。岭南食肆多依自然而建，或园林式，或村舍式，亭台水榭，奇花异卉，一片自然景色，尤其园林式酒家在岭南比比皆是，如堪称全国最大的园林食肆泮溪酒家，就是以楼台殿阁酒舫廊座的格式布局，或分布在水榭长廊之上，或掩映在百年老榕、丝丝垂柳之中，华灯初上时，波光水影，与曲

① 苏东坡：《苏东坡全集》前集，卷二十三，《杂文·问养生》。
② 陆游：《陆游集》卷三十八，《食粥》。
③ 《道藏》第 22 册，第 423 页。
④ 徐珂：《清稗类钞·饮食类·粥》。
⑤ 张君房：《云笈七签》卷六〇，《诸家气法部五》，《道藏》第 22 册，第 419 页。

桥流水相映成趣，饮食环境，仿如仙境。又如位于广州珠江南岸的南园酒家，是一家典型的园林式餐馆，它集楼阁、花厅、酒亭、荷池、小桥、流水于一体，自然清幽，犹如乐园，郭沫若曾题诗赞道："此是人工天外天，解衣磅礴坐高轩。层楼重阁疑宫殿，雄辩高谈满四筵。万盏岩茶千盏酒，三时便饭四时鲜。外来旅客咸瞠目，始信中华是乐园。"不是仙境胜似仙境。

4. 岭南饮食讲究食疗，契合道教服饵主张

道教性好服饵，认为服饵可以成仙，《云笈七签》卷一百一十六云："饵服之者，长生神仙。"① 所谓服饵，就是服食药饵，包括茯苓、巨胜、五芝、菊花、苡仁等，道教服食药饵，以求长生，它实际上是一种食疗法。相传赤松子吃百草、彭祖食桂芝、冠先食荔枝花等，均成百岁老翁，传说虽不免牵强附会，但体现服食的功效。岭南人日常饮食，也注重食疗，利用食物来预防和治疗疾病，如岭南人嗜食槟榔，人们相信槟榔可"辟瘴、下气、消食。食久，顷刻不可无之；无则口舌无味，气乃秽浊"，因此"直将空腹傲槟榔"②，"自云交州地温，不食此无以祛其瘴疠"③，嚼槟榔成为广州习俗，"食槟榔唯广州为甚，不以贫富、长幼、男女，自朝至暮，宁不食饭，唯嚼槟榔"④。又岭南人喜食荔枝，皆因"荔枝（支）食之有益于人，《列仙传》有称食其华实为荔支仙者；《本草》亦列其功。葛洪云：'蠲渴补髓'"，甚至"可以消肺气，滋真阴，却老还童"，因而"广人多食荔支"⑤；岭南人喜食蝙蝠，人们相信蝙蝠能延年益寿，"蝙蝠，服之寿万岁"⑥；岭南人喜食蛤蚧，亦因蛤蚧"能治肺疾"⑦。作为一种常用的中药食品，蛇胆也受到岭南人的重用，"蚺蛇出南方。……獠人啖其

---

① 《道藏》第22册，第803页。
② 周去非：《岭外代答》卷六，《食用门·食槟榔》。
③ 刘恂：《岭表录异》卷下，见骆伟等《岭南古代方志辑佚》，广东人民出版社，2002，第211页。
④ 周去非：《岭外代答》卷六，《食用门·食槟榔》。
⑤ 吴应逵：《岭南荔支谱》卷之一，见梁廷枏《南越五主传及其它七种》，广东人民出版社，1982，第75页。
⑥ 《北户录》卷一，《红蝙蝠》。
⑦ 刘恂：《岭表录异》卷下，见骆伟等《岭南古代方志辑佚》，广东人民出版社，2002，第223页。

膏胆，治百病"①，为此，出现了专门养蛇取胆的人家，"普安州有养蛇户，每年五月五日，即担蚺蛇入府，只候取胆。……皆如鸭子大"②，普安州即现今广东省内的普宁县，蚺蛇，即蟒蛇，其蛇胆对小儿肺炎、百日咳、支气管炎、咳嗽痰喘、痰热惊厥、急性风湿性关节炎都有比较明显的疗效③。迄今仍流行于广东客家地区最具特色的岁时节日食品之一的"清明粄"就属药粄一类，当地民谚说："清明时节，百草好做药"。每逢清明节前夕，家家户户都要从野外采集各种供食用的生草药，如艾草、浒麻叶、鸡矢藤、清明菜、荠菜、枸杞叶等，将草药洗净、去梗、煮熟，拌在预先浸透滤干的糯米（加适量大米）中，用碓臼舂成饭团，加入红糖搓匀，制成粄块蒸熟，便是清明粄，清明粄因所用药料不同而各具风味，食而不腻，兼有药用。可见，食疗成为岭南饮食的一大特色，它契合道教服饵主张。

5. 岭南食肆和菜谱，使用道教术语

随着道教在岭南的广泛传播，道教名词也深入民心，岭南人在日常生活诸方面都会用上一些与道教有关的术语，道教名词频繁出现在岭南食肆和菜谱之中。

首先，岭南食肆有使用道教术语的铺号。如岭南第一间体面的广式茶楼叫"三元楼"，"三元"是道教的三个重要节日，道教将上元（正月十五日）、中元（七月十五日）和下元（十月十五日）分别作为天官、地官和水官大帝的生日，认为天官赐福，名号"上元一品赐福紫薇大帝"；地官赦罪，名号"中元二品赦罪清虚大帝"；水官解厄，名号"下元三品解厄洞阴大帝"。岭南"三元楼"始建于清朝光绪年间，位于当时广州市最繁华的商业中心十三行，其取名的原意现已失载，有学者认为三元"隐含'酒家榜首，食肆班头'之意"④。我们认为也不排除隐含"有三元大帝坐镇，保佑生意兴隆，老少平安"之意。又如广州市人民桥南端有"洞天"茶楼，"洞天"之说，出自道书，《稽神枢第一》云："大天之内，有地中之

---

① 《交州记》，见刘纬毅《汉唐方志辑佚》，北京图书馆出版社，1997，第289页。
② 刘恂：《岭表录异》卷下，见骆伟等《岭南古代方志辑佚》，广东人民出版社，2002，第225页。
③ 《全国中草药汇编》上册，人民卫生出版社，1976，第782页。
④ 张磊等：《岭南文化志》，上海人民出版社，1998，第356页。

洞天三十六所。"① 洞天成为道教修炼的理想居所。岭南这间"洞天"茶楼，始创于1915年，是广州市河南地区的一间老字号酒家，茶楼的建筑设计体现"世外桃源，别有洞天"的意境，到洞天茶楼饮茶、吃饭的人，必须登上20多级的台阶方可进入大门，然后朝右边看，有一个天井，如日中天，使人有一种豁然开朗、如入洞天福地的感觉，楼如其名。此外，广州取名"太平"的店铺很多，如"太平"馆、"太平"酒家、"太平"菜馆、"太平"冰室、"太平"餐厅等。"太平"一词在《太平经》中反复出现，多达651次，经卷四十八云："太者，大也；平者，正也。"可见，太平乃是道教的理想追求，岭南"太平"店铺多且广，体现岭南人对太平社会和美好生活的热盼。

其次，岭南菜谱上也有使用道教名词的菜名。"仙"是道教使用最频繁的名词，长生成仙乃是道教的追求。岭南人喜欢将"仙""神仙""仙人"和"长生""长寿"等与道教相关的名词用于食品和菜谱上，如"仙人饭"，是粤东地区一种大众化传统美食，做法是用上少许粤东山区的特产"仙人草"（又称凉粉草）根和少量土碱熬水，过滤去渣，再加入适量的米粉同煮，便可做出原来重量的十几倍饭，犹如仙术般神奇，故得名。食之，清凉、爽口、幽香，既能解饥渴，又能清热驱暑、助消化、降血脂、治糖尿，人皆喜用。《清稗类钞》饮食类也载："广东罗浮山有凉粉草，茎叶秀丽，香犹檀藿，以汁和米粉煮之，为凉粉，名仙人冻。当暑出售，食之沁人心脾。"② 又如"长寿面"，在寿辰宴席上必备，《清稗类钞》饮食类云： "凡寿诞及汤饼筵，宴客必用面，南北皆然，南人至是。"③ 再如青精饭，是罗浮山苏罗村一带瑶族村民喜爱食品，每逢清明节前后和春社，人们纷纷采摘艾叶，捣汁浸糯米，或者采南烛的叶子捣汁，与糯米春成粉末，做成艾叶糍，馈赠亲友，这种食品，据说是创自汉代朱灵芝真人，当年朱真人经常食用，养颜益寿，因此得称"青精先生"。还有"五色饭"，是岭南壮族民间四月初八节日的传统美食，它虽未直接用上仙人命名，但与道教神仙传说有关，相传是日是牛王诞辰，牛

---

① 陶弘景：《真诰》卷十一，《道藏》第20册，第555页。
② 徐珂：《清稗类钞·饮食类·凉粉》。
③ 徐珂：《清稗类钞·饮食类·长寿面》。

王原本是一位天神，它奉玉皇大帝之命，来到人间以草为食，为人耕种，任劳任怨，人们为了感激它，便在其诞辰之日奉上五色饭祭祀牛魂。据说，该饭是用上好糯米和枫叶、黄花、红蓝草、紫番藤叶等五种色彩不同的材料做成，内含丰富的氨基酸和多种微量元素以及维生素，既滋阴补肾，又润肠通便，是强身健体的上品。此外，"八仙盘""仙人鸾""长生粥""神仙粥""百岁羹""白发齐眉""长寿仙翁"等菜名，寓意食用后令人身体康健，长生不老，道教味道十分浓厚，契合道教长生不老，羽化成仙的宗旨。

据上所述，岭南饮食文化具有浓郁的道教风味，体现道教在岭南的地位及其与岭南文化的融合，它一方面使道教文化得到普及和推广，更加接近民间大众；另一方面使岭南饮食文化更加丰富多彩，为世人津津乐道。

六　岭南建筑俗信体现道风

道教强调天人合一、道法自然，主张山属阳刚、水系阴柔，倡导"圆、柔、平、静"，认为能居清静之地，感山中灵气，更容易得到神灵的眷佑，"惟选福德之地，年月吉利、洁净之地，方可修炼。……不得地不可为也"[1]，故道教无论是采药炼丹，抑或是修身养性都讲究山水合一、清幽柔和的环境和建筑。道教这种崇尚自然道风，渗透在岭南建筑俗信上。

（一）岭南建筑材料取法自然

道教主张"道法自然"[2]，岭南建筑多采用未经加工的天然材料，或稍经加工仍保持自然本色的材料建造，展现独特的建筑风貌，体现自然与生态精神。

古代粤中流行以蚝壳垒墙，唐人刘恂《岭表录异》卷上云：（广州）

---

① 吴悮：《丹房须知》，《道藏》第 19 册，第 57 页。
② 《老子》二十五章。

"唯食蚝蛎，垒壳为墙壁。"① 明人王临亨《粤剑篇》载："广城多砌蚝壳为墙垣，园林间用之亦颇雅。"② 明人叶权《游岭南记》也载：

> 广人以蚬壳砌墙，高者丈二三，目巧不用绳，其头外向，鳞鳞可爱，但不隔火。唯富家巨室则用砖。③

图 4-31　蚝壳垒墙
（笔者摄自广州小洲村）

《广东新语》也云：水乡中"居人墙屋，率以蚝壳为之，一望皓然。"④ 可见自古以来蚝壳墙在岭南民间是非常普遍的，如番禺著名祠堂留耕堂的山墙就是蚝壳墙，此风一直延续到清代。现在珠三角的一些古村落中还有一些以蚝壳作墙的屋子，如广州大学城附近的小洲村，清代有五六百间蚝壳作墙的屋子（见图 4-31），现在仍存十几间。

蚝壳是碳酸钙，经过煅烧可以代替石灰使用，蚝壳灰又是粘合力良好的建筑材料，岭南珠三角盛产蚝壳，如清初番禺县的茭塘村多蚝壳，"掘地至二三尺，即得蚝壳，多不可穷"⑤，番禺境内，蚝壳矿"相叠成山，蔓延甚广。承办壳矿，在昔颇盛"⑥，有十二处挖掘蚝壳矿的地址，蚝壳自产自销，就地取材，取法自然。

粤东北客家围龙屋（见图 4-32）也多就地取材。地基用石头砌筑，以灰泥胶结，建成高台基，具防潮作用。墙体是夯土墙，用黄土、沙、石灰（或土壳灰）、稻草、纤维加水作材料拌合而成。外墙是生土墙，先架设木

---

①　见骆伟等《岭南古代方志辑佚》，广东人民出版社，2002，第 194 页。

②　王临亨：《粤剑篇》卷二，《志土风》。

③　叶权：《贤博编》附《游岭南记》。

④　屈大均：《广东新语》卷二三，《介语·蚝》。

⑤　屈大均：《广东新语》卷二三，《介语·蚝》。

⑥　（民国）《番禺县续志》卷十二，《实业·矿业》。

摸，内填土，用夯筑方法将土夯打下去。屋面是用瓦面、木凛条做成的坡顶，铺成阴阳瓦面，铺贴用灰浆，在檐口部位用几块砖压实。所有材料均为就地取材，体现道教的师法自然。

图 4-32　围龙屋

（引自陈泽泓《岭南建筑志》，广东人民出版社，1999，扉页）

（二）岭南建筑洋溢自然气息

道教主张"凡物皆自然而生，则当顺其自然"[1]，认为"背有靠，前有照；左青龙，右白虎；龙抬头，虎低头；负阴抱阳，冲气以为和；明堂如龟盖，南水环抱如弓"的自然环境最有利于蕴藏山水之灵气，是最理想的修道之地。因此，道教宫观多建在依山傍水的山峦之中，依山就势、高低错落，与自然环境融为一体。岭南建筑，无论是民居、食肆，抑或是名园都洋溢着自然气息，体现一种自然观。

广府民居，以"西关大屋"[2]（见图 4-33）最具特色，多是坐北朝南，

---

① 王先谦：《庄子集解·内篇校正·大宗师第六》。

② 按：西关大屋为清末官吏、侨属、豪门富商在广州城西的"西关角"一带兴建的富有岭南特色的传统民居，俗称"古老大屋"。

图4-33　西关大屋
（笔者摄自广州龙津西路）

全部为砖瓦结构，外墙是色彩淡雅的"绿豆青"水磨青砖和白色花岗石墙裙，俗称"青砖石脚"，屋前园后多有亭台石山、花榭水池、彩鸟金鱼、乔木果树之类，供主人观赏憩息，整座大屋有着浓郁的岭南地方建筑特色，显得舒适清静，洋溢着自然气息。

再如食肆，岭南有很多园林食府，包括名牌食肆泮溪、北园、南园等都汇集了浓厚的园林山水景色，它们多修建在秀山丽水之间，楼阁亭轩，石桥花径，错落有致，繁花似锦，垂柳、古榕、平湖浑然一体，自然清新，以景佐餐，平添雅兴，融建筑美、园林美与饮食养生为一体。

广东名园建筑也体现道法自然。可园、余荫山房、梁园和清晖园有清代广东四大名园之称，可园位于东莞，始建于清朝道光三十年（1850），咸丰八年（1858）全部建成。总面积仅2204平方米，外缘呈三角形，绕以青砖围墙。园内有一楼、六阁、五亭、六台、五池、三桥、十九厅、十五间房，其名多以"可"字命名，如可楼、可轩、可堂、可洲等等，取其"可堪游赏"之意，整个建筑是清一色的水磨青砖结构，布局高低错落，处处相连，极富南方特色，是广东园林的珍品。余荫山房位于广州市番禺区南村镇，兴建于同治六年（1867）占地面积约1598平方米，以布局精巧著称，其特点是"藏而不露"。所谓"藏而不露"，主要指余荫山房的选址在一个偏僻之处，隐于小山冈之下，从外面看起来似是一间普通民居，但里面却藏着一个幽深广阔的庭园，整座建筑隐藏在山水树木之中，若隐若现，藏而不露，吻合余荫山房主人邬彬建园归隐乡里的初衷，这和堪舆学强调的建筑物要"藏风聚气"意义相近，堪舆学认为建筑要藏在山水大环境当中，要有山可靠，有水可依，左有"青龙"，右有"白虎"，使居住者能吸收来自环境有益于人类身心健康的"生气"，达到"富贵双全"的目的。余荫山房在没有外景可借的情况下，在庭园内再造山水环境，通过巧妙布局，同样也达到了"藏风聚气"的目的。梁园位于广东省佛山市，于清嘉庆、道光年间（1796～1850）由梁蔼如、梁九章及梁九图叔侄四人陆续建成，它布局精妙，宅第、祠堂与园林浑然一体，岭南式"庭园"空间变化迭出，格调高雅；造园组景不拘一格，追求雅淡自然、如诗如画的田园风韵，富于地方特色的园林建筑式式俱备、轻盈通透；园内果木成荫、繁花似锦，加上曲水回环、松堤柳岸，形成特有的岭南水乡韵味，尤以大小奇石之千姿百态、设置组合之巧妙脱俗而独树一帜，体现天、地、人的融合。清晖园位于广东省顺德区大良镇清晖路，建于清嘉庆年间，全园构筑精巧，布局紧凑，园中有园，景外有景，步移景换，整个园林以尽显岭南庭院雅致古朴的风格而著称。

岭南宫观，多是顺应山林地势，不强调严格贯穿的中轴线，其装饰多用扇、鱼、水仙、蝙蝠、鹿，象征善、裕、仙、福、禄，朴素自然，大体沿用岭南民居的形式，给人以返璞归真、道法自然的感觉，如广州道教祖庭三元宫，位于越秀山南麓，依山而建，坐北向南，殿堂依山势配置，迭级而上，颇有道教"采日月之精华，吸山水之神慧"的感受，整座建筑，依山水形势，自然得体，体现道教"道法自然"的思想，它虽建筑在广州市中心繁华地带，但为了接近自然，体现自然，也千方百计广种树木花草，多修花园假山，既给人以地设天成之感，又不乏巧夺天工之作，使人有如处身大自然之中的感觉，不愧为人海中的丛林、闹市中的洞天。

（三）岭南建筑注重地理风水

风水，亦称为相地术、地理或堪舆学，班固《汉书·敬志》："师古曰：'许慎云堪，天道；舆，地道也'。"就是说仰视天象，俯察地理，道教引之入术而成风水术，讲究"枕山环水面屏、气聚风藏"，用于对居住环境包括阳宅、阴宅即墓地进行选择和处理，以阴阳五行、八卦和太极等为基本理论，定方向，点"龙穴"，避凶趋吉，如《纬略》云：

> 凡宅东低西高，富贵雄豪。前高后下，灭门绝户。后高前下，多牛足马。凡地欲坦平，名曰"梁土"；后高前下，名曰"晋土"，居之并吉。西高东下，名曰"鲁土"，居之富贵，当出贤人。前高后下，名曰"楚

土"，居之凶。四面高，中央下，名曰"卫土"，居之先富后贫。①

　　岭南客家建筑讲究风水有着悠久历史。据吴兰修《南汉纪》卷二称：五代南汉皇帝刘岩于乾亨六年（945），听信风水术士的话，前来程乡梅县松口（即今梅县松口镇）避灾，"汉主用术言，游梅口镇避灾。"② 清代王之正《嘉应州志》也载：

　　（嘉应各县）葬惑于风水之说，有数十年不葬者，葬数年必启视，洗骸，贮以瓦罐……甚且听信堪舆，营谋吉穴。
　　粤俗本尚堪舆，嘉应于风水之说，尤胶执而不通。往往因争一穴之地，小则废时失业，经年累月，大则酿成人命，家破人亡。③

　　据《梅州传奇》一书所载：清乾隆年间，嘉应州知州王者辅在职期间，精通堪舆，曾经在梅州各地勘察风水，可窥当时客家地区风水术之兴盛。一直以来，当地民间流行地理风水谚语说："东方有流水名青龙，西方有大路为白虎，南方有污池名朱雀，北方有丘陵名玄武，四样东西齐备，叫做四神相应，就是好地方。"围龙屋是粤东粤北客家人传统民居，宅址后面，要群山环抱，山势要饱满且平缓，宅址前面宜开阔，近处要有清澈的池塘、江河、山泉，但不能是深潭。围绕屋前，最好有一个水库，曲曲弯弯而去，称作"聚财"。每建住宅，必请地理先生择基定向，择日动土、奠基、安门和上梁。宅地大多取南北座向，有"坐北朝南，有食清闲，坐南朝北，神仙住不得"之说。围龙屋龙厅以下至祖堂以上之形如龟背的斜坡地，称为化胎，俗称"花胎""花头""花梯"，"化胎，龙厅以下，祖堂以上，填其地为斜坡形，意谓地势至此，变化而有胎息"④，民间通常只用鸡蛋大小的鹅卵石铺砌于上，以确保天地阴阳二气能够顺畅交汇，化胎上的鹅卵石喻示子孙，故鹅卵石堆得密密麻麻，以示该屋场风水好，人丁旺。细究起来，

---

① 高似孙：《纬略·宅经》。
② 吴兰修：《南汉纪》卷二，王甫校注，广东高等教育出版社，1993，第30页。
③ 王之正：《嘉应州志》卷一，《舆地部·风俗》，清乾隆十五年（1750）刻本。
④ 《兴宁东门罗氏族谱》卷八，《礼俗·居室》。

"化胎""胎息"二词源自道教，"胎息者，是天地阴阳二气初结精之气"①，"化胎"是国人"地母"崇拜的反映，地母即后土，在道教中列为四御之一，主宰大地，客家民居充分运用道教堪舆学思想将人体与大自然联系起来，将围龙屋建在风水宝地上。

广府人的住家也十分讲究风水。首先，在选址上，为了居家安全，新居必须远离凶地，如医院、殡仪馆、坟场、监狱、庙宇、屠宰场、垃圾场、色情行业等，在迁入新居前要请道士烧"地契"驱邪，墙壁四周要贴灵符，这在广州的市郊较为讲究。另外还要举行"新屋入火"，宴请亲戚朋友到新居，大闹一番以镇邪气。其次，在形制上，广州西关大屋天井多为方形，特别是官厅，轿厅和正厅之间的天井更强调方正，天井和厨房地面的去水孔，常见雕琢成金钱形状，寓意"水为财"；客家大屋天井中间凿有石槽以汇集四面屋顶泻下的雨水，本来是一种排水措施，象征"四面来水"，大屋的后墙一般不开窗，为的是挡住北风和避免视线干扰，以防"散气"和"漏财"，保持风水的连贯性。

粤西徐闻县民间也流行俗语说："后有墩，前有堀，双手捧捧，见水入，不见水出，左青龙，右白虎，长生水流归明堂。"因此，徐闻的住房多坐北向南，前有塘，背靠山，左右略高，取其后有靠山，左右手强，前景开阔之意。湛江地区在造房、升梁时，还请道士诵祝文，如湛江市郊东海岛就流行如下祝文：

> 造房祝文：物生不偶，感天地以栽培；造出富贵，同日月以常明；抱维桢维幹之材，作可栋可梁之选。今△卜吉筑室，室立震坎离兑宫，选择谷旦，祈降福以降祥，栋宇维新，升上金梁。攸跻攸宁，开创百年之基业；苟完苟美，筑成万世之乾坤。允矣三多，大哉三福。
>
> 升梁祝文：惟山有灵，大木挺挺；惟工之度，巨室营营。可梁可栋，维幹维桢。敬用良辰，抬架高升，大造就吉，事观厥成。为宅之镇，千祥尔膺，为宅之主，百福是承；肯堂肯构，乃寝乃兴，子子孙孙，蛰蛰绳绳。②

---

① 张君房：《云笈七签》卷五十八，《胎息根旨要诀》，《道藏》第22册，第404页。
② 刘志文：《广东民俗大观》（上卷），广东旅游出版社，1993，第213～214页。

整个过程由道士主持，祝福完毕后，方才开工。有些地方，房屋落成后仍要进行一种"请油火"，这是一种驱邪、净土仪式。做法是：首先由主人备好五牲发馃冪祭祀土地神，称为谢土，祀毕，请道士（师公）先在新屋内外贴满印育魁罡踢斗图样的灵符。入晚，道士画花脸、戴红巾、着红甲（红背心），穿红裤、系红绸，一手执钢叉，一手持酒瓶上场。后面跟着两个道士仔，一个拿着油锅和火把，另一个提着鞭炮，在堂屋里面，从东到西，从内到外，逐间刺杀，一边放鞭炮，一边喷酒撒盐于油锅内，噼噼啪啪，浓烟四起，一直追赶至村外，将油锅放在河塘或树林中，名曰赶鬼驱煞。

从上述可见，岭南建筑注重地理风水，旨在合理选择屋场，实现"风水宜人，协调共生"的良好愿望。

（四）岭南建筑体现与世无争

道教倡和，认为"不争，故天下莫能与之争"①，"期乎自保，以免篲伐"②。岭南建筑多呈封闭式，或是围龙屋，或是竹筒屋，都体现道教的不与世争理念。

围龙屋是岭南客家民居，有"中国五大民居"之一的称誉，"围龙屋"以"一进三厅二厢一围"为基本结构，其他无论是二围、三围还是多围，都是在这基础上增添扩建而成的，房屋的内部结构是，从晒谷坪（禾坪）到上堂连同左右两厢房间，共同构成一个正方形或长方形，晒谷坪前面有一口半圆形的池塘（龙池），上堂后有一半圆形的围屋，它们与中间的方形或长方形构成一个椭圆形状，从高空俯瞰，其外部形态以外墙的"龙体"和屋顶的"龙脊"共同组成"围龙"形的整体，封闭性很强，方便聚族而居，像广东梅县松口的"源远楼"（又名花园楼）、南口的"南华又庐"和大埔县黄塘乡的"光禄第"等都是此等结构，这些建筑形式有利于内部的协调统一和防御功能，实际上也是客家人寻求封闭独立和防御外界干扰的意识形态的反映，求得身心平安。

特别值得一提的是位于粤东饶平的道韵楼，始建于公元 1477 年，到公元 1587 年竣工，占地有一万多平方米，是中国迄今发现最古老最庞大的八

---

① 《老子》二十二章。
② 王先谦：《庄子集解·内篇校正·人间世第四》。

角土楼，呈深黑色八卦图（见图4-34）。

图 4-34　道韵楼

（引自欧志图等《岭南建筑与民俗》，百花文艺出版社，2003，第10～11页）

　　该楼最大的特点是：第一，象征阴阳之合，道韵楼的八角造型仿八卦的形状而建，楼中每一卦长39米，各有楼间9间，卦与卦之间用巷道隔开，八卦共72间。楼间也仿三爻而设计成三进，一、二进为平房，第三进连接外墙，为三层半楼房，楼墙高11.5米。底层墙厚1.6米，由黄土夯筑而成，墙基仅垫二层青砖，固桷用竹钉，虽历经多次大地震而完好如初。楼中除了各家各户自用的水井外，还特意在楼中的阳埕左右挖两眼公用水井，以象征太极两仪阴阳鱼之鱼眼。八面三进围屋像爻画，埕和屋内的明沟暗涵寓阴阳之合。其他结构多以"八"为倍数，如天窗16个、水井32眼、房72间、梯112架等。该楼还与一般土楼不同，它仿照诸葛八卦阵的从生门入、休门出的原理，特地在大门一侧另开一休门，以让族人从此门出寨。第二，讲究风水命理，据说道韵楼原本设计为圆形土楼，但屡建屡倒，后有高人指点，认为此地是"蟹"地，须用八卦之形才镇得住，于是，建楼的黄氏先祖遂依八卦形状构建，且采取坐南朝北的坐向，借北面的笔架山为文笔。该楼文风向来称盛，楼的八卦中第卦各出过一个举人，共八个举人，秀才就更多了，实属风水宝地。第三，体现人与自然的和谐，道韵楼周围的环境山清水秀，就地取土采石，造价低廉。土墙厚达1.6米，坚固耐久，冬暖夏凉，抗震防潮。围屋中进留出天井，满足通风采光要求。楼门不设在正南，避免海风侵袭，难怪500多年过去依然屹立不倒，体现了人与自然、人与环境和谐相处，堪称节能生态建筑的典范。第四，体现道教的与世无争，道韵楼的主人是异地迁入的客家人，他们对当地土著怀有戒心，加之战火洗炼，对未来又惊又惧，因此，他们在建筑土楼时，明显呈现出客家人特有的"客"居他乡的不安心态，表达历经颠沛流离、自然无常、人心纷争的人们对人生苦痛的化解和对身心平安的冀求，暗合阴阳和美，体现道教与世无争的理念。

图4-35　竹筒屋（笔者摄）

竹筒屋，流行于岭南广府地区、珠江三角洲、西江流域以及汕头、湛江、海口市等地民居，因其门面窄而小，纵深狭长，形似竹筒而得名（见图4-35），竹筒屋通常分为前、中、后三部分。前部为大门和门头厅；中部为大厅，内设神楼，大厅为单层，较高，厅后为房；后部为房和厨房、厕所。三部分以天井隔开，以廊道联系。门口有三重大门，外面为角门、中间是趟栊，里面是对开的厚硬木门，具有采光、通风、保安的功能，自成一体，既具有南国市井风情，也体现道教自保和不争的理念。

第五章
岭南俗信与道教互动的作用与影响

一 积极作用

(一) 增强族属认同感

1. 通过俗信活动,强化族属认同感与凝聚力

在传统节庆或各种神诞庙会中,岭南民众拜祀共同的保护神,如同一宗族的祖先,同一行业的祖师,同一村社的土地神,同为水乡的水神诞会,同为商业社会的财神崇拜,甚而同为中国的道教尊神。这些众多神灵的集体膜拜信仰,在节庆中达到了高潮,表现出了与别地不同的特性,岭南许多道教宫观、庙宇成为人们聚集的地方。《粤中见闻》云:

> 粤中世家望族大、小宗祖祢,皆有祠。代为堂构,以壮丽相高,其曰大宗祠者,始祖之庙也……世世守之,此吾粤之古道也。[1]

---

[1]　范端昂:《粤中见闻》卷五,《地部二·祖祠》。

屈大均《广东新语》也云："每千人之族，祠数十所，小姓单家，族人不满百者，亦有祠数所。"① 甚而有谚云"顺德祠堂南海庙"，可见祖祠之多、分布之广，影响之大。

岭南各地的神祠均为历代官方、绅士出资兴建，并在固定日子举行特定官方祭祀仪式，如清雍正十三年（1735）敕建的广州风神庙，"每岁春秋仲月上巳日致祭"②。天后宫"在在皆有"③，清康熙五十九年（1720）重修的广州天后宫，"每岁春秋仲月癸日致祭"④，高要圣妃顺济庙，"在城东擢英坊，宋太守朱显之建"⑤，广东吴川县黄坡墟兴隆街的天后宫明朝时由"李、郑、黄、吴十甲倡建"⑥，这些官方、绅士修建的庙宇、祠堂与民间信仰相结合的习俗，道教均予以接纳，并积极渗透，注入道教的教理教义和参仙通神科仪，如番禺祠堂建筑装饰中，有大量图案是有道教意蕴的，如"群仙祝寿图""麒麟送子""榴开百子""松鹤延年""百子千孙图""五福拜寿"等等，反映道教的长生不老追求，整个民间信仰空间弥漫着一股浓郁的道教色彩，如有学者指出："由于道教追求长生不死，得道成仙的信仰宗旨，对各阶层人士都具有很大的吸引力。"⑦ 还有，潮汕等地的游神赛会，在游神祭祀的过程中，把族群凝聚起来，形成了一致信仰，如有学者指出的：作为游神活动的"仪式行为年复一年地在村落里出现，似乎是一次次地在提醒着村民们：他们是生死与共的，他们不仅同属一个村落组织的领导，同时还同属一个保护神庇佑和监管"⑧。人们通过节庆活动，团聚守岁，孝敬长辈，共拜祖先神明，加强亲族关系、调节人际关系，从而强化了岭南人族属认同感与凝聚力。

2. 通过俗信活动，整合社区民众集体意识与和睦乡邻

岭南众多俗信活动，大都有民间各种酬神活动和民间游艺等，尤其是

---

① 屈大均：《广东新语》卷十七，《宫语·祖祠》。

② 仇巨川：《羊城古钞》卷三，《祠坛·风神庙》。

③ 仇巨川：《羊城古钞》卷三，《祠坛·天后宫》。

④ 仇巨川：《羊城古钞》卷三，《祠坛·天后宫》。

⑤ 陈梦雷：《古今图书集成·方舆汇编职方典》第一千三百九十五卷，《肇庆府部汇考八·肇庆府祠庙考之一》，上海图书集成铅板印书局，清光绪十年（1884）铅印本。

⑥ （光绪）《吴川县志》卷三，《建置·坛庙》。

⑦ 司徒尚纪：《广东文化地理》，广东人民出版社，1993，第285页。

⑧ 顾希佳：《社会民俗学》，黑龙江人民出版社，2003，第115页。

节庆时的游神赛会。平日拜神，各家各户多分散进行，神诞节庆期间的游神赛会则集中进行。如流行于岭南潮阳、普宁、惠来、陆丰、揭阳、汕头等地的游神赛会，《潮州风俗考》称："迎神赛会，一年且居其半，梨园婆娑，无日无之，放灯结彩，火树银花，举国喧阗，昼夜无间也。"[①] 人们将诸神从庙中请出，安在神轿里，由壮汉抬着，集中或分批沿当地的街巷村道出游，接受众人的恭迎祀拜，游神成为一种集体活动，内容较多，时间较长，意在驱除邪煞，保合境平安。赛会是为游神服务的，也是为人群本身服务的，即所谓娱神娱人。游神赛会的内容主要有二：其一，摆社，即在神庙前或空旷地方另搭场棚，安神偶于上方，各社各户在神偶前设置香案桌几，陈列精致祭品、特产以及家藏各种珍奇古董字画、盆景、花灯、灯谜棚、工艺品等等，倾尽所有，各展其长，形成一处竞赛场面，就如社区博览会。其二，游艺，更是一种竞赛，除各社区村落竞聘名班剧团前来演出外，由社区村落自组的大锣鼓队、乐队、舞狮队、歌舞队、旗标队、花灯队等，各自组合，随游神队伍出游，形成了游艺队伍的大比赛。赛会的这两项内容，是一地物品、人才、技艺的大比拼，这些活动均为民间自行集体集资组织，集体参与庆祝，期间会亲友、谈丰收、游神行乐，是最大的乐趣。大凡举行赛会活动时，外出的人士总被邀请回来，无论做多大的高官或是拥有巨额的富商，回到家乡，都是乡亲，亲如一家。这种大团聚、大联欢活动，整合社区民众集体意识。还有，在每处神庙前都有搭桌摆上供游人解渴饮用的茶水和甜品，相识或不相识的人见了面都会互相问好、互道祝福，人与人之间的关系因共同的游神娱乐而显得更加亲密和睦，人们沉浸在娱神娱人之中，这些都可起到调适社会生活，整合社群以及社会集体意识，和睦乡邻的功用。

3. 通过俗信活动，强化共同信仰与提高民族自信心

美国政治学家亨廷顿说过："宗教甚至高于民族，它尖锐地并且毫无例外地区分着人群。"[②] 道教与岭南俗信相融合，使道教信仰在年复一年的节庆高潮中深入岭南民心，在非常时期曾一度成为团结民众一致对外的旗帜，显示了道教作为我国民族宗教的意义，如近代史上发生的广州三元里人民

---

① 蓝鼎元：《潮州风俗考》，载蓝鼎元《蓝鼎元论潮义集》，海天出版社，1993，第86页。
② S. P. 亨廷顿：《文明的冲突》，郑开译，《宗教与世界》1995年第11期，第22页。

抗英斗争就是一个典型例子，三元里村有个三元古庙，庙名因遵循道教以天、地、水为"三元"而得，是"祀奉北帝的道教小庙，建于清初顺治年间"①，也是当地人求道消灾、集会议事的场所。北帝是驱邪降妖的道教神，由于长期受北帝信仰的熏陶，三元里人们养成了不容恶势力的性格。三元古庙有两种道教用旗——三星旗和七星旗②（见图5-1），尤七星旗多见和多用。

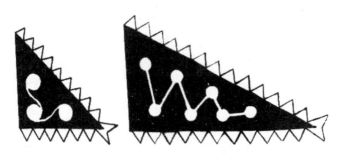

图 5-1　三星旗和七星旗

（引自广东省文史研究馆《三元里人民抗英斗争史料》，中华书局，1978，第425页）

七星旗古称七星皂旗，相传是玉皇大帝授给北帝的旗帜，七星的说法有三：一是二十八宿的北方七宿，即斗、牛、女、虚、危、室和壁七星座；二是日、月加金、木、水、火、土五星合为七星；三是北斗七星。七星旗始见于明末清初的道教工笔画《真武灵应图册》③，通常由站在北帝右前方的"北方黑精风轮荡周元帅"所持。广州三元里村民对道教三星旗和七星旗非常熟悉，"世代三元里村民，在平日的宗教与非宗教活动中，熟悉了七星旗和三星旗，而举旗为号，结队巡游的活动在日常生活中是自然的、不可缺少的"④，集体活动常常就是在道教旗帜的统一下进行的。由于道教三星旗和七星旗帜在三元里人们心目中具有强大神力，因而当1841年5月英军进犯三元里时，这些道教旗帜就成为团结民众起来抗争的令旗。战前，

---

① 苏乾：《三元里平英团旧址》，文物出版社，1987，第1页。
② 广东文史研究馆：《三元里人民抗英斗争史料》，中华书局，1978，第425页。
③ 图册现珍藏于佛山祖庙。
④ 广东文史研究馆：《三元里人民抗英斗争史料》，中华书局，1978，第170页。

人们在三元古庙前集会，将三星旗和七星旗作为指挥旗，对旗宣誓："旗进人进，旗退人退，打死无怨。"① 战时，"丝织工人（时俗称机房仔）从仙师庙出队，他们举着七星旗"②，到处是"七星旗扬扬"③，当时身处广州的张维屏在其叙事诗《三元里》中也说道"适有持神庙七星旗者"④ 参加了抗英战斗。正是在道教三星旗的指挥下，近代中国人民第一次大规模的反侵略斗争——三元里抗英斗争取得胜利。无论三星旗还是七星旗，都体现了道教旗帜在当时广州三元里民众中起到了加强民族自信心和团结抗敌的作用。今天北京博物馆保存了一面三元古庙的三星旗，这是中国人民积极团结反侵略的见证。广东佛山祖庙是祀奉北帝的祖庙，光绪二十五年（1899）祖庙进行大规模维修，加入了大量的木雕品，其中包括两个以反侵略为题材的浮雕神台、彩门。神台雕刻着"李元霸伏龙驹"传说，刻了五个或屈膝仰视或手脚朝天的洋人；浮雕彩门雕刻的是"赵美容伏飞熊"故事，也刻了一个跪着的洋人，"所雕刻的几个洋人都是夷服高冠，代表英帝国主义侵略者，龙驹就是红鬃烈马，红鬃影射红毛，当时民间称英国侵略者为红毛鬼"⑤，在艺术作品中刻画侵略者的丑态，强化了共同信仰，提高了民族自信。

在岭南俗信节庆活动中，也有使用道教七星旗和三星旗作为号令旗的，如每年的端午龙舟竞渡，通常插上七星旗在船头上翻卷飞扬，据20世纪50年代三元里老人口述史⑥载：三元古庙一直用七星旗迎神和赛龙舟。三星旗多用于习武打仗，因为旗较小，使用方便，且三颗大星醒目耀眼，通常供在北帝神像的神案之上。及今，岭南一些民间武官仍在沿用三星旗，起到震慑和凝聚作用。

总之，在一个族属共同体内部，俗信也是文化认同的主要象征，也往

---

① 广东文史研究馆：《三元里人民抗英斗争史料》，中华书局，1978，第424页。
② 广东文史研究馆：《三元里人民抗英斗争史料》，中华书局，1978，第165页。
③ 广东文史研究馆：《三元里人民抗英斗争史料》，中华书局，1978，第170页。
④ 张维屏：《三元里》，载黄刚选注《张维屏诗文选》，华东师范大学出版社，1992，第149~150页。
⑤ 徐浩：《清末民初的佛山木雕业》，中国人民政治协商会议广东省委员会文史资料研究委员会编《广东文史资料》第十五辑，清华印刷厂，1964，第181~182页。
⑥ 广东文史研究馆：《三元里人民抗英斗争史料》，中华书局，1978，第423~425页。

往成为其他民族认识该民族的主要符号。岭南清明、重阳等祭祖俗信，加强了宗族集体意识；独具特色的各类水神诞会，展现了岭南水乡海滨地方民系的特色，增强了岭南人族属认同感和凝聚力。

（二）传承优秀传统文化

1. 传承道教文化精粹

道教是中国传统文化的重要组成部分，其内涵丰富，在形成与传播发展过程中，不断吸收各学科的优秀成果充实自身的体系，不断在民间传播并以各种形式流传下来，从而使这些优秀的文化成果并没有随着道教的衰微而消失，在各个时期自觉不自觉地继续发挥其积极影响。深含道味的岭南俗信就是岭南俗信与道教互动产生的岭南传统文化遗产，其中包含了很多优秀的思想文化成果。

（1）有容乃大思想。

《老子》云："知常容，容乃公。"[①]"容"即宽容，"公"即公平，表达一种宽容、和解的气度。《老子》又说："道生一，一生二，二生三，三生万物。万物负阴而抱阳，冲气以为和。"[②]"和"也是一种气，由万物交合而成的一团"和气"。《老子》还说："上善若水。水善利万物而不争。"[③]"不争""无欲"，顺应自然。可见，道教充斥着"容""公""和""不争"的理念与和谐宽容思想。道教的这一有容乃大思想，深深融入岭南俗信之中，在岭南民间尊奉的神灵中，既有本地神，如罗浮山上的黄野人，也有"外江佬"，如方士安期生是山东琅玡人，神仙太守鲍靓是山西上党人，其女鲍姑，是一位心地善良的神医，至今被供奉在香客盈门的广州三元宫中，医药学家及神仙道教的创始人葛洪是江苏句容人，被岭南人奉为尊神，供奉在岭南罗浮山等地，甚至有"番鬼佬"，如南海神祝融与波罗国船队的落伍者达奚司空均被奉为神明，一起供奉在南海神庙中，"达奚司空原是达摩弟子，后来化为海神"[④]，马可·波罗塑像立于佛寺五百罗汉之中，他们有的

---

① 《老子》十六章。
② 《老子》四十二章。
③ 《老子》八章。
④ 王荣国：《明清时代的海神信仰与经济社会》，厦门大学博士学位论文，2001，第56页。

是道徒，有的是儒家，甚至是释家，在岭南与民间信仰融为一体，形成庞大的神灵队伍，据民国《佛山忠义乡志》记载：佛山一地就有大小神庙170所，所祀神明达五六十种。[①] 有天神、人神和冥神等等，其中有的是道教神明，有的是宗族神，有的是祖师神、有的是自然神，还有的是佛祖观音。经过历代的熏陶，岭南俗信更具包容性，如今广州三元宫，在鲍姑殿的北端，有一"观音宝殿"；广州黄大仙祠，祠内头进大殿为道教世界，供奉着黄大仙、吕祖等仙人，然第二进殿却是佛教天地，供奉的是观音、如来、文殊，还有孔圣殿等，后花园有一雕花石柱，刻有"宝筏合儒教释教道教教勉而修真"的字样，见证了黄大仙祠儒、释、道三教合一，也体现了岭南道教有容乃大和谐宽容思想。

（2）重生养生思想。

道教主张重生、贵生、乐生，追求长生，最高理想就是不死成仙，使形体和精神都达到长生不死，其基本信仰之一就是修道以成仙。刘熙《释名·释道》说"老而不死曰仙"，道教的终极目的就是成仙，修道之人如隐士、道士，在宗教实践上以长生不老为目标，民间也有长寿即道行的说法。抱朴子认为"生可惜也，死可畏也"[②]，因为"人在世间，日失一日，如牵牛羊以诣屠居，每进一步，而去死转近。此譬虽丑，而实理也"[③]，因而道教认为，畏死乐生是人的共性，"道设生以赏善，设死以威恶。死是人之所谓也，仙王士与俗人同知畏死乐生，但所行异耳"[④]，就是说，无论仙人还是俗人，同样是畏死的。岭南俗信中很大程度上体现了道教这一信仰，对各种神祇的顶礼膜拜，对道教禳鬼避灾的众多符法的痴迷与践行，对节庆吉祥物的深信不疑，都体现了道教重生乐生的思想；而道教中的养生思想也早为岭南人所吸收，如岭南饮食文化中讲究选料、火候、营养搭配、色味兼具，在节庆时连菜名都需要别出心裁地有吉祥意，体现了道教"乐生而恶死，悉皆饮食以养其体"[⑤] 的养生思想。这些都集中反映了岭南人在节

---

① （民国）《佛山忠义乡志》卷八，《祠祀二·群庙》。
② 葛洪：《抱朴子内篇·地真》。
③ 葛洪：《抱朴子内篇·勤求》。
④ 饶宗颐：《老子想尔注校证》，上海古籍出版社，1991，第25页。
⑤ 王明：《太平经合校》，中华书局，1960，第393页。

庆中从物质享受到精神感受吸取了道教重生养生的思想。如今，在大都市的生活压力下，有效地发挥道教的养生思想更具有现实意义。

（3）祀祖敬宗思想。

道教有祭祀先人的传统，并有相应的神诞节庆，与民间祀祖敬宗之风相呼应。如所有教派都敬祀被封为教祖的老子，全真派祀邱祖，而正一派尊奉教门张氏为天师，岭南道教祀吕祖、关公、鲍姑、黄大仙、葛仙翁等。岭南民间有"顺德祠堂南海庙"之说，对祖先的神灵进行祭祀与对各种神灵进行膜拜并行不悖，共同组成了岭南丰富多彩的民间信仰习俗，"粤中世家望族大、小宗祢，皆有祠。……世世守之，此吾粤之古道也"①，如龙母，广东人称之为阿嫲（奶奶），每年农历五月初八（正诞）和八月十五（飞升日），人们都要贺诞，俗称"探阿嫲"（探望奶奶），龙母庙全省大大小小不下300座，遍布珠三角，数西江为最。又如盘古，粤北连南瑶胞在十月十六日，粤中花县狮岭在八月十二为盘古诞，都有祭拜始祖盘古活动。再如对三山国王，粤东广大地区，乃至台湾、东南亚各地都有祭祀活动，信众皆称自己为沐恩弟子，以河婆人自居，每到国王诞辰，广大信众就组织举办盛大的祭祀活动或庙会，在某种意义上，三山国王具有祖先崇拜的性质，通过奉祀三山国王，不仅能唤起乡土观念意识，而且表现出文化的传承与延续，以及尊本崇源的思想。如今，每遇到乡里乡外有不必要的纷争械斗，旁人便会劝说："你们何必争执呢？大家同是拜大庙爷的一家人"②，双方听后立马火气全消，握手言和，重归于好。每年清明节、重阳节以及冬至日的祭祖之风更体现了对祖宗神灵祭祀与对各种神灵膜拜并行不悖。通过节庆传统的潜移默化，使尊老养老的思想深入民心，成为本地区的优良传统。

（4）行善积德思想。

道教倡导尊道贵德，认为修道必先修德，行善积德是长生成仙的基础，"为道者当先立功德"③，"欲求长生者，必欲积善立功，慈心于物，恕己及

---

① 范端昂：《粤中见闻》卷五，《地部二·祖祠》。
② 〔马来西亚〕张肯堂：《霖田古庙与河婆文化》，载贝闻喜、杨方笙《三山国王丛谈》，国际文化出版公司，1999，第 97～117 页。
③ 葛洪：《抱朴子内篇·对俗》。

人，仁逮昆虫，乐人之吉，愍人之苦，赒人之急，救人之穷"①，道教的这一主张，在岭南俗信中多有体现。岭南民间庙宇供奉的神灵，有的是民族英雄，如关帝庙供奉的关帝；有的是忠孝仁义，如天后宫供奉的天后妈祖、龙母庙供奉的龙母；有的是施财舍药救生灵，如三元宫供奉的鲍靓、鲍姑、葛洪；有的是除霸安良、惩恶扬善，如纯阳观供奉的吕洞宾；有的则是勤于修炼而成"神仙"的，如黄大仙祠供奉的黄大仙，有的是周穷救急的"地仙"，如罗浮山冲虚观供奉的黄野人。这些人物及其业绩，恰好是道教所提倡和宏扬的善德思想，道教就是要用这些事例和行为告谕、教化、感化世人，规劝人们，使人们都行善积德，使其热爱生活，珍惜生命，热爱祖国，自觉维护中华民族的传统文化和伦理道德，多做好事善事。在岭南，有关道德风尚的谚语极为流行，用作教化大众，如："善事多做，恶事莫为"，"一毫之善，不要放过，一毫之恶，劝人莫做"，"为善多福，为恶多祸"，这既是道教倡行的教义教规，也是岭南人最为崇尚的道德要求。多年来，广州人养成了"羊"般的善良、温和和热情性格，笔者曾在广州作了一个调查，问广州人"人之初性本善，还是性本恶"时，超过70%的广州人认为是"性本善"，这说明了广州人更愿意从好的方面去理解人性，显示了广州人具有更大的包容心与善良的本性，如碰到问路的外地人，广州人会很热心地为其导路；在街上碰到乞讨的，广州人也会把自己口袋里的零钱送给他们，虽然不多，却表现了广州人乐善好施的悯人之心。当今，岭南各地都有慈善会、慈善杂志、慈善医院、捐赠（助）站等等。这些慈善机构开展了大量扶贫、赈灾、助学、赠医施药等慈善活动，显示了岭南慈善事业的发达，展示了岭南人乐善好施、乐于奉献，人人为我，我为人人的高尚精神。

2. 传承岭南民间文化艺术

道教与岭南俗信的结合，一方面传承了中华民族优秀思想传统；另一方面以祭祀各种道教神灵的庙会节庆，为各种岭南民间艺术提供了舞台，平常并不露面的民间艺术竞相登台表演，有利于保存岭南民间非物质文化遗产。如流行于岭南民间的各种色相，包括番禺紫坭春色、沙湾飘色、市桥水色；佛山秋色、灯色，增城麻车火狗（火色），新造鳌鱼舞，还有龙舟

---

① 葛洪：《抱朴子内篇·微旨》。

竞技，舞龙舞狮等，这些民间艺术借着节庆而大放异彩，展示了岭南民间艺术的魅力，如龙舞，岭南人称为舞龙，据统计全国有龙舞72种，岭南广东就占了36种，表明古代岭南是群龙聚首的王国，百越族人作为龙的传人，以龙为图腾起舞，后又与原始宗教、巫术和娱乐交织在一起，形成了有别于北方的岭南舞龙，常见的有布龙、彩龙和木龙，还有广州的榕叶龙、中山的醉龙、新会的纱龙、四会的蕉叶龙、罗定的香火龙、丰顺的火龙、江门的金龙、大埔的乌龙、梅州的板凳龙和湛江的忍龙等等，各地舞姿各异，造型奇特，风格不一，每种龙舞，都在演绎一个美丽的神话故事，表达一种驱灾除祸的主题，舞龙艺术不但得到展示，而且得以传承。又如，粤北的舞春牛，是粤北山人的一种春祭活动，每年开耕前都要对耕牛进行抚慰，边摸边唱："摸摸牛头摸牛尾，农家耕作全靠你。"表达对神牛的一种崇拜，好像"昔葛天氏之乐，三人操牛尾，投足以歌八阕"①，古老的舞蹈，在民间艺术中再现。另外，通过节庆民俗艺术比赛，促进了工农业产品的质量和产量的提高，特别是手工艺业、农副产品业的提高，促进了文化艺术的提高、发展与交流，培训出了各方面的技艺人才；人人参与，集体活动，也培养了人们的集体观念和意识。随着社会的发展，民间艺术日益流失的现象被人们所重视，而保护传统节庆文化与民间艺术结合起来，以节庆形式欢乐传接，让更多的人参与传承与保护这些优秀文化遗产的工作中来，将使这项工作事半功倍。

（三）保存岭南物质文化遗产

岭南俗信使得岭南保存了一批物质文化遗产，包括宫观建筑、器物、字画、碑刻等。

1. 道教宫观遗产

岭南道教有1700多年的历史，历年来修建和重修了一批又一批宫观庙宇，其中部分宫观建筑保存至今，成为宝贵的宫观建筑遗产。如三元宫经过清代多次重修后成为一座宏伟的殿阁式建筑，现保存下来的有头门灵官殿、斋堂、钵堂、三元殿、鲍姑殿、祖堂、吕祖殿、太上殿、玉皇殿、

---

① 《吕氏春秋·古乐》。

客堂等。纯阳观更是面积广阔、各种宫观建筑数量多，有头门、纯阳殿、巡廊、崔清献祠、南雪祠、松枝仙馆、朝斗台等各种建筑，纯阳殿由拱蓬、拜亭、步云庭、灵官殿、客厅库房、楼阁等组成，其中朝斗台是清代岭南最完整的天文台，为阮元修《广东通志》做出过重大贡献。清代佛山祖庙在前代的基础上又多次重修，加楼增殿，融进大量灰雕、砖雕、木雕等工艺，形成了规模宏大、建筑精美的建筑群，成为岭南建筑的典型，这些精美建筑保存至今。其他如天后宫、南海神庙、黄大仙祠、五仙观、城隍庙、北帝庙、仁威庙、三元古庙、盘古神庙、冲虚观、黄龙观、酥醪观、元妙观、洞真观、潘仙观、庆云观、赞化宫、玉龙宫、玉清宫、紫竹观、玉蟾宫等，都有着深厚的历史底蕴，成为现今岭南重要宫观建筑遗产，有的甚至是国家、省市级重点文物保护单位，具有重要的历史价值和研究价值。

2. 道教文物遗产

除了外在的宫观建筑体，道教还有很多其他的文物遗产，如字画、雕刻、碑铭、器具等得以保存。

字画遗产。如纯阳观不仅是清代广州道教活动场所，还是当时文人士绅聚会之地，光绪二年（1876）起，画家居廉、居巢长期居住在纯阳观内搞创作，而李明彻道士本人也是工于书画，文人墨客往来也留下了较多的墨宝，创作了许多优秀作品，他们的部分画作至今保存在纯阳观。两广总督阮元题的"汉议郎杨子南雪祠"隶书横额、富商潘仕成题的纯阳观篆书石额和"灵山松径古，道岸石门高"石刻联书法至今可见。三元宫作为广州最有影响力的道教宫观，其保留下来的画作也有不少，如"刘世安探花字四幅，康有为中堂字一幅，居廉牡丹一幅，沈锦春大中堂竹一幅，竹禅大横披石竹一幅"[①]。修元精舍则保存了一批清代的道教神祇壁画，"本舍壁画有八仙十六幅、共二套；十王殿画十九幅，三清神像六幅；该十王画十幅，有近百年时代"[②]。粤东海丰虎山凤翔观，有二副楹联，其一曰："凤栖虎山，演道德灵源，资（滋）生万物；翔舞龙殿，开清虚妙境，指点群机。"其二云："仰龙聚凤翔，岂逊瀛洲众仙岛；察奇

---

① 《三元宫纯阳观修元精舍史料》，广州宗教处档案，1953 年第 3 号。
② 《三元宫纯阳观修元精舍史料》，广州宗教处档案，1953 年第 3 号。

观福地，是真海邑大名山。"① 道出了虎山名胜和凤翔观中间的奥妙。当今罗浮山冲虚观门额匾"冲虚古观"，乃清代两广总督瑞麟所书，葛仙祠内有两幅清代楹联："神仙忠孝有完人，抱朴存真，功侔雨地参天，不尽衣裾成蝶化；道术儒修无二致，丸泥济世，泽衍药池丹灶，可徒衣履认凫踪。"在讲述葛洪"遗衣花蝶"和鲍靓"履化双燕"故事同时，也高度赞扬了他俩儒道兼修，治病救世的功绩。酥醪观正殿左侧的浮山第一楼，门联"小楼容我静，大地任人忙"为清嘉庆年间大司马杨应琚所题，反映了出家人弃世修行的普遍心态。在其他宫观庙宇中还有官僚士绅文人的题字对联和赠送的书画等，能保留至今的都已经成为岭南宝贵的物质文化遗产。

碑刻遗产。岭南道教的碑刻也是一大物质遗产，其中以广州纯阳观的碑数量较多，保存下来的有《鼎建纯阳观碑》《鼎建祖堂碑记》《鼎建纯阳观捐款人名碑》《宪谕置产业立明永远供奉碑记》《漱珠岗纯阳观开山祖李青来师显灵石》《创建华佗祠碑记》《倡建张王爷庙碑记》《重修漱珠岗纯阳观碑记》等十一块②。南海神庙更是保留了自唐以来的数十块御敕碑刻，文物价值弥足珍贵。罗浮山酥醪观内廊壁上也"镶嵌着五块碑刻，为清代和民国之文物"③，成为研究酥醪观历史沿革佐证的重要文物。

雕刻艺术品遗产。雕刻是雕、刻、塑三种工艺的合称，岭南雕刻历史悠久、技艺精湛，尤其宫观建筑雕刻更具地方气息。如清末佛山祖庙大修时加入了大量具有高度艺术性和欣赏性的木雕艺术品，主要是高层镂空浮雕的神案、彩门等，黄老应、黄秋涛兄弟设计制作的神台和彩门刻画了侵略者的恶性，除具艺术性外，还具思想性和时代性，是体现反侵略主题的重要物质遗产。另外，祖庙在大修时还增加了很多灰雕、砖雕等雕刻，所有这些雕刻品都成了当今宝贵的文物遗产，受到政府保护。粤东汕尾市甲子玉清宫山门前，有老君石雕像，左侧有石灵龟，右侧有石赤蛇玄武，面朝殿前，展现出大自然的造化和奇异。粤东揭西三山国王庙屋顶脊上有嵌瓷装饰，石雕、木雕、神像雕塑、庙门和横梁等处的彩色漆画，极富潮汕

---

① 黄英钦等：《汕尾市宗教寺观堂点概况》，中国楹联出版社，2010，第96页。
② 广州市宗教志编纂委员会：《广州宗教志资料汇编》第二册，《道教》，1995年内部刊行，第32页。
③ 赖保荣：《罗浮道教史略》，花城出版社，2010，第107页。

地方特色。罗浮山黄龙观西华道院左侧数十米，有一明代石刻，方广丈余，乃万历丁丑年（1577）冬，石洞居士叶春及撰，瀚海朱完书刻，题为《逃暗记》，全文118个字，记述了叶居士为官、避难等经历，这是罗浮山现存年代最久，字数最多，保存最好的摩崖石刻，是难得的史实资料和书法、雕刻艺术珍品。另外，黄龙观妙莲池北侧横壁上，有二十四孝图浮雕，泥塑彩雕，色彩鲜艳，形象生动，弘扬了中华民族的"百行孝为先"的传统美德，有利于当今"尊老爱幼"社会公德氛围的营造。

器具遗产。岭南道教宫观祠庙众多，道士日常用器具也较多，但器具可活动性强，容易遗失，且年月历经久远，保留下来的清代道教器具数量不多，据《广州宗教志资料汇编》载三元宫保存有尚可喜送的大钟一个；纯阳观保存有铁钟三个、铁化宝炉三个、石船形香炉一个；修元精舍保存有大木鱼磬一面、大铁钟一个①。又据《汕尾市宗教寺观堂点概况》记载：粤东汕尾大峰山紫竹观保存有明成化元年（1465）的陶瓷花瓶两个，宣统二年（1910）和民国二十三年（1934）的汉白玉石香炉各一个，道教经书一批②。粤东陆丰潭西浑成观保存"神像、花瓶、符印、宝剑、牒印、石香炉、石脚桶、木鱼等文物，其中有不少是镇观之宝"③，均为重点保护文物，是岭南难得的物质文化遗产。

（四）刺激岭南社会经济发展

岭南俗信活动中的道教法事、祀神活动需要用到香、纸、祭品、爆竹等众多祀神用品，各个庙观长年累月进行道教活动，大量消耗祀神物品，祀神物品行业只有不断生产才能满足需求，从而促进这些行业经济繁荣。

1. 道教传统节庆促进社会消费

岭南俗信与道教有关的传统节庆内容甚多，有洒扫庭除、去旧换新、答谢神恩、团聚守岁、祭拜祖先、奉敬长辈、爱护幼小、敦亲睦邻等等，这些节庆习俗活动，需要大量的食品、衣饰、礼物、用品和交通运输工具，

① 广州市宗教志编纂委员会：《广州宗教志资料汇编》第二册，《道教》，1995 年内部刊行，第 14、32、55 页。
② 黄英钦等：《汕尾市宗教寺观堂点概况》，中国楹联出版社，2010，第 91 页。
③ 黄英钦等：《汕尾市宗教寺观堂点概况》，中国楹联出版社，2010，第 109 页。

无论城乡团体与个人都需要筹集一批物资和货币以供应用，这就是节庆经济，工农业生产行业，早就生产各方面产品，商业交通部门的商贩，早就进行着商品的采集和运输，各方市场都十分繁忙。如在游神期间，举行祭祀典礼所用的祭品、鞭炮、法器等物品，均需要购置，而且隆重的活动会吸引观光人群，带来群体效应消费，这便是游神附带的娱乐消费功能。尤其是改革开放以来，外出商贸和打工的人大量增加，利用道教传统节庆期间回乡探亲和旅游人员大量增加，礼尚往来，互通有无，每家每户都要消费，岭南道教传统节庆在促进经济方面的功能是显而易见的。

2. 道教庙会节庆促进商贸发展

道教庙观既是信仰的中心，也是商业活动的场所，"商贾媚神以希利，迎赛无虚日"①，明清以来岭南各种道教庙观一般都有信众集中上香拜神时间，每月初一和十五、道教神仙诞辰和各种道教节日，络绎不断的信众是不可小觑的消费群体，他们成了促进商业经济繁荣的最主要因素。南海神庙波罗诞、黄大仙宝诞、三元宫上中下元三诞、纯阳观吕祖诞、祖庙北帝诞等都是明清以降岭南道教重要的节庆、庙会，在各庙会期间，一般会进行大型的祭神仪式、搭棚演戏，吸引力极强，以致人群会聚，如南海神庙庙会，"至十三日，海神诞期，谒神者……络绎，庙门填塞，不能入庙"②。道教节日庙会可谓万人空巷，是庞大消费市场，商家抓住这些时机进行商品贸易活动，销售祀神物品的当然少不了，而各种百货也应有尽有，从清人描写波罗诞景象便可略见一斑："庙前搭篷作铺店。凡省会、佛山之所有日用器物玩好，闺阁之饰，儿童之乐，万货荟萃，陈列炫售，照耀人目……百货聚集庙门，寺里则摆卖字画，洞碑古帖，虫鱼卉木，铺张尽致。"③ 各种商贩在庙会中坐收可观利润，如有学者指出："庙会中进行的商品贸易活动，其实是地方每年一次的经济交易会……它促进了地方经济的繁荣和商品流通的实现，是庙会所具有的特殊功能。"④

---

① （乾隆）《佛山忠义乡志》卷三，《乡事志·诸庙》。

② 崔弼：《波罗外纪》卷二，《庙境》，光绪八年（1882）崔氏补刊本。

③ 崔弼：《波罗外纪》卷二，《庙境》，光绪八年（1882）崔氏补刊本。

④ 冼剑民等：《南海神庙与海神崇拜》，载赵春晨《岭南宗教历史文化研究》，天津古籍出版社，2002，第27页。

如今，在经济发展的大潮中，岭南各地方政府本着"文化搭台，经济唱戏"的初衷，积极引导，开展南海波罗庙会、北帝庙会、增城何仙姑庙会、南沙天后宫庙会、五月初五端午节兼龙母庙会等等，在引导民间文化发展的同时，又取得了良好的经济效益。

以南海神诞为例，自2005年首届广州民俗文化节暨黄埔"波罗诞"千年庙会成功举办以来，游客人数从首届的30万人次增加到2009年第五届的61万人次，累计300多万来自广州及珠江三角洲和港澳地区的群众参观游览。2010年南海神庙会由3月26日开始到4月1日持续一周之久①。庙会期间，广州万人空巷，逛庙会、拜神、观光、购物等不一而足。按南海神庙庙会期间20元一人的门票，仅门票收入一项就相当可观，庙会更是促进了交通运输业、商业贸易的活跃。

此外，历代岭南修观之风浓厚，新建重修大量的道教庙观，修观需要使用大量砖、瓦、油漆、木材等建筑材料，还需要大量的陶塑、木雕、砖雕、灰雕等工艺装饰用品和各种器具器皿等摆设，从而拉动了各种相关行业发展，例如晚清佛山木雕业②、陶塑业就盛极一时。而庙宇在重修完成后，要举行一系列的祭祀仪式，又需要用到大量的祀神物品，因此一些与神道相关的行业急剧发展。总而言之，促进了岭南社会经济发展。

二　消极影响

宗教是一种社会意识形态，"是支配着人们日常生活的外部力量在人们头脑中的虚幻的反映"，"宗教里的苦难既是现实的苦难的表现，又是对这种现实苦难的抗议。……宗教是人民的鸦片"③。道教作为中国土生土长的宗教，发生和发展于恶劣的自然环境以及不公平的社会和苦难的生活。宗教的不理性使道教在历史传承中对岭南社会有积极的作用，也有不可忽视

---

① 《千年庙会"波罗诞"今起狂欢七日》，《南方日报》2012年3月26日，A3版。
② 徐浩：《清末民初的佛山木雕业》，中国人民政治协商会议广东省委员会文史研究委员会编《广东文史资料》第十五辑，1964，第183页。
③ 《马克思恩格斯选集》第一卷，人民出版社，1995，第2页。

的消极影响。

（一）讲求迷信

岭南俗信保留了道教众多的迷信思想和神秘方术，岭南民众世代浸润其中，从而形成了根深蒂固的迷信思想。《新安县志》载：

> 何氏女，邑之东路莆心乡人也，生康熙甲戌年五月十二日，少灵慧，不荤食。其父钦奉往九龙洞探亲，女从梦中惊醒，向母曰："父回，至狮子山凹，为虎所噬，儿击虎以援，幸无恙，明午即到矣。"及父抵家，悉如女言，咸异之，狮子山去莆心盖七十里遥也。幼许字龙跃头邓姓，送聘日，女忽曰："邓姓报期人来已，于中途将其什物颠蹶矣。"未几，送聘者至，所说与女合。年二十二，偕女伴适笋冈礼观音，路阻溪涨，众须婢济，惟女凌波而渡，履不沾湿，既而旋至仙龙鳌，莆止不行，向家人索椅磊叠上坐，曰："迟至三载便可飞升，今弗能待殊"，堪惋惜，瞑坐三日，遂尸解。去时为康熙乙未……柩停于侧，容貌若生，迄今百有余年，仍不朽败云，已上仙。①

这条材料涉及的道术有占卜、飞行、尸解、不朽等，神乎其神，神秘色彩甚强。

《顺德县志》也载：

> 遇异人授以辟谷术，自是不寝不食，日惟饮水，啖柏叶少许，时为人诵经禳疾，夜坐一胡床，径无倦容。罗天尺读书粤秀山，每相遇，投三元宫与讲，服食甚洽，其后稍食烟火，颜转丰红，不知其终。②

如此神秘的道术在地方文献的记载中不在少数，反映道术在民间的流传是带有相当浓厚神秘感和迷信色彩的。

---

① （嘉庆）《新安县志》卷二十一，《人物志·仙释》，清嘉庆二十四年（1819）凤冈书院刻本。
② （咸丰）《顺德县志》卷三十，《列传·方外》。

近代以来，人们迷信鬼神更甚，每年"三元节"，即农历正月十五、七月十五和十月十五作为上元、中元和下元，到三元宫进香不绝。20世纪20年代有首竹枝词，描写的是广州三元宫举行神诞的情景：

> 太乙今朝是诞辰，
> 高烧红烛紫檀熏；
> 进香男女团团转，
> 都是西装革履人。①

尽管穿着时尚，西装革履，但从事的是进香参拜等迷信活动。

商人似乎更迷信，亨特《广州"番鬼"录》记载了十三行行商伍浩官对风水的迷信：

> 中国人有一种迷信，以为有一种神力影响着人的命运，他们称之为"风水"。在这次事件中，有一个突出的事例可以说明他们的这种迷信。浩官本人深信赔财消灾，感谢"风水"保佑，消除一生灾难，使其平安无事，事业顺利发展。为此他把这笔捐款作如下分配：80万元用以保祐自己"生意兴隆"；20万元保祐其长子永远孝顺；10万元保祐最小的儿子。这个儿子是他刚好达到六十"甲子"时出生的。这被认为是一种非常幸运的巧合，即"极品风水"。②

清政府赎城要求各行商捐资，伍浩官作为十三行行商，捐出了110万银钱，他认为破财可以消灾，花去110万银钱，可以保祐自己、大儿子和小儿子，是命数，所以要感谢"风水"保佑。亨特《旧中国杂记》还记载了行商潘启官对风水的迷信：潘启官邀请外国医生为其大儿子看病，考克斯诊断后开了药方并在自己药房里配了药送过去，但最终潘启官儿子并没有服用考克斯开的药，原因是药前的占卜所得预兆不吉。他这样写道：

---

① 赵洁：《三元宫：大隐隐于市》，《广州日报》2008年1月6日，B版。
② 亨特：《广州"番鬼"录》，冯树铁译，广东人民出版社，1993，第34页。

按照习惯，在服药之前，要在华佗服的神位前烧香，然后拿一式三块特制的小木头，一边是平面，另一边是凸面，求神判断这药吃了是好还是坏。判断的方法是将这三块小木头同时抛出空中几英尺高的光景，按它们落地的情形即可判断吉凶。他们拿了我的朋友考克斯开的药方之后，也照样举行这样的仪式：在神坛前斟茶焚香，敬请神祇降临。然后，由那位年轻病人在神前把三块小木头往空中一掷。可是那次木头落地所得的预兆不吉利。就像潘启官说的"不好彩"。①

抛掷小木头，就是占卜。潘家希望通过占卜获得的吉凶信息来决定是否吃这份药，结果是"不好彩"，不吉利，就不吃这个药，反映了潘家对占卜的执迷。

随着中国社会在近现代的变迁，道教也随之发生了衍变。全真与正一作为不同的道派，其力量的消长也随着社会的变化而变化。正一道教在民间的影响越来越大，也一直是社会上秘密道门依附和利用的对象，正一道道士俗称"喃呒佬""道公佬"，不出家，散居在各地，他们开设商业性的"正一道馆"和"祈福道馆"为谋生手段，主要从事诵经、礼忏、斋醮等法事活动，喃呒"在大街小巷遍悬着'正一某道馆'的招牌，他自称是'道馆'，只有喃巫一人，却和'道观'有别"②，也有打着道教的旗号行敛财之嫌，"罗浮山之正宗道教徒，对之则极端排斥，认为乃教徒之耻，盖此非正式道教者也"③，专门为民间做"红"（喜）"白"（丧）二事，迷信色彩浓厚，"无论山野乡曲之间，仍有牛鬼蛇神之俗，即城市都会所在，亦淫邪不经之祀"④，为此，广东省政府于1928年下《神祠存废标准令》，勒令废止神明两类31种，尚可适存两类20种⑤。而全真道教随着社会形势的改变，也改变了以修行为主的品性，在宗教活动形式与修持方式上，逐渐与

---

① 亨特：《旧中国杂记》，沈正邦译、章文钦校，广东人民出版社，1992，第33页。
② 广州市宗教志编纂委员会：《广州宗教志资料汇编》第二册，《道教》，1995年内部刊行，第66页。
③ 广东省政府秘书处：《广东年鉴》第25编，1942，第166页。
④ 《中华民国法规汇编》，中华书局，1934，第807页。
⑤ 吴经熊：《中华民国六法理由·判解汇编》，会文堂新记书局，1935。

正一道融合，形成了现代形态的"新全真道"①，有学者称这类全真道教为"火居全真"，即以全真"龙门正宗"自居而"火居"于俗世之中②，其宗教生活与正一道士基本上没有什么实质上的差别，照样行斋醮祈禳。道教的整合渗入民间俗信，逐渐转变成为民间俗信作斋醮、法事为主。如粤西地方习俗仪式中，主要由正一派道士主持：

> （雷州）旧城的劏牛风俗，是地方习俗，而非朝廷礼仪。……更值得注意的是，苏轼记录的巫，已经不存。代之而起的是附会到正一传统的道士，主持劏牛。……年例的主要活动是驱邪，洁净社区。……主持年例的道士与劏牛会相同……仪式不是一成不变的，而在大众的认同下改变。当年的巫者已经为今天自称正一派的道士取代……清代，筊卜颁符者为巫，今天整个仪式都主要由道士主持，这些道士都笃信自己为正一派的传人。③

主持劏牛风俗的是"附会到正一传统"的道士，他们所做的法务活动，俗称"做道场"，均是符箓斋醮、祈福禳灾、降邪驱鬼、超度亡灵等。

近年来，在各级政府的引导下，迷信之风有所遏制。但由于根源没有消除，在当今科学昌明的时代，这种迷信之风仍有所抬头。因此，在岭南地区，抵制封建迷信思想，引导人们科学思维，进行地方文化建设任重而道远。

（二）追求功利

道教是多神教，不同的神祇有不同的法力，不同神祇的不同法力能满足不同人群的不同精神需求和心理诉求，正是这种功能紧紧吸引着民间信

---

① 夏志前：《岭南"新全真道"的历史衍变与当代境遇》，载《宗教学研究》2012年第2期。
② 吴亚魁：《何谓全真：全真道与近现代中国社会和文化国际学术研讨会侧记》，香港中文大学编《道教文化研究中心通讯》第八期，2007年10月，第6～7页。
③ 贺喜：《亦神亦祖：粤西南信仰构建的社会史》，生活·读书·新知三联书店，2011，第201～205页。

众，如林语堂所说："道教以一种神教的姿态在民间独得稳固之地位。"① 有研究岭南文化的专家指出：岭南民间俗信"大都不离世俗生活，求神拜佛的出发点也是源于世俗的功利目的，或求加官进（晋）爵，或求招财进宝，或求生子添丁"②。因为有着功利性心理，岭南人广泛祀奉各种道教神祇。

1. 拜财神

岭南商品经济向来较为发达，广人经营生意买卖、做贸易，讲究招财进宝，这就得请财神"关照"。财神，广人家称为"都天至富财帛星君"，每年七月二十三为财神诞，正月十二为招财童子诞，五月十二为关帝诞，五月二十三为财主娘诞，诞日之多，足见岭南人求财之心理，受功利和实用心理所使，经营商业的人家几乎是家家祀财神，道教神祇中关帝即是财神，岭南各地几乎都有关帝庙，据广州各地方志载，清代广州新建和重修的关帝庙达 13 座，可见追求利禄财富之心驱使广人祀神的作用之大。

2. 拜水神

水神是岭南人对海神的称谓，岭南俗信多青睐水神，是因为岭南滨临南海，人们整日与"水"打交道，海水无情，危及性命，出于实际需要，水（海）神受到特别崇拜，《广东新语》曰：

> 粤人事海神甚谨，以郡邑多濒于海。……今粤人出入，率不乏祀海神，以海神渺茫不可知。凡渡海自番禺者，率祀祝融、天妃，自徐闻者，祀二伏波。祝融者，南海之君也。……而天妃神灵尤异，凡渡海卒遇怪风，哀号天妃，辄有一大鸟来止帆樯，少焉，红光荧荧，绕舟数匝，花芬酷烈，而天妃降矣。……其祠在新安赤湾，背南山，面大洋，大、小零丁数峰，壁立为案，海上一大观也。凡济者必祷，谓之辞沙，以祠在沙上故云。而二伏波将军者，专主琼海，其祠在徐闻，为渡海之指南。③

---

① 林语堂：《吾国吾民》，宝文堂书店，1988，第 111 页。
② 李权时：《岭南文化》，广东人民出版社，1993，第 525 页。
③ 屈大均：《广东新语》卷六，《神语·海神》。

"二伏波将军"原是西汉武帝时和东汉光武帝时的两位武将，一个叫卢博德，另一个叫马援，到了岭南都成了水神。祝融原是火神，也是道教赤帝，还有道教的黑帝真武帝，到了岭南都成了水神——南海神和北帝，备受祭祀。此外，妈祖、龙母、龙王等水神深受广人，尤其是疍民的顶礼膜拜，因为这些水神都有疏通水道，执仗护航、预卜海事，有求必应的神能，南海神庙大门石牌坊"海不扬波"四个大字集中体现岭南人祈盼顺风顺水的实际需要和心理诉求。

3. 拜文昌帝君

文昌帝君，本为星名，称"文曲星"，后成为道教保佑功名和禄位的神祇——关羽。因关帝像自古被塑成红脸，岭南民间称之"红脸关爷"，红为吉祥的象征，符合民众追求的意愿，因而深受广人崇拜，人们在住家和店铺的神楼上安放关帝神像，有的安放神位，用红纸写上"忠义仁勇关圣帝君"，朝夕燃香，三牲酒果供奉。此外，岭南各地普遍建有文昌庙，且大多受到当地县官的鼎力支持，这是人们对功名渴求的功利心理的反映。据《新宁县志》载：新宁文昌宫位于城隍庙西，雍正十年知县王暠迁建于明伦堂，"（乾隆）四十二年修建后座，四十九年续前座，如堂制建大魁楼于中，嘉庆六年份额奉旨列入祀典春秋，致祭礼仪视武庙，同治十年派刻重修，易魁楼北向"[1]。《清远县志》也载：清远县的文昌庙是"乾隆二年，知县陈哲修清移拆旧县署，捐俸倡建"[2]。旧时，广州有多间关帝庙，最具规模的是小港的关帝庙、禺山关帝庙和越秀山的关岳庙，农历五月十三关帝诞，张灯结彩，搭棚唱戏，人潮如海，尤其是工商业者贺诞联欢，俗称"关帝案"，摆上烧猪、酒果等祭品，点燃爆竹还神，之后，将红灯笼取回家中，挂在门口，称为"胜意"，寓意生意兴旺。

4. 拜生子神

生儿育女、培育后代是社会发展所必需的，加之在岭南民间，生男添丁传宗接代的观念相当浓厚，所以道教里管妇女生育和管麻痘瘟疫保护儿童的神祇——金花夫人就很受人们，特别是妇人的崇拜。据说金花本是广州女子，因佑人生子而成为女神，《粤小记》云：

---

① 何福海等：《新宁县志》卷九，《建置略上·坛庙》，光绪十九年（1893）刻本。
② 李文烜等：《清远县志》卷四，《建置·坛庙》，广州翰元楼光绪庚辰重刊。

神本处女，有巡按夫人方娩，数日不下，几殆。梦神告曰："请金花女至则产矣。"密访问得之。甫至署，夫人果诞子。……粤人肖像以祀。①

由此，金花名声大震，成为生子女神，并建庙供奉。金花庙原在广州城，《粤小记》曰：

神庙不知始自何时，成化五年巡抚陈廉重建，嘉靖间魏校毁之。粤人奉神像于南岸石鳌村，其后粤人复建庙于故处，即今仙湖街庙是也。国朝乾隆间翁学士来视学，适至仙湖街，见男女谒拜，肩舆不过，怒命有司毁之。粤人于是多往南岸石鳌村祷祀。②

"肩舆不过"，可见祭祀金花神的人之多。"粤人于是多往南岸石鳌村祷祀"，使得广州河南金花庙规模最为宏伟，里面供奉着 80 多尊与女性生育有关的神像和 12 位娘娘，反映了岭南人冀望顺心得子和孩子健康成长的现实生活心理。

（三）浪费资源

与道教有着密切关联的岭南俗信活动，有利于经济的发展与商贸的繁荣，这已为历代统治者所认识，并积极提倡与引导。"文化搭台，经济唱戏"的初衷得到了一定程度的实现，但由此也造成一些不是社会发展所需的行业变态繁荣，一定程度上造成了环境污染与社会资源的浪费。这些行业主要是生产祀神所需要的各种物品，如香烛、纸钱、祭品、爆竹，而打着各种为民众算命祈福免灾旗号的神棍、神婆屡禁不止，成了长在科学经济发展肌体上的毒瘤。如天后诞，据《南方都市报》报道，2010 年 5 月 7日，也就是农历三月二十三日，适逢妈祖诞 1050 年，广州南沙第二届妈祖

---

① 黄芝：《粤小记》卷一，吴绮《清代广东笔记五种》，林子雄点校，广东人民出版社，2006，第 392 页。
② 黄芝：《粤小记》卷一，吴绮《清代广东笔记五种》，林子雄点校，广东人民出版社，2006，第 393 页。

文化旅游节开幕，仅开幕式一天就吸引了包括 500 名从台湾专程赶来的信众共计 3 万人次朝拜，而现场近千人抬妈祖巡游、舞龙、舞狮、锣鼓、变脸、水鼓、醒狮、梅花桩等民俗艺术表演将诞会带入高潮。现场工作人员还采用最古老的木炭点燃法——用金汤匙将 10 斤木炭填入三根长 2.8 米、直径 3.6 厘米、重 288 斤的"妈祖贡香"中助燃，20 分钟后，三根"妈祖贡香"终于点燃，被供放在高达 15 米的妈祖石像前。据南沙区天后文化学会的负责人郭锡志先生介绍说，仅这三根"妈祖贡香"，价值就 300 元，可燃烧 72 小时。为了本次巡游，天后文化学会从潮汕地区著名的戏服厂定做 150 套服装、150 面旗帜，共计费用 20 多万元[①]。又如"波罗诞"，2012 年 3 月 1 日至 7 日，广东省首届岭南民俗文化节落户"波罗诞"，与第八届广州民俗文化节结合举办，5 大会场布置以点、线、面构成，充分运用红灯笼、鲜花、楹联、大型户外 LED 屏幕等来装点扮靓，10 大活动，狂欢 7 天，据不完全统计，本届民俗文化节共有逾 18000 名演员参与各项活动的演出；参与活动体验的游客 123 万人次，投入安保力量共 2160 人次，耗费人力、物力、财力[②]。再如广府庙会，2012 年 2 月上旬，广州市越秀区举办的第二届广府庙会，为期 7 天，共有"赶集人"500 万人次之多，比上一年首届庙会多出 200 余万人次。2011 年佛山秋色欢乐节，仅 3 天就有 180 多万人次参加；2007 年湛江市首届中国雷祖文化节，10 天时间约有 33 万人次参加。[③] 庙会期间，人流与车流来往密集，路上行人如蚁，庙中人声鼎沸、紫烟缭绕、爆竹轰鸣，由此也带来了众多的不安全因素，安保工作出动大量人力、物力。众多的香烛祀神用品的燃放，一定程度上也造成了当地环境污染和带来安全隐患。

由此可见，道教与岭南俗信的互动，一定程度上促进了岭南社会长期以实用性为标准和追求短期效应的功利思想的发展，这些思想从下而上地产生影响，一定程度上造成了岭南文化发展长期落后于中原各地的严重后果，而文化思想的落后最终也会影响社会经济的发展。

总而言之，道教与岭南俗信互动产生了深含道味的岭南俗信文化，在

---

① 《千人抬妈祖巡游　3 万人来朝拜》，《南方都市报》2010 年 5 月 7 日，A 版。
② 胡良光：《波罗诞 7 天迎客 123 万人次》，《南方日报》2012 年 3 月 8 日，A6 版。
③ 《岭南民俗文化的特色与传承》，《中国社会科学报》2012 年 4 月 18 日。

岭南各个历史时期深刻影响了人们的生活，对岭南文化的发展有着深刻的影响，给我们留下了丰富多彩的文化景观。随着社会的进步与人们思想的理性觉悟，人们越来越意识到，这些文化遗产对今天而言，有积极作用也有消极影响，我们要在科学认识的前提下合理开发利用这些历史文化遗产，并避免消极影响。

结　语

　　道教与俗信的关系研究是学界方兴未艾的领域。道教作为本土宗教，与民间俗信有着千丝万缕的联系。从20世纪80年代开始，道教与俗信关系研究渐兴，研究者不乏其人。但就道教与岭南俗信关系研究，则问津者少，留下较大研究空间。道教始创于岭北，在南传发展中，与岭南俗信发生互动，产生了互化效应，一方面是"南化"现象，道教受岭南俗信的影响，出现了观念的俗化和义理的淡化，岭南巫祝文化甚至为道教斋醮科仪提供了效法雏形；另一方面是"道化"品格，岭南俗信受道教的影响，无论是神灵俗信、祭祀俗信、节庆俗信、婚丧俗信、衣食俗信，还是建筑俗信都蕴含道味，体现道风。总之，透过岭南俗信，可以窥见道教的意味深蕴其中。本书选取道教与岭南俗信关系为研究对象，旨在弥补学界研究之不足，推动道教和俗信文化研究向纵深开展，具有重要理论和学术研究价值；同时，通过解读蕴含道味的岭南俗信，揭示其内涵特质，引导岭南俗信向健康发展，以期厚风化俗，这对传承和弘扬我国优秀传统文化有较大现实意义和应用价值。

　　本书着重探讨了如下问题。

　　第一，道教南传的缘由。岭南秀异的自然环境和殊异的人文环境以及诡奇的物产，为道教南传提供了地缘、亲缘和人缘。

第二，道教南传的历程。道教南传始于东汉末年，其南传历程大致分为东汉初传、六朝衍播、隋唐盛传、宋元延续、明清扩渗、民国低微和现当代复兴几个时期，每个时期与岭南俗信的结合都有不同的表征。

第三，道教的南化。道教南传后，与岭南俗信结合，出现了道教斋醮的巫化和道教观念的俗化以及道教义理的淡化等具有岭南地方色彩的南化现象。

第四，岭南俗信的道化。岭南俗信受到南传道教的影响，呈现出岭南诸神俗信富有道情、祭祀俗信呈现道彩、节庆俗信饱含道韵、婚丧俗信契合道旨、衣食俗信蕴涵道味、建筑俗信体现道风等颇具道教文化韵味的道化品格。

第五，岭南俗信与道教互动的作用与影响。深蕴道味的岭南俗信，无论是在过去，还是现在，或是将来，都有重大作用和深远影响。其一，有助于道教文化精粹的传承。道教有容乃大的和谐理念，重生乐生的养生大法，祀祖敬宗的尊老思想，行善积德的博爱主张等精粹都以岭南俗信形式得以延续和传承了下来，起到增强族属认同感和促进社会和谐的作用。其二，有利于岭南民间文化艺术的传承。岭南俗信以祭祀各种道教神灵的庙会节庆的形式出现，为各种岭南民间艺术提供了舞台，一些平常并不露面的民间艺术形式竞相登台表演，如流行于岭南民间的各种色相，包括番禺紫坭春色、沙湾飘色、市桥水色、佛山秋色、灯色，增城麻车火狗（火色），新造鳌鱼舞，还有龙舟竞技，舞龙舞狮等，都借着节庆而大放异彩，展示了岭南民间艺术的魅力，有利于岭南民间文化艺术的传承和发展。其三，有益于岭南物质文化遗产的保存。岭南俗信多在道教宫观中展演，这就促使了岭南道观的修缮，从而保存了岭南一大批道教宫观建筑及其字画、雕刻、碑铭、器具等道教文物遗产，其中不少是国家、省市级重点文物，均有重要历史价值和研究价值。当然，岭南俗信受道教影响和自身的陋习，也有一些消极因素，如讲求迷信、浪费社会资源等，长期以实用为标准，追求短期效应的功利思想，造成了岭南人价值观念的功利主义，一定程度上造成了岭南文化发展的滞后。

民俗是彰显城市性格的重要部分，信仰是民俗传承的核心内容，民俗信仰支撑了民俗文化的传承与发展。当今，中国社会的发展正逐步告别"乡土"而走向"现代"，重释俗信、演绎传统已成为一个迫切的任务，如何传承发展深蕴道味的岭南俗信？路径和方法在哪里？这也是本书稿深思和回答的问题。

　　古语云：上导之为风，下习之为俗。传承发展深蕴道味的岭南俗信，需要两方面的努力：一方面是政府倡导，政府参与和主导民俗文化节庆，表明了官方对某些民间信仰的认同和认可，这种认同和认可，有利于促进与民间形成和谐的关系，有助于各种俗信活动的顺利开展；另一方面是民众参与，民众作为俗信的主力，应该把俗信看作一种需要在日常生活中传承的生活文化加以自觉展演，积极参与，这种展演和参与，有利于促进与官方形成默契的关系，有助于各种俗信的传承发展，正如有学者所呼吁的："在民俗活动中，政府倡导、企业资助、民众参与是我们的原则"①，也是最佳路径和有效方法。

---

　　①　《岭南民俗文化的特色与传承》，《中国社会科学报》2012年4月18日。

参考文献

一　古籍

《神仙传》,《丛书集成初编》本,上海商务印书馆影印,1937;《四库全书》本,台湾商务印书局影印,1983。

《列仙传》,《道藏》,文物出版社、上海书店、天津古籍出版社联合出版,1988,下引《道藏》本同此。

《云笈七签》,《道藏》本。

《真诰》,《道藏》本。

《正一法文天师教戒科经》,《道藏》本。

《无上秘要》,《道藏》本。

《历世真仙体道通鉴》,《道藏》本。

《历世真仙体道通鉴后集》,《道藏》本。

《汉天师世家》,《道藏》本。

《汉武帝内传》,《道藏》本。

《汉武帝外传》,《道藏》本。

《三天内解经》,《道藏》本。

《太清金液神丹经》,《道藏》本。

《南岳九真人传》,《道藏》本。

《道迹录仙记》,《道藏》本。

《丹论诀旨心鉴》,《道藏》本。

《道门科略》,《道藏》本。

《道法会元》,《道藏》本。

《道教义枢》,《道藏》本。

《三洞珠囊》,《道藏》本。

《三洞群仙录》,《道藏》本。

《太极葛仙公传》,《道藏》本。

《录异记》,《道藏》本。

《历代崇道记》,《道藏》本。

《仙苑编珠》,《道藏》本。

《太上六壬明鉴符阴经》,《道藏》本。

《洞真太上说智慧消磨真经》,《道藏》本。

《正一盟威秘录》,《藏外道书》第一册,巴蜀书社,1992。

《老子》,朱谦之校释,中华书局,1984。

《庄子》,郭象注,成玄英疏,中华书局,1998。

《墨子》,高亨校诠,中华书局,1989。

《韩非子》,王先慎集解,中华书局,1998。

《列子》,杨伯峻集释,中华书局,1979。

《吕氏春秋》,陈奇猷校释,学林出版社,1984。

《淮南子》,刘文典集解,中华书局,1989。

《论衡》,黄晖校释,中华书局,1990。

《山海经》,袁珂校注,上海古籍出版社,1980。

《太平经合校》,王明校,中华书局,1960。

《抱朴子内篇》,王明校释,中华书局,1985。

《抱朴子外篇》,杨明照校笺,中华书局,1991。

《礼记》,阮元《十三经注疏》,中华书局,1980。

《尚书》,阮元《十三经注疏》,中华书局,1980。

《史记》,中华书局,1962。

《汉书》,中华书局,1962。

《后汉书》，中华书局，1962。

《三国志》，中华书局，1959。

《晋书》，中华书局，1974。

《宋书》，中华书局，1974。

《南齐书》，中华书局，1972。

《梁书》，中华书局，1973。

《陈书》，中华书局，1972。

《魏书》，中华书局，1972。

《南史》，中华书局，1975。

《资治通鉴》，中华书局，1956。

（三国吴）陆胤：《广州先贤传》，见骆伟、骆廷辑注《岭南古代方志辑佚》，广东人民出版社，2002。

（三国吴）万震：《南州异物志》，见骆伟、骆廷辑注《岭南古代方志辑佚》，广东人民出版社，2002。

（晋）常璩：《华阳国志》，刘琳校注，巴蜀书社，1984。

（晋）张华：《博物志》，范宁校证，中华书局，1980。

（晋）嵇含：《南方草木状》，见梁廷枏、杨孚等《南越五主传及其它七种》，杨伟群校点，广东人民出版社，1982。

（晋）顾微：《广州记》，见梁廷枏、杨孚等《南越五主传及其它七种》，杨伟群校点，广东人民出版社，1982。

（晋）裴渊：《广州记》，见骆伟、骆廷辑注《岭南古代方志辑佚》，广东人民出版社，2002。

（晋）王嘉：《拾遗记》，齐治平校注，中华书局，1981。

（刘宋）沈怀远：《南越志》，见骆伟、骆廷辑注《岭南古代方志辑佚》，广东人民出版社，2002。

（刘宋）刘敬叔：《异苑》，范宁校点，中华书局，1996。

（萧梁）萧统：《文选》，李善注，中华书局，1977。

（萧梁）任昉：《述异记》，台湾商务印书局影印文渊阁钦定《四库全书》本，1983。

（萧梁）释僧祐：《弘明集》，上海古籍出版社，1991。

（北魏）郦道元：《水经注》，王国维校，上海人民出版社，1984。

（唐）郑熊：《番禺杂记》，见梁廷枏、杨孚等《南越五主传及其它七种》，杨伟群校点，广东人民出版社，1982。

（唐）刘恂：《岭表录异》，见骆伟、骆廷辑注《岭南古代方志辑佚》，广东人民出版社，2002。

（唐）欧阳询：《艺文类聚》，汪绍楹校，上海古籍出版社，1965。

（唐）段公路：《北户录》，《丛书集成初编》本，上海商务印书馆影印，1937。

（唐）释道宣：《广弘明集》，上海古籍出版社，1991。

（唐）释道世：《法苑珠林》，《四部丛刊》本，上海商务印书馆影印，1919～1930。

（唐）张鷟：《朝野佥载》，《丛书集成初编》本，上海商务印书馆影印，1937。

（唐）孙广：《啸旨》，周履靖《夷门广牍》本，上海商务印书馆影印，1940。

（宋）方信孺：《南海百咏》，光绪十四年刻本。

（宋）罗泌：《路史》，《丛书集成初编》本，上海商务印书馆影印，1937。

（宋）苏轼：《苏东坡全集》，中国书店，1986。

（宋）欧阳修：《欧阳修全集》，李逸安点校，中华书局，2001。

（宋）周去非：《岭外代答》，知不足斋丛书本，清乾隆鲍廷博校刊。

（宋）李昉：《太平御览》，中华书局影印宋本，1985。

（宋）乐史：《太平寰宇记》，中华书局，2000。

（宋）李昉：《太平广记》，中华书局，1961。

（宋）王象之：《舆地纪胜》，伍氏粤雅堂本，清咸丰十年。

（宋）范成大：《桂海虞衡志》，严沛校注，广西人民出版社，1986。

（宋）蔡绦：《铁围山丛谈》，冯惠民、沈钧鳞点校，中华书局，1983。

（明）欧大任：《百越先贤志》，刘汉东校注，广西人民出版社，1992。

（明）黄佐：《广州人物传》，陈宪猷点校，广东高等教育出版社，1991。

（明）黄佐：《广东通志》，明嘉靖四十年刊本。

（清）郝玉麟：《广东通志》，台湾商务印书馆影印文渊阁钦定《四库全书》本，1983。

（清）阮元：《广东通志》，清道光二年刻本。

（清）王谟：《汉唐地理书钞》，中华书局影印本，1961。

（清）仇巨川：《羊城古钞》，陈宪猷校注，广东人民出版社，1993。

（清）屈大均：《广东新语》，李默校点，人民文学出版社，1996。

（清）周广：《广东考古辑要》，清光绪十九年刊本。

（清）梁廷枏：《南越五主传》，见梁廷枏、杨孚等《南越五主传及其它七种》，杨伟群校点，广东人民出版社，1982。

（清）王建章：《历代神仙史》，道德书局，1936。

（清）范端昂：《粤中见闻》，汤志乐校，广东高等教育出版社，1988。

（清）张渠：《粤东闻见录》，程明校点，广东高等教育出版社，1990。

（清）陈徽言：《南越游记》，谭赤子校点，广东高等教育出版社，1988。

（清）陈梿：《罗浮志》，见《岭南遗书》，清道光南海伍氏刊本。

（清）宋广业：《罗浮山志会编》，海幢寺藏版，清康熙五十五年刻本。

（清）陈伯陶：《罗浮志补》（附《罗浮指南》），《中国宫观志丛刊》第36卷，江苏古籍出版社，2000。

二　今人著作

《民俗》周刊，共 123 期，国立中山大学出版，1928 年 3 月 21 日至1933 年 6 月 13 日。1936 年 9 月 15 日复刊，至 1943 年 10 月停刊，共 2 卷，各 4 期。

傅勤家：《中国道教史》，上海出版社，1937。

陈国符：《道藏源流考》，中华书局，1963。

罗香林：《百越源流与文化》，（台）中华丛书编审委员会，1978。

陈寅恪：《金明馆丛稿初编》，上海古籍出版社，1980。

卿希泰：《中国道教思想史纲——汉魏两晋南北朝时期》，四川人民出版社，1980。

百越民族史研究会编《百越民族史论集》，中国社会科学出版社，1982。

蒙文通：《越史丛考》，人民出版社，1983。

汤用彤：《汉魏两晋南北朝佛教史》，中华书局，1983。

黄朝中、李耀荃：《广东瑶族历史资料》，上、下册，李默校补，广西民族出版社，1984。

广东省博物馆、香港中文大学文物馆合编《广东出土晋至唐文物》，香港中文大学出版社，1985。

翟宣颖纂辑《中国社会史料丛钞》，上海书店影印本，1985。

《广东风物志》，花城出版社，1985。

郭朋：《汉魏两晋南北朝佛教》，齐鲁书社，1986。

王家祐：《道教论稿》，巴蜀书社，1987。

葛兆光：《道教与中国文化》，上海人民出版社，1987。

余天帜：《古南越国史》，广西人民出版社，1988。

叶春生：《岭南风俗录》，广东旅游出版社，1988。

广东省文史研究室、博罗县志办公室：《博罗县志》，内部发行本，1988。

李养正：《道教概说》，中华书局，1989。

胡孚琛：《魏晋神仙道教》，人民出版社，1989。

梁钊韬：《中国古代巫术——宗教的起源和发展》，中山大学出版社，1989。

卿希泰：《道教与中国传统文化》，福建人民出版社，1990。

任继愈：《中国道教史》，上海人民出版社，1990。

陈乃刚：《岭南文化》，同济大学出版社，1990。

江应梁：《中国民族史》，民族出版社，1990。

牟钟鉴：《道教通论——兼论道家学说》，齐鲁书社，1991。

丁世良：　《中国地方志民俗资料汇编》，中南卷，书目文献出版社，1991。

郑土有：《瞭望洞天福地——中国的神仙和神仙信仰》，陕西人民教育出版社，1991。

《西汉南越王墓》，文物出版社，1991。

农冠品：《岭南文化与百越民风》，广西教育出版社，1992。

李权时：《岭南文化》，广东人民出版社，1993。

李锦全：《岭南思想史》，广东人民出版社，1993。

刘志文：《广东民俗大观》，上、下册，广东旅游出版社，1993。

司徒尚纪：《广东文化地理》，广东人民出版社，1993。

陈永正：《岭南文学史》，广东高等教育出版社，1993。

黄佛颐：《广州城坊志》，仇江、郑力民、迟以武点注，广东人民出版社，1994。

曾昭璇：《广州历史地理》，广东人民出版社，1994。

曾昭璇：《岭南史地与民俗》，广东人民出版社，1994。

周振钧、史新民：《道教音乐》，北京燕山出版社，1994。

广东炎黄文化研究会编《岭峤春秋——岭南文化论集》（一）、（二）、（三），中国社会科学出版社，1994、1995、1996。

卿希泰：《中国道教史》，四川人民出版社，1995。

刘晓明：《中国符咒文化大观》，百花洲文艺出版社，1995。

李刚：《汉代道教哲学》，巴蜀书社，1995。

张荣芳：《南越国史》，广东人民出版社，1995。

曹文柱：《中国流民史》，广东人民出版社，1996。

李大华：《道教思想》，广东人民出版社，1996。

余信昌：《广东部分宫观拾萃》，粤北南雄梅岭洞真古观编印，1996年内部发行本。

南怀瑾：《中国道教发展史略》，复旦大学出版社，1996。

叶春生：《岭南俗文学简史》，广东高等教育出版社，1996。

叶春生：《岭南百粤的民俗与旅游》，旅游教育出版社，1996。

叶春生：《广府民俗》，广东人民出版社，2000。

叶春生：《岭南民间文化》，广东高等教育出版社，2000。

李勤德、刘汉东：《岭南文化论》，天津古籍出版社，1996。

刘纬毅：《汉唐方志辑佚》，北京图书馆出版社，1997。

袁钟仁：《岭南文化》，辽宁教育出版社，1998。

张桥贵：《道教与中国少数民族关系研究》，四川大学出版社，1998。

梁钊韬：《中国古代巫术》，中山大学出版社，1999。

胡守为：《岭南古史》，广东人民出版社，1999。

杨豪：《岭南民族源流考》，珠海出版社，1999。

许地山：《道教史》，上海古籍出版社，1999。

胡孚琛：《道学通论——道家·道教·仙学》，社会科学文献出版社，1999。

何成轩：《儒学南传史》，北京大学出版社，2000。

刘志文：《广州民俗》，广东地图出版社，2000。

冯佩祖：《广州风物》，广东地图出版社，2000。

郭武：《道教与云南文化》，云南大学出版社，2000。

谭棣华等：《广东碑刻集》，广东高等教育出版社，2001。

叶春生：《岭南民俗事典》，南方日报出版社，2001。

朱洪、李筱文：《广东畲族古籍资料汇编：图腾文化及其他》，中山大学出版社，2001。

赵春晨：《岭南宗教历史文化研究》，天津古籍出版社，2002。

欧志图：《岭南建筑与民俗》，百花文艺出版社，2003。

熊铁基、刘固盛：《道教文化十二讲》，安徽教育出版社，2004。

叶树林等：《骑鹤到南天》，香港天马出版有限公司，2005。

吴绮等：《清代广东笔记五种》，广东人民出版社，2006。

王丽英：《道教南传与岭南文化》，华中师范大学出版社，2006。

潘崇贤：《云山珠水显仙踪》，花城出版社，2010。

赖保荣：《罗浮道教史略》，花城出版社，2010。

王丽英：《广州道书考论》，华中师范大学出版社，2010。

李权时等：《广府文化论》，广州出版社，2013。

吴智文等：《广府平安习俗》，广东人民出版社，2013。

三 译著

〔日〕福井康顺：《道教的基础研究》，东京书籍文物流通会，1952。

〔越〕陶维英：《越南古代史》，刘统文、子钺译，商务印书馆，1976。

〔法〕列维–布留尔：《原始思维》，丁由译，商务印书馆，1981。

〔奥〕佛罗伊德：《图腾与禁忌》，杨庸一译，台湾志文出版社，1985。

〔英〕马林诺夫斯基：《巫术、科学、宗教与神话》，李安宅译，中国民间文艺出版社，1986。

〔日〕窪德忠:《道教诸神》,萧坤华译,四川人民出版社,1996。

〔法〕安娜·塞德尔:《西方道教研究史》,蒋见元、刘凌译,上海古籍出版社,2000。

后　记

　　十几年前，我开始以道教文化作为自己的研究方向。在研究中，我总觉得道教与岭南俗信存有一种"剪不断、理还乱"的关系。出于对家乡岭南俗信的热爱和对道教文化的好奇，近几年我深入到该领域的研究，做了一些资料收集、文本解读和田野考察以及比较分析等事情，试图理清两者之间的亲密关系，揭示两者的互动作用，这对于当今传承和弘扬优秀民俗传统文化，无疑是一项有意义和有必要的工作。本研究得到上级部门的高度重视和大力支持，纳入2008年广东省教育厅人文社会科学重点研究基地重大课题，本书是在该项研究基础上加工修订而成的。

　　本书得以付梓，有赖社会各界和各方人士的大力支持和热心帮助。

　　感谢广州大学的培育和资助。近年，我工作的广州大学为推动广州人文社会科学研究，培育学校的学术品牌和学术精品，特推出"广州大学人文社科学术大系"——广府文化研究丛书。本书有幸成为首批丛书之一本，得到学校资助出版。谨此，感谢学校的宏伟计划，也感谢学校的栽培和评审专家的荐举。

　　感谢广东省立中山图书馆地方文献馆和古籍部、中山大学图书馆特藏厅和珍藏馆的工作人员以及广州大学图书馆广州文献资料中心的熊伟华主任，在借阅书刊查阅资料上给予的方便和协助。

感谢广东省和广州市民宗局和道教界的信任和支持。特别感谢广东道教协会会长兼罗浮山冲虚观住持赖保荣、广州道教协会会长兼纯阳观住持潘崇贤、三元宫住持吴信达、黄大仙祠住持行信明以及广州都城隍庙住持车高飞等众多道长在实地考察中提供便利和一手资料。

感谢社会科学文献出版社领导和责任编辑的高度负责，对他们认真审稿、细心校对等辛勤劳动和无私付出，表示衷心感谢。

本书在写作过程中，吸收了国内外前贤与同行的一些研究成果，谨此，向诸位前辈和行家致以崇高敬意。我的研究生殷金桃、郭金凤、黄秋香、萧亮恩、黄靖、李广宽在资料收集上提供了援助，熊雪花同学在校对史料方面也予以了帮忙，在此，也向他们致谢。

最后，感谢我的先生和儿子，是他们的爱与包容，使我在知命之年，依然有梦，可以圆梦。

由于时间和精力有限，加上本人学养不足，道教与岭南俗信的关系还有很多没有深入挖掘，或挖掘不够全面的地方，深感为憾。错漏之处，愿有识者不吝赐教。

王丽英

2014 年 5 月于广州金桂园

图书在版编目（CIP）数据

道教与岭南俗信关系研究/王丽英著.—北京：社会科学文献出版社，2015.4
（广州大学·广府文化系列）
ISBN 978-7-5097-6852-5

Ⅰ.①道…　Ⅱ.①王…　Ⅲ.①道教-关系-风俗习惯-研究-广东省　Ⅳ.①B958②K892.465

中国版本图书馆 CIP 数据核字（2014）第 279855 号

·广州大学·广府文化系列·

道教与岭南俗信关系研究

著　　者／王丽英

出 版 人／谢寿光
项目统筹／宋月华　杨春花
责任编辑／周志宽

出　　版／社会科学文献出版社·人文分社（010）59367215
　　　　　地址：北京市北三环中路甲 29 号院华龙大厦　邮编：100029
　　　　　网址：www. ssap. com. cn
发　　行／市场营销中心（010）59367081　59367090
　　　　　读者服务中心（010）59367028
印　　装／三河市东方印刷有限公司

规　　格／开　本：787mm×1092mm　1/16
　　　　　印　张：19　字　数：311 千字
版　　次／2015 年 4 月第 1 版　2015 年 4 月第 1 次印刷
书　　号／ISBN 978-7-5097-6852-5
定　　价／79.00 元